Dieses 1928 erschienene Werk beschrieb Virginia Woolf bewußt als »eine Biographie, die im Jahr 1500 beginnt und bis zum heutigen Tag führt«. Es ist eine Huldigung an ihre Freundin, die Schriftstellerin Victoria Sackville-West, von Virginia Woolf zärtlich Vita genannt. Im September 1927 schrieb Virginia in ihr Tagebuch: »Eines Tages jedoch werde ich hier die Umrisse all meiner Freunde skizzieren wie ein großes historisches Gemälde. (...) Vita sollte Orlando sein, ein junger Adeliger.«
In die Neuausgabe wurden erstmals seit der englischen Erstausgabe die acht Abbildungen aufgenommen, die Virginia Woolf zur Illustration der Reise Orlandos durch die Zeit für den Roman ausgewählt hatte. Bei der neuen Übersetzung ging es vor allem darum, die Vielzahl der versteckten Zitate, die stilistischen Parodien und den »essayartigen« Charakter des Textes im Deutschen nachzuempfinden. In einem Anhang erläutert der Herausgeber die literarischen Quellen und auch die Bezüge zu Vita Sackville-West und deren Familiensitz Knole.

Virginia Woolf wurde am 25. Januar 1882 als Tochter des Biographen und Literaten Sir Leslie Stephen in London geboren. Bereits mit 22 Jahren bildete sie gemeinsam mit ihrem Bruder den Mittelpunkt der intellektuellen ›Bloomsbury Group‹. Zusammen mit ihrem Mann, dem Kritiker Leonard Woolf, gründete sie 1917 den Verlag ›The Hogarth Press‹. Ihre Romane, die zur Weltliteratur gehören, stellen sie als Schriftstellerin neben James Joyce und Marcel Proust. Zugleich war sie eine der lebendigsten Essayistinnen ihrer Zeit und hinterließ ein umfangreiches Tagebuchwerk. Virginia Woolf nahm sich am 28. März 1941 in dem Fluß Ouse bei Lewes (Sussex) das Leben.

Der Herausgeber *Klaus Reichert* ist Professor für Anglistik an der Universität Frankfurt am Main. Er hat zahlreiche Arbeiten zur Literatur der Moderne und der Renaissance veröffentlicht und ist Übersetzer u. a. von Shakespeare, Lewis Carroll, James Joyce, des Hohenlieds Salomos u. a. Er ist Herausgeber der deutschen James-Joyce-Ausgabe.

Angaben zu den lieferbaren Titeln von Virgina Woolf im Fischer Taschenbuch Verlag und im S. Fischer Verlag finden sich am Schluß dieses Bandes.

Unsere Adresse im Internet: www.fischer-tb.de

Virginia Woolf
Orlando

Eine Biographie

Herausgegeben
und kommentiert von
Klaus Reichert

Deutsch von Brigitte Walitzek

Fischer
Taschenbuch
Verlag

Limitierte Jubiläumsedition
Veröffentlicht im Fischer Taschenbuch Verlag,
Frankfurt am Main, Januar 2002

Lizenzausgabe mit Genehmigung
des S. Fischer Verlags GmbH, Frankfurt am Main
Die englische Ausgabe erschien 1928 unter dem Titel
›Orlando. A Biography‹ im Verlag The Hogarth Press, London.
Copyright by Anne Olivier Bell und Angelica Garnett 1928
Für die deutsche Ausgabe:
© S. Fischer Verlag GmbH, Frankfurt am Main 1990
Druck und Bindung: Clausen & Bosse, Leck
Printed in Germany
ISBN 3-596-50547-X

Für
V. Sackville-West

Orlando als Knabe

Vorwort

Viele Freunde haben mir geholfen, dieses Buch zu schreiben. Manche sind tot und so berühmt, daß ich sie kaum zu nennen wage, jedoch kann niemand lesen oder schreiben, ohne auf ewig in der Schuld Defoes, Sir Thomas Brownes, Sternes, Sir Walter Scotts, Lord Macaulays, Emily Brontës, De Quinceys und Walter Paters zu stehen – um die ersten zu nennen, die einem in den Sinn kommen. Andere sind noch am Leben und, obwohl vielleicht auf ihre Art ebenso berühmt, aus ebendiesem Grunde weniger ehrfurchtgebietend. Ich bin besonders Mr C. P. Sanger zu Dank verpflichtet, ohne dessen Kenntnis des Grundstücksrechts dieses Buch nicht hätte geschrieben werden können. Mr Sydney-Turners breite und besondere Gelehrsamkeit hat mir, wie ich hoffe, einige beklagenswerte Patzer erspart. Ich konnte Nutzen ziehen – wie sehr, kann nur ich allein ermessen – aus Mr Arthur Waleys Kenntnis des Chinesischen. Madame Lopokowa (Mrs J. M. Keynes) war zur Hand, mein Russisch zu korrigieren. Der unvergleichlichen Sympathie und Vorstellungskraft Mr Roger Frys verdanke ich, was immer ich an Verständnis für die Kunst der Malerei besitzen mag. Ich habe, wie ich hoffe, in einem anderen Bereich von der einzigartig scharfsichtigen, wenn auch strengen Kritik meines Neffen, Mr Julian Bell, profitiert. Miss M. K. Snowdons unermüdliche Forschungsarbeit in den Archiven von Harrogate und Cheltenham war nicht weniger mühselig, nur weil sie vergeblich war. Andere Freunde haben mir auf zu unterschiedliche Weisen geholfen, als daß sie einzeln aufgezählt werden könnten. Ich muß mich damit begnügen, Mr Angus Davidson zu nennen; Mrs Cartwright; Miss Janet Case; Lord Berners (dessen Kenntnis der elisabethanischen Musik sich als unschätzbar erwies); Mr Francis Birrell; meinen Bruder, Dr. Adrian Stephen; Mr F. L. Lucas; Mr und Mrs Desmond Maccarthy; jenen inspirierendsten aller Kritiker, meinen Schwager, Mr Clive Bell; Mr G. H. Rylands; Lady Colefax; Miss Nellie Boxall; Mr J. M. Keynes; Mr Hugh Walpole; Miss Violet Dickinson; the Honourable Edward Sackville West; Mr und Mrs St. John Hutchinson;

Mr Duncan Grant; Mr und Mrs Stephen Tomlin; Mr und Lady Ottoline Morrell; meine Schwiegermutter, Mrs Sidney Woolf; Mr Osbert Sitwell; Madame Jacques Raverat; Colonel Cory Bell; Miss Valerie Taylor; Mr J. T. Sheppard; Mr und Mrs T. S. Eliot; Miss Ethel Sands; Miss Nan Hudson; meinen Neffen, Mr Quentin Bell (ein alter und geschätzter Mitarbeiter auf dem Gebiet der Fiktion); Mr Raymond Mortimer; Lady Gerald Wellesley; Mr Lytton Strachey; die Viscountess Cecil; Miss Hope Mirrlees; Mr E. M. Forster; the Honourable Harold Nicolson; und meine Schwester, Vanessa Bell – aber die Liste droht, zu lang zu werden, und ist jetzt schon viel zu distinguiert. Denn während sie mir Erinnerungen der erfreulichsten Art ins Gedächtnis ruft, muß sie im Leser unweigerlich Erwartungen wecken, die das Buch selbst nur enttäuschen kann. Daher will ich schließen, indem ich den Mitarbeitern des Britischen Museums und des Record Office für ihre gewohnte Liebenswürdigkeit danke; meiner Nichte, Miss Angelica Bell, für einen Dienst, den niemand außer ihr hätte leisten können; und meinem Mann für die Geduld, mit der er mir unermüdlich bei meinen Nachforschungen geholfen hat, und für das umfassende historische Wissen, dem diese Seiten den wie auch immer gearteten Grad an Genauigkeit verdanken, den sie erreichen mögen. Zum Schluß möchte ich, hätte ich seinen Namen und seine Adresse nicht verloren, einem Herrn in Amerika danken, der großmütig und unentgeltlich Interpunktion, Botanik, Entomologie, Geographie und Chronologie meiner früheren Arbeiten korrigiert hat und, wie ich hoffe, auch bei dieser Gelegenheit nicht mit seinen Diensten sparen wird.

Kapitel I

Er – denn es konnte keinen Zweifel an seinem Geschlecht geben, wenn auch die Mode der Zeit einiges tat, es zu verhüllen – war soeben dabei, auf den Kopf eines Mohren einzusäbeln, der von den Dachbalken baumelte. Dieser hatte die Farbe eines alten Fußballs und mehr oder weniger die Form eines solchen, bis auf die eingefallenen Wangen und die ein oder zwei Strähnen strohiger, trockener Haare, wie die Haare einer Kokosnuß. Orlandos Vater, oder vielleicht sein Großvater, hatte ihn von den Schultern eines riesenhaften Heiden geschlagen, der unter dem Mond der barbarischen Felder Afrikas aufgesprungen war; und nun baumelte er, leise, unablässig, in dem Luftzug, der niemals aufhörte, durch die Dachkammern des gigantischen Hauses des Lords zu wehen, der ihn erschlagen hatte.

Orlandos Väter waren durch Felder von Asphodelen geritten, und durch steinige Felder und von fremden Flüssen bewässerte Felder, und sie hatten viele Köpfe von vielen Farben von vielen Schultern geschlagen und sie zurückgebracht, um sie von den Dachbalken hängen zu lassen. Das würde Orlando ebenfalls tun, gelobte er. Doch da er erst sechzehn war und zu jung, um in Afrika oder Frankreich mit ihnen zu reiten, stahl er sich oftmals fort von seiner Mutter und den Pfauen im Garten und ging in seine Dachkammer und hieb und stieß und zersäbelte die Luft mit seiner Klinge. Manchmal durchschnitt er die Schnur, so daß der Schädel auf den Boden plumpste und er ihn wieder aufhängen mußte, wobei er ihn mit einiger Ritterlichkeit fast außerhalb seiner Reichweite befestigte, so daß sein Feind ihn durch geschrumpfte, schwarze Lippen triumphierend angrinste. Der Schädel baumelte hin und her, denn das Haus, in dessen Dach er wohnte, war so riesig, daß der Wind selbst in ihm verfangen schien, hierhin wehte, dorthin wehte, Winter wie Sommer. Der grüne Wandteppich mit den Jägern darauf bewegte sich unablässig. Seine Väter waren von Adel gewesen, seit es sie gab. Sie waren, Kronen auf den Köpfen tragend, aus den nördlichen Nebeln gekommen. Stammten die Balken der Dunkelheit im

Raum und die gelben Lachen, die Karos auf den Boden malten, etwa nicht von der Sonne, die durch das farbige Glas eines riesigen Wappens im Fenster fiel? Orlando stand nun mitten im gelben Leib eines heraldischen Leoparden. Als er die Hand auf das Fenstersims legte, um das Fenster aufzustoßen, färbte sie sich unverzüglich rot, blau und gelb wie ein Schmetterlingsflügel. So mag jenen, die eine Vorliebe für Symbole und eine Neigung, sie zu entziffern, haben, auffallen, daß die wohlgeformten Beine, der schöne Leib und die kräftigen Schultern zwar allesamt mit verschiedenen Tönungen heraldischen Lichts geschmückt waren, Orlandos Gesicht jedoch, als er das Fenster aufstieß, einzig von der Sonne selbst beleuchtet war. Ein aufrichtigeres, widerspenstigeres Gesicht ließe sich unmöglich finden. Glücklich die Mutter, die ein solches Leben austrägt, glücklicher noch der Biograph, der es aufzeichnet! Nie braucht sie sich zu grämen, noch er die Hilfe von Romanschreiber oder Dichter anzurufen. Von Tat zu Tat, von Ruhm zu Ruhm, von Amt zu Amt muß er schreiten, seinen Schreiber im Gefolge, bis sie jenen Punkt erreichen, welcher der Gipfel ihres Sehnens ist. Orlando war allein dem Aussehen nach für eine solche Laufbahn geschaffen. Das Rot der Wangen war von Pfirsichflaum überzogen; der Flaum auf den Lippen nur um ein weniges dichter als der Flaum auf den Wangen. Die Lippen selbst waren kurz und leicht geöffnet über Zähnen von erlesenem, mandelhellem Weiß. Nichts störte die pfeilgerade Nase auf ihrem kurzen, gespannten Flug; die Haare waren dunkel, die Ohren klein und eng am Kopf anliegend. Aber, ach, daß dieser Katalog jugendlicher Schönheit nicht enden kann, ohne Stirn und Augen zu erwähnen. Ach, daß die Menschen nur selten bar dieser drei geboren werden; denn sowie wir Orlando anblicken, der am Fenster steht, müssen wir eingestehen, daß er Augen hatte wie benetzte Veilchen, so groß, daß es schien, das Wasser habe sie bis zum Rand gefüllt und sie geweitet; und eine Stirn wie die Wölbung einer marmornen Kuppel, eingepreßt zwischen die beiden blanken Medaillons, die seine Schläfen waren. Sowie wir Augen und Stirn anblicken, geraten wir derart ins Schwärmen. Sowie wir Augen und Stirn anblicken, müssen wir eintausend Unstimmigkeiten eingestehen, die zu übergehen das Ziel eines jeden guten Biographen ist. Anblicke verstörten ihn, wie der seiner Mutter, einer wunderschönen Dame in Grün, die hinaustrat, um gefolgt von Twitchett, ihrer Zofe, die Pfauen zu füttern;

Anblicke rissen ihn hin – die Vögel und die Bäume; und machten ihn verliebt in den Tod – der Abendhimmel, die heimwärts fliegenden Saatkrähen; und so, die Wendeltreppe zu seinem Gehirn emporsteigend – welches ein geräumiges war –, begannen all diese Anblicke, und auch die Gartengeräusche, die Hammerschläge, das Holzhacken, jenen Aufruhr und jene Verwirrung der Leidenschaften und Gefühle, die jeder gute Biograph verabscheut. Um jedoch fortzufahren – Orlando zog langsam den Kopf zurück, setzte sich an den Tisch, holte mit dem halb bewußten Gebaren eines Menschen, der tut, was er jeden Tag seines Lebens um diese Stunde tut, ein Schreibheft hervor, welches die Aufschrift »Aethelbert: Eine Tragödie in fünf Akten« trug, und tunkte einen alten, fleckigen Gänsekiel in die Tinte.

Bald hatte er zehn und mehr Seiten mit Versen gefüllt. Er schrieb augenscheinlich fließend, aber er schrieb abstrakt. Das Laster, das Verbrechen, das Elend waren die Figuren seines Dramas; es gab Könige und Königinnen unmöglicher Territorien; gräßliche Verschwörungen vernichteten sie; edle Gefühle durchfluteten sie; nie wurde ein Wort gesprochen, wie er selbst es gesprochen hätte, aber alles war mit einer Gewandtheit und Süße in Worte gefaßt, die in Anbetracht seines Alters – er war noch keine siebzehn – und der Tatsache, daß das sechzehnte Jahrhundert noch einige Jahre hinter sich zu bringen hatte, durchaus bemerkenswert waren. Schließlich jedoch hielt er inne. Er beschrieb soeben, wie alle jungen Dichter dies stets tun, die Natur, und um die Schattierung von Grün präzise zu treffen, besah er sich (und hier bezeigte er mehr Kühnheit als die meisten) die Sache selbst, welche zufällig ein Lorbeerstrauch war, der unter dem Fenster wuchs. Danach konnte er, natürlich, nichts mehr schreiben. Grün in der Natur ist eine Sache, Grün in der Literatur eine andere. Natur und Buchstäbliches scheinen eine natürliche Abneigung gegeneinander zu hegen; bringt man sie zusammen, reißen sie sich gegenseitig in Stücke. Die Schattierung von Grün, die Orlando nun sah, verdarb seinen Reim und zerriß sein Versmaß. Überdies besitzt die Natur ihre ganz eigenen Kniffe. Man braucht nur einmal aus einem Fenster zu sehen, auf Bienen zwischen Blumen, auf einen gähnenden Hund, auf die untergehende Sonne, man braucht nur einmal zu denken, »wie viele Sonnen werde ich noch untergehen sehen« etc. etc. (der Gedanke ist zu bekannt, um es wert zu sein, niedergeschrieben zu werden), und man läßt die Feder fallen, nimmt seinen Umhang, stürmt aus dem Zimmer und bleibt dabei mit dem Fuß an einer bemalten Truhe hängen. Denn Orlando war ein wenig ungeschickt.

Er achtete mit Bedacht darauf, jede Begegnung zu vermeiden. Da kam Stubbs, der Gärtner, über den Pfad. Er versteckte sich hinter einem Baum, bis er vorbei war. Er schlüpfte durch ein kleines Tor in der Gartenmauer. Er umging alle Stallungen, Zwinger, Brauereien, Tischlerwerkstätten, Waschhäuser, Stätten, an denen Talglichter gemacht, Ochsen geschlachtet, Hufeisen geschmiedet, Wämser genäht wurden – denn das Haus war eine Stadt, widerhallend von Männern, die ihren verschiedenen Gewerben nachgingen –, und erreichte ungesehen den farnbewachsenen Pfad, der durch den Park bergan führte. Vielleicht gibt es eine Verwandtschaft zwischen Eigenschaften; die eine zieht die andere mit sich; und der Biograph sollte an dieser Stelle auf die Tatsache hinweisen, daß diese Ungeschicklichkeit oftmals mit einer Liebe zur Einsamkeit gepaart ist. Nachdem er über eine Truhe gestolpert war, liebte Orlando selbstverständlich einsame Orte, weite Ausblicke und sich für immer und immer und immer allein zu fühlen.

Und so, nach einem langen Schweigen, hauchte er endlich, »Ich bin allein«, und öffnete damit zum ersten Mal in dieser Niederschrift die Lippen. Er war sehr schnell durch Farne und Weißdornsträucher bergan gegangen, Rehe und wilde Vögel aufscheuchend, zu einer Stelle, die von einer alleinstehenden Eiche gekrönt war. Sie lag sehr hoch, so hoch in der Tat, daß man unten neunzehn englische Grafschaften sehen konnte; und an klaren Tagen dreißig oder vielleicht vierzig, wenn das Wetter sehr schön war. Manchmal konnte man den Ärmelkanal sehen, wo Welle sich auf Welle wiederholte. Flüsse konnte man sehen und Vergnügungsboote, die auf ihnen glitten; und Galeonen, die in See stachen; und Armadas mit Wölkchen von Rauch, von denen das dumpfe Dröhnen feuernder Kanonen kam; und Festungen an der Küste; und Schlösser auf den Wiesen; und hier einen Wachturm; und da eine Feste; und wieder ein weitläufiges Herrenhaus, wie das von Orlandos Vater, zusammengeballt wie eine Stadt im Tal, von Mauern umrundet. Im Osten waren die Türme von London und der Rauch der großen Stadt; und vielleicht zeigten sich ganz hinten an der

Horizontlinie, wenn der Wind aus der richtigen Richtung kam, der schroffe Gipfel und die zerklüfteten Kanten des Snowdon bergig zwischen den Wolken. Einen Augenblick stand Orlando zählend, sehend, erkennend. Das war das Haus seines Vaters; das das Haus seines Onkels. Seiner Tante gehörten die drei hohen Türme zwischen den Bäumen dort hinten. Die Heide gehörte ihnen, und der Wald; der Fasan und der Hirsch, der Fuchs, der Dachs und der Schmetterling.

Er seufzte tief und warf sich – in seinen Bewegungen lag eine Leidenschaft, die dieses Wort verdient – zu Füßen der Eiche auf die Erde. Er liebte es, unter all der Flüchtigkeit des Sommers das Rückgrat der Erde unter sich zu fühlen; denn als solches empfand er die harte Wurzel der Eiche; oder, denn Bild folgte auf Bild, sie war der Rücken eines großen Pferdes, auf dem er ritt; oder das Deck eines schlingernden Schiffs – sie war in der Tat alles, solange es hart war, denn er empfand ein Bedürfnis nach etwas, an das er sein strömendes Herz heften konnte; das Herz, das in seiner Seite zerrte; das Herz, das jeden Abend um diese Zeit, wenn er hinauswanderte, von würzigen und verliebten Stürmen erfüllt schien. An die Eiche band er es, und während er dort lag, wurde das Flattern in ihm und um ihn herum allmählich still; die kleinen Blätter hingen; der Hirsch blieb stehen; die blassen Sòmmerwolken verharrten; seine Glieder wurden schwer auf der Erde; und er lag so still, daß ganz allmählich der Hirsch näher kam und die Saatkrähen um ihn taumelten und die Schwalben herabschossen und kreisten und die Libellen vorbeizuckten, als sei alle Fruchtbarkeit und alle verliebte Aktivität eines Sommerabends wie ein Netz um seinen Leib gewoben.

Nach ungefähr einer Stunde – die Sonne ging schnell unter, die weißen Wolken waren rot geworden, die Hügel waren violett, die Wälder purpurn, die Täler schwarz – ertönte eine Trompete. Orlando sprang auf. Der schrille Ton kam aus dem Tal. Er kam von einem dunklen Fleck dort unten; einem Fleck, der dicht gedrängt und abgezirkelt war; einem Labyrinth; einer kleinen Stadt, und doch mit Mauern umgürtet; er kam aus dem Herzen seines eigenen großen Hauses im Tal, das, zuvor dunkel, noch während er schaute und die einzelne Trompete sich mit anderen, schrilleren Tönen verdoppelte und wiederum verdoppelte, seine Dunkelheit verlor und von Lichtern durchstochen wurde. Manche waren kleine, eilende

Lichter, als hasteten Diener durch Flure, um Befehlen Folge zu leisten; andere waren hohe und strahlende Lichter, als brennten sie in leeren Bankettsälen, bereit zum Empfang von Gästen, die nicht gekommen waren; und andere kippten und wogten und senkten und hoben sich, als würden sie in den Händen ganzer Scharen von Bediensteten gehalten, die sich neigten, knieten, erhoben, empfingen, wachten, und mit aller Würde eine große Prinzessin ins Haus eskortierten, die aus ihrer Staatskarosse stieg. Kutschen drehten und wendeten im Hof. Pferde schüttelten ihre Federbüsche. Die Königin war gekommen.

Orlando schaute nicht länger. Er stürmte bergab. Er schlüpfte durch eine Seitenpforte ins Haus. Er rannte die Wendeltreppe hinauf. Er erreichte sein Zimmer. Er warf seine Strümpfe auf die eine Seite des Zimmers, sein Wams auf die andere. Er tunkte den Kopf ein. Er schrubbte seine Hände. Er schnitt seine Fingernägel. Mit Hilfe von nicht mehr als sechs Zoll Spiegel und zwei alten Kerzen legte er in weniger als zehn Minuten nach der Stalluhr eine karmesinrote Kniehose, Spitzenkragen, Weste aus Taffet und Schuhe mit Rosetten so groß wie gefüllte Dahlien an. Er war fertig. Er war erhitzt. Er war aufgeregt. Aber er war schrecklich spät.

Über Abkürzungen, die ihm bekannt waren, begab er sich nunmehr durch die weitläufige Ansammlung von Zimmern und Treppenfluchten zum Bankettsaal, der fünf Morgen entfernt auf der anderen Seite des Hauses lag. Aber auf halbem Wege, im hinteren Trakt, in dem die Dienerschaft lebte, blieb er stehen. Die Tür zu Mrs Stewkleys Wohnzimmer stand offen – sie war zweifellos gegangen, mit all ihren Schlüsseln, um ihrer Herrin aufzuwarten. Aber dort, am Gesindetisch, einen Krug neben sich und Papier vor sich, saß ein ziemlich dicker, ziemlich schäbiger Mann, dessen Halskrause eine Idee schmutzig und dessen Kleidung aus grobem, braunem Wollstoff war. Er hielt eine Feder in der Hand, aber er schrieb nicht. Er schien damit beschäftigt, eine Idee im Geiste auf und nieder zu rollen, hin und her, bis sie die Gestalt oder den Schwung annahm, wie es ihm beliebte. Seine Augen, rund und wolkig wie ein grüner Stein von merkwürdiger Textur, waren starr. Er sah Orlando nicht. Trotz all seiner Eile blieb Orlando wie angewurzelt stehen. War dies ein Dichter? Schrieb er ein Gedicht? »Sagt mir«, hätte er am liebsten gesagt, »alles auf der ganzen Welt« – denn er hatte die wildesten, absurdesten, extravagantesten Vorstellungen von Dichtern und Dichtung –, aber wie zu einem Mann sprechen, der einen nicht sieht? der statt dessen Menschenfresser, Satyrn, vielleicht die Tiefen des Meeres sieht? So stand Orlando und starrte, während der Mann die Feder in den Fingern drehte, einmal so und einmal so herum; und starrte und sann; und dann, sehr schnell, ein halbes Dutzend Zeilen schrieb und aufsah. Woraufhin Orlando, von Schüchternheit überwältigt, fortstürzte und den Bankettsaal gerade noch rechtzeitig erreichte, um auf die Knie zu sinken und, vor Verwirrung den Kopf hängen lassend, der großen Königin höchstselbst eine Schale Rosenwasser darzureichen.

So groß war seine Schüchternheit, daß er nicht mehr von ihr sah als ihre beringte Hand im Wasser; aber es war genug. Es war eine denkwürdige Hand; eine hagere Hand mit langen Fingern, die sich immer krümmten, wie um Reichsapfel oder Zepter; eine nervöse, reizbare, kränkliche Hand; auch eine befehlende Hand; eine Hand, die sich nur heben mußte, damit ein Kopf fiel; eine Hand, die, so vermutete er, an einem alten Leib befestigt war, der wie ein Schrank roch, in dem Pelze in Kampfer aufbewahrt werden; welcher Leib dennoch mit allen Arten von Brokat und Juwelen herausgeputzt war; und sich sehr aufrecht hielt, wenn auch vielleicht unter Schmerzen, die vom Hüftweh rührten; und niemals wich und wankte, wenn auch von tausend Ängsten zusammengehalten; und die Augen der Königin waren hellgelb. All dies fühlte er, als die großen Ringe im Wasser blitzten, und dann drückte etwas auf sein Haar – was, vielleicht, der Grund dafür ist, daß er nichts weiter sah, was für den Historiker von Nutzen sein könnte. Und wahrhaftig war sein Geist ein derartig undurchdringliches Gewirr von Widersprüchen – der Nacht und der flammenden Kerzen, des schäbigen Poeten und der großen Königin, der stillen Felder und des Geklappers der Diener –, daß er nichts sehen konnte; oder nur eine Hand.

Gleichermaßen kann die Königin nur einen Kopf gesehen haben. Aber wenn es möglich ist, von einer Hand auf einen Körper zu schließen, ausgestattet mit allen Attributen einer großen Königin, ihrer Reizbarkeit, ihrem Mut, ihrer Schwäche und ihrem Schrecken, kann ein Kopf sicherlich ebenso ergiebig sein, erblickt von den Höhen des Thronsessels einer Dame, deren Augen, wenn man den Wachsarbeiten in der Abbey trauen darf, stets weit geöffnet waren. Die langen, lockigen Haare, der dunkle Kopf, der so ehrerbietig, so unschuldig vor ihr geneigt war, ließen auf das prachtvollste Paar Beine schließen, auf denen ein junger Edelmann je aufrecht stand; und auf violette Augen; und ein Herz aus Gold; und Treue und männlichen Charme – alles Eigenschaften, die die alte Frau um so mehr liebte, je mehr sie sich ihr versagten. Denn sie wurde vor ihrer Zeit alt und verbraucht und krumm. Der Klang der Kanone war stets in ihren Ohren. Stets sah sie den glitzernden Gifttropfen und das lange Stilett. Wenn sie zu Tische saß, lauschte sie; sie hörte die Kanonen im Ärmelkanal; sie fürchtete – war das ein Fluch, war das ein Flüstern? Unschuld, Schlichtheit waren ihr um des dunklen Hintergrundes willen, vor dem sie sie sah, um so teurer. Und es war in ebenjener Nacht, so will es die Überlieferung, als Orlando tief und fest schlief, daß sie, indem sie zum Schluß Unterschrift und Siegel unter das Pergament setzte, das Geschenk des großen, klösterlichen Hauses, das erst dem Erzbischof und dann dem König gehört hatte, in aller Form Orlandos Vater übereignete.

Orlando schlief die ganze Nacht in Ahnungslosigkeit. Er war von einer Königin geküßt worden, ohne es zu wissen. Und vielleicht, denn der Frauen Herzen sind verworren, waren es seine Ahnungslosigkeit und sein Zusammenfahren, als ihre Lippen ihn berührten, die die Erinnerung an ihren jungen Cousin (denn sie hatten gemeinsames Blut) in ihrem Gedächtnis frisch hielten. Wie dem auch sei, es waren noch keine zwei Jahre dieses ruhigen Lebens auf dem Lande vergangen, und Orlando hatte nicht mehr geschrieben als vielleicht zwanzig Tragödien und ein Dutzend historischer Dramen und eine Vielzahl von Sonetten, als eine Nachricht kam, der Königin in Whitehall seine Aufwartung zu machen.

»Hier«, sagte sie, während sie beobachtete, wie er durch die lange Galerie auf sie zukam, »kommt meine Unschuld!« (Es war stets eine heitere Ruhe um ihn, die das Aussehen der Unschuld hatte, auch wenn das Wort, im eigentlichen Sinne, nicht länger anwendbar war.)

»Komm!« sagte sie. Sie saß hoch aufgerichtet am Kamin. Und sie hielt ihn auf Schrittlänge von sich fort und musterte ihn von Kopf bis Fuß. Verglich sie ihre Vermutungen der damaligen Nacht mit der nun sichtbaren Wahrheit? Fand sie ihre Mutmaßungen berechtigt? Augen, Mund, Nase, Brust, Hüften, Hände – sie ließ ihren Blick über sie gleiten; ihre

Lippen zuckten sichtlich, während sie schaute; aber als sie seine Beine sah, lachte sie laut auf. Er war das Inbild des vornehmen Edelmannes. Aber im Inneren? Sie richtete ihre gelben Habichtsaugen auf ihn, als wolle sie seine Seele durchbohren. Der junge Mann hielt ihrem Blick stand und errötete nur wie eine Damaszenerrose, wie es ihm anstand. Kraft, Anmut, Romantik, Torheit, Poesie, Jugend – sie las ihn wie die Seite eines Buches. Auf der Stelle zerrte sie einen Ring von ihrem Finger (der Knöchel war ziemlich geschwollen), und während sie ihn über den seinen streifte, ernannte sie Orlando zu ihrem Schatz- und Haushofmeister; hängte ihm als nächstes Amtsketten um; hieß ihn das Knie beugen und schlang um dessen schmalste Stelle den juwelenbesetzten Orden des Hosenbandes. Nichts wurde ihm hernach versagt. Wenn sie in vollem Staat ausfuhr, ritt er an ihrem Wagenschlag. Sie entsandte ihn in trauriger Mission zur unglücklichen Königin nach Schottland. Er stand im Begriff, zu den polnischen Kriegen zu segeln, als sie ihn zurückrief. Denn wie konnte sie den Gedanken ertragen, daß dieses zarte Fleisch zerfetzt und dieser lockige Kopf in den Staub gerollt werden sollte? Sie behielt ihn bei sich. Auf der Höhe ihres Triumphs, als die Kanonen des Tower dröhnten und die Luft vom Pulverdampf dick genug war, einen niesen zu machen, und die Hurrarufe des Volkes unter den Fenstern schallten, zog sie ihn hinab in die Kissen, auf die ihre Frauen sie gebettet hatten (sie war so verbraucht und alt), und hieß ihn das Gesicht in jener erstaunlichen Mischung vergraben – sie hatte ihr Kleid seit einem Monat nicht gewechselt –, die um alles in der Welt, so dachte er, sich seine jungenhafte Erinnerung ins Gedächtnis zurückrufend, wie ein alter Schrank zuhause roch, in dem die Pelze seiner Mutter aufbewahrt wurden. Er richtete sich, halb erstickt, aus der Umarmung auf. »Das«, hauchte sie, »ist mein Sieg!« – während eine Rakete in die Luft schoß und ihre Wangen scharlachrot tönte.

Denn die alte Frau liebte ihn. Und die Königin, die einen Mann erkannte, wenn sie einen vor sich sah, wenn auch nicht, so heißt es, auf die übliche Weise, schmiedete für ihn eine glänzende, ehrgeizige Karriere. Ländereien wurden ihm geschenkt, Häuser ihm überschrieben. Er sollte der Sohn ihres hohen Alters sein; das Glied ihrer Schwäche; die Eiche, an die sie ihre Gebrechlichkeit lehnen wollte. Sie krächzte diese Versprechungen und merkwürdig despotischen Zärtlichkeiten (sie waren nun in Richmond), während sie kerzengerade in ihrem steifen Brokat am Feuer saß, das sie, gleich wie hoch es aufgeschichtet war, nie wärmte.

Unterdessen zogen sich die langen Wintermonate dahin. Jeder Baum im Park war vom Frost überzogen. Der Fluß floß träge dahin. Eines Tages, als der Schnee auf der Erde lag und die dunklen getäfelten Räume voller Schatten waren und die Hirsche im Park röhrten, sah sie im Spiegel, den sie aus Angst vor Spionen immer bei sich trug, durch die Tür, die sie aus Angst vor Mördern immer offenhielt, einen Knaben – konnte es Orlando sein? –, der ein Mädchen küßte – wer in Dreiteufelsnamen war die freche Dirne? Ihren Degen mit dem goldenen Heft an sich reißend, schlug sie wütend auf den Spiegel ein. Das Glas zerbrach; Leute kamen gelaufen; sie wurde aufgehoben und wieder in ihren Sessel gesetzt; aber sie war danach geschlagen und seufzte, während ihre Tage sich ihrem Ende zuneigten, viel über die Treulosigkeit der Männer.

Es war vielleicht Orlandos Schuld; und dennoch, sollen wir Orlando tadeln? Das Zeitalter war das elisabethanische; seine Moralvorstellungen waren nicht die unseren; noch seine Dichter; noch sein Klima; nicht einmal sein Gemüse. Alles war anders. Das Wetter selbst, die Hitze und die Kälte von Sommer und Winter, war, so dürfen wir glauben, von völlig anderem Temperament. Der strahlend verliebte Tag war so streng von der Nacht geschieden wie Land von Wasser. Sonnenuntergänge waren röter und intensiver; Morgendämmerungen waren weißer und rosiger. Von unseren dämmrigen Halblichtern und verweilenden Zwielichtern wußten sie nichts. Der Regen fiel ungestüm oder gar nicht. Die Sonne glühte, oder es war dunkel. Dies in die geistigen Gefilde übertragend, wie es ihre Gewohnheit ist, sangen die Dichter wunderschön, wie Rosen vergehen und Blüten fallen. Der Augenblick ist kurz, sangen sie; der Augenblick ist vorbei; eine lange Nacht des Schlafs ist dann aller Los. Was nun die Benutzung von künstlichen Gebilden wie Gewächshäusern oder Wintergärten anging, um diese frischen Nelken und Rosen zu bewahren oder zu erhalten, so war das ihre Sache nicht. Die müden Verzweigtheiten und Zweideutigkeiten unseres mählicheren und zweiflerischen Zeitalters waren ihnen unbekannt. Ungestüm war alles. Die Blume blühte und welkte. Die Sonne ging auf und unter. Der Liebhaber liebte und ging.

Und was die Dichter in Reimen sagten, übersetzten die jungen Leute in die Tat. Mädchen waren Rosen, und ihre Blütezeiten waren kurz wie die der Blumen. Gepflückt wollten sie werden, ehe denn die Nacht anbrach; denn der Tag war kurz, und der Tag war alles. Daher können wir es, wenn Orlando der Anleitung des Klimas, der Dichter, des Zeitalters selbst Folge leistete und seine Blume auf dem Fenstersitz pflückte, auch wenn der Schnee auf der Erde lag und die Königin im Korridor wachte, kaum über unser Herz bringen, ihn zu tadeln. Er war jung; er war knabenhaft; er tat nichts, als was die Natur ihn hieß. Was das Mädchen angeht, so wissen wir ebensowenig, wie Königin Elizabeth selbst es wußte, wie sie hieß. Vielleicht Doris, Chloris, Delia oder Diana, denn er verfaßte der Reihe nach Reime auf sie alle; gleichermaßen mochte sie eine Hofdame gewesen sein oder eine Dienstmagd. Denn Orlandos Geschmack war breit; er war nicht nur ein Liebhaber von Gartenblumen; auch die wilden und sogar die Unkräuter hatten stets eine Faszination für ihn.

In der Tat legen wir hier schnöde, wie ein Biograph es darf, einen seltsamen Charakterzug in ihm bloß, der sich vielleicht durch die Tatsache erklären läßt, daß eine seiner Großmütter einen Kittel getragen und Milcheimer geschleppt hatte. Einige Krümel der Erde von Kent oder Sussex waren unter die dünne, edle Flüssigkeit gemischt, die ihm aus der Normandie zukam. Er vertrat die Ansicht, daß die Mischung aus brauner Erde und blauem Blut eine gute sei. Gewiß ist auf jeden Fall, daß er stets einen Hang zu niederer Gesellschaft hatte, vor allem zu der gelehrter Leute, deren Witz sie so oft niederhält, als gäbe es eine Übereinstimmung des Blutes zwischen ihnen. In jenem Abschnitt seines Lebens, da sein Kopf überquoll vor Versen und er nie zu Bette ging, ohne vorher ein Concetto aufs Papier zu werfen, schien ihm die Keßheit einer Wirtstochter frischer und der Witz einer Wildhütersnichte treffender als jene der Damen bei Hof. Also fing er an, des Abends häufig nach Wapping Old Stairs[1] und in die Biergärten zu gehen, eingehüllt in einen grauen Umhang, um den Stern an seinem Hals und das Band an seinem Knie zu verbergen. Und dort, einen Krug vor sich, zwischen den sandbestreuten Wegen und den Rasenbahnen fürs Bowlspiel und all der schlichten Architektur jener Orte, lauschte er den Erzählungen der Seeleute von Härten und Schrecken und Grausamkeit auf den spanischen Meeren; wie manche ihre Zehen verloren hatten, andere ihre Nasen – denn die erzählte Geschichte war nie so abgerundet oder so schön gefärbt wie die geschriebene. Vor allem aber liebte er es, sie ihre Lieder von den Azoren grölen zu hören, während die Papageien, welche sie aus jenen Gegenden mitgebracht hatten, nach den Ringen in ihren Ohren pickten, mit ihren harten, gierigen Schnäbeln nach den Rubinen an ihren Fingern hackten und ebenso unflätig fluchten wie ihre Herren. Die Frauen waren kaum weniger kühn in ihren Reden und weniger frei in ihrem Benehmen als die Vögel. Sie setzten sich auf seine Knie, schlangen die Arme um seinen Hals und waren, da sie errieten, daß etwas Außergewöhnliches unter seinem wollenen Umhang verborgen lag, ebenso versessen darauf, zum Kern der Sache vorzudringen, wie Orlando selbst.

Auch fehlte es nicht an Gelegenheiten. Der Fluß wimmelte von früh bis spät vor Barken, Fährschiffen und Fahrzeugen jeglicher Beschreibung. Jeden Tag ging ein prächtiges Schiff in Richtung der beiden Indien in See; dann und wann kroch ein anderes, schwarz und zerlumpt, mit unbekannten, haarigen Männern an Bord, mühevoll vor Anker. Niemand vermißte einen Knaben oder ein Mädchen, wenn sie nach Sonnenuntergang noch ein wenig auf dem Wasser tändelten; oder zog die Augenbrauen hoch, wenn der Tratsch gesehen haben wollte, wie sie tief und fest und sicher und engumschlungen zwischen den Säcken mit Schätzen schliefen. Solcherart war in der Tat das Abenteuer, das Orlando, Sukey und dem Earl von Cumberland widerfuhr. Der Tag war heiß; ihre Liebe war lebhaft gewesen; sie waren zwischen den Rubinen eingeschlafen. Spät in jener Nacht kam der Earl, dessen Vermögen zum Großteil in die spanischen Unternehmungen eingegangen war, ganz allein mit einer Laterne, um die Beute zu sichten. Er leuchtete mit dem Licht auf eine Tonne. Er fuhr mit einem Fluch zurück. Um das Faß gewunden lagen zwei schlafende Geister. Von Natur aus abergläubisch und mit einem Gewissen, das mit so manchem Verbrechen belastet war, hielt der Earl das Paar – sie waren in einen roten Umhang gehüllt, und Sukeys Busen war fast so weiß wie der ewige Schnee in Orlandos Gedichten – für ein Phantom, das den Gräbern ertrunkener Seeleute entsprungen war, um ihm Vorhaltungen zu machen. Er bekreuzigte sich. Er gelobte Reue. Die

Reihe von Armenhäusern, die noch heute in der Sheen Road stehen, ist die sichtbare Frucht jenes Augenblicks der Panik. Zwölf arme, alte Frauen aus dem Kirchspiel trinken da heute Tee bei Tag und segnen seine Lordschaft bei Nacht für das Dach über ihrem Kopf; so daß verbotene Liebe in einem Schiff voller Schätze – aber wir übergehen die Moral.

Bald indes wurde Orlando müde, nicht nur der Unbequemlichkeit jener Lebensweise und der düsteren Straßen der Umgebung, sondern auch der primitiven Art der Leute. Denn man darf nicht vergessen, daß Verbrechen und Armut für die Elisabethaner nichts von der Anziehungskraft hatten, die sie für uns haben. Sie wußten nichts von unserer modernen Scham über Buchgelehrsamkeit; nichts von unserer Überzeugung, daß es ein Segen ist, als Sohn eines Metzgers geboren zu sein, und eine Tugend, nicht lesen zu können; hatten keine Vorstellung davon, daß das, was wir »Leben« und »Wirklichkeit« nennen, auf irgendeine Weise mit Unwissen und Brutalität verknüpft ist; hatten nicht einmal, es ist wahr, etwas diesen beiden Wörtern Entsprechendes. Es war nicht, um das »Leben« zu suchen, daß Orlando unter sie ging; nicht im Streben nach »Wirklichkeit«, daß er sie verließ. Aber als er Dutzende von Malen gehört hatte, wie Jakes seine Nase und Sukey ihre Ehre verloren hatte – und sie erzählten die Geschichten bewundernswert, das muß zugegeben werden –, fing er an, der Wiederholung ein klein wenig müde zu werden, denn eine Nase kann nur auf eine Art abgeschnitten und Jungfräulichkeit nur auf eine andere verloren werden – oder so schien es ihm zumindest –, während die Künste und die Wissenschaften eine Mannigfaltigkeit besaßen, die seine Neugier in hohem Maße erregte. Und so, sie stets in glücklicher Erinnerung behaltend, hörte er auf, die Biergärten und die Kegelbahnen zu besuchen, hängte seinen grauen Umhang in den Schrank, ließ den Stern an seinem Hals blitzen und das Hosenband an seinem Knie funkeln und trat aufs neue am Hofe von König James in Erscheinung. Er war jung, er war reich, er war gutaussehend. Niemand hätte mit größerem Beifall aufgenommen werden können als er.

Es ist in der Tat gewiß, daß viele Damen bereit waren, ihm ihre Gunst zu bezeigen. Die Namen von wenigstens dreien von ihnen wurden im Zusammenhang einer Vermählung offen mit dem seinen gepaart: Clorinda, Favilla, Euphrosyne – so nannte er sie in seinen Sonetten.

Gehen wir sie der Reihe nach durch; Clorinda war eine Lady von durchaus sanftmütigem, umgänglichem Wesen – tatsächlich war Orlando sechs und einen halben Mond lang sehr von ihr angetan; aber sie hatte weiße Wimpern und konnte kein Blut sehen. Ein Hase, der gebraten auf dem Tisch ihres Vaters aufgetragen wurde, ließ sie in Ohnmacht sinken. Zudem stand sie sehr unter dem Einfluß der Priester und sparte an ihrer Leibwäsche, um den Armen zu geben. Sie setzte es sich zur Aufgabe, Orlando von seinen Sünden zu bekehren, was diesem widerstrebte, so daß er von der Heirat Abstand nahm und es nicht sehr bedauerte, als sie wenig später an den Blattern starb.

Favilla, die als nächste kommt, war von völlig anderer Art. Sie war die Tochter eines armen Landedelmannes aus Somersetshire, die sich durch reine Beharrlichkeit und den Einsatz ihrer Augen bei Hofe emporgearbeitet hatte, wo ihre Haltung im Sattel, ihr hübscher Spann und ihre Anmut beim Tanzen ihr die Bewunderung aller eintrugen. Einmal jedoch war sie so schlecht beraten, einen Spaniel, der einen ihrer Seidenstrümpfe zerrissen hatte (und es muß der Gerechtigkeit halber gesagt werden, daß Favilla nur wenige Strümpfe besaß, und diese zum größten Teil aus Droguet), unter Orlandos Fenster um ein Haar totzuprügeln. Orlando, der eine leidenschaftliche Liebe zu Tieren hegte, bemerkte nun, daß ihre Zähne schief standen und die beiden Schneidezähne nach innen wuchsen, was, wie er sagte, bei Frauen ein sicheres Zeichen für eine widernatürliche und grausame Veranlagung sei, und löste daher die Verlobung noch am selben Abend auf immer.

Die dritte, Euphrosyne, war bei weitem die ernsteste seiner Flammen. Sie war von Geburt eine irische Desmond und hatte von daher einen Familienstammbaum, der ebenso alt und ebenso tief verwurzelt war wie Orlandos eigener. Sie war blond, blühend und eine Spur phlegmatisch. Sie sprach gut Italienisch, hatte im Oberkiefer eine perfekte Reihe von Zähnen, wiewohl die im Unterkiefer ein wenig verfärbt waren. Sie war nie ohne einen Whippet oder einen Spaniel an ihrer Seite; fütterte sie mit weißem Brot von ihrem eigenen Teller; sang mit süßer Stimme zum Spinett; und war dank der extremen Sorgfalt, die sie ihrer eigenen Person angedeihen ließ, nie vor Mittag angekleidet. Kurz gesagt hätte sie eine perfekte Frau für einen Edelmann wie Orlando abgegeben, und die Angelegenheit war so weit gediehen, daß die Anwälte beider Seiten schon beschäftigt waren mit Verträgen, Wittümern, Kontrakten, Leibgedingen, Häusern und Höfen und was immer sonst vonnöten ist, bevor ein großes Vermögen sich mit einem anderen paaren kann, als mit der Plötzlichkeit und Strenge, die das englische Klima der damaligen Zeit charakterisierten, der Große Frost kam.

Der Große Frost war, so erzählen uns die Historiker, der strengste, der diese Inseln je heimsuchte. Vögel erfroren mitten in der Luft und stürzten wie Steine auf die Erde. Zu Norwich wollte eine junge Bauersfrau in ihrer üblichen robusten Gesundheit die Straße überqueren und ward von Zuschauern gesehn, wie sie sich vor aller Augen in Pulver verwandelte und als ein Staubgewölk über die Dächer verwehte, als der eisige Sturm sie an der Straßenecke traf. Die Sterblichkeit unter Schafen und Rindern war enorm. Leichen froren ein und konnten nicht von den Laken gezogen werden. Es war kein ungewöhnlicher Anblick, auf eine ganze Herde von Schweinen zu stoßen, die unbeweglich auf der Straße angefroren waren. Die Felder waren voll von Schafhirten, Pflügern, Pferdegespannen und kleinen, Vögel scheuchenden Jungen, alle erstarrt in dem, was sie gerade getan hatten, der eine mit der Hand an der Nase, ein anderer mit der Flasche an den Lippen, ein dritter mit einem Stein, den er erhoben hatte, um ihn nach dem Raben zu werfen, der wie ausgestopft kaum einen Meter von ihm entfernt auf der Hecke saß. Die Strenge des Frostes war so außerordentlich, daß manchmal eine Art Versteinerung erfolgte; und es wurde allgemein angenommen, daß der große Zuwachs an Steinen in einigen Teilen Derbyshires nicht auf einen Vulkanausbruch zurückzuführen war, denn es gab keinen, sondern auf die Verfestigung unglückseliger Fahrensleute, die im wahrsten Sinne des Wortes dort, wo sie gingen und standen, zu Stein geworden waren. Die Kirche konnte in dieser Angelegenheit nur wenig Hilfe bieten, und obwohl einige Grundherren diese Relikte segnen ließen, zogen die meisten es vor, sie entweder als Grenzsteine, Kratzpfosten für Schafe oder, wenn die Form des Steins es zuließ, als Tränke für das Vieh zu benutzen, welchen Zwecken sie, zum größten Teil vortrefflich, bis zum heutigen Tage dienen.

Aber während das Landvolk die bitterste Not litt und der Handel des

Landes zum Stillstand kam, erfreute sich London eines Karnevals von allergrößter Pracht. Der Hof hielt sich in Greenwich auf, und der neue König nutzte die Gelegenheit, die seine Krönung ihm bot, sich bei den Bürgern einzuschmeicheln. Er gab Anweisung, den Fluß, der in beiden Richtungen sechs oder sieben Meilen weit bis zu einer Tiefe von zwanzig Fuß und mehr gefroren war, auf seine Kosten zu fegen, zu schmücken und mit allem Anschein eines Parks oder Lustgartens zu versehen, mit Lauben, Irrgängen, Wegen und Zechbuden etc. Für sich selbst und die Höflinge reservierte er einen Platz unmittelbar vor den Toren des Palastes; der, vom Volk nur durch eine seidene Kordel abgetrennt, sogleich zum Zentrum der glanzvollsten Gesellschaft Englands wurde. Große Staatsmänner, mit ihren Bärten und Halskrausen, erledigten Staatsangelegenheiten unter dem karmesinroten Sonnensegel der königlichen Pagode. Soldaten übten die Unterwerfung des Mauren und den Sturz des Türken in gestreiften Lauben, überragt von Büschen aus Straußenfedern. Admirale schritten die schmalen Fußwege auf und ab, das Glas in der Hand, suchten den Horizont ab und erzählten Geschichten über die Nord-West-Passage und die spanische Armada. Liebende tändelten auf Diwanen, ausgelegt mit Zobelpelzen. Gefrorene Rosen regneten in Schauern, wenn die Königin und ihre Damen sich im Freien ergingen. Bunte Ballons schwebten reglos in der Luft. Hier und dort brannten riesige Freudenfeuer aus Zedern- und Eichenholz, üppig mit Salz bestreut, so daß die Flammen von grünem, orangem und purpurrotem Feuer waren. Doch so heiß sie auch brannten, die Hitze war nicht groß genug, das Eis zu schmelzen, das, wenn auch von einzigartiger Durchsichtigkeit, dennoch von stählerner Härte war. So klar war es in der Tat, daß man, in einer Tiefe von mehreren Fuß erstarrt, hier einen Tümmler sehen konnte, dort eine Flunder. Schwärme von Aalen lagen reglos in Trance; aber ob ihr Zustand ein Zustand des Todes oder nur einer aufgehobenen Beseelung war, die die Wärme ins Leben zurückrufen würde, gab den Philosophen Rätsel auf. In der Nähe der London Bridge, wo der Fluß bis zu einer Tiefe von rund zwanzig Faden gefroren war, war ein untergegangener Lastkahn deutlich sichtbar, wie er auf dem Grund des Flusses lag, wohin er im letzten Herbst gesunken war, überladen mit Äpfeln. Die alte Bumbootsfrau, die ihre Früchte zum Markt auf der Surreyer

Seite hatte bringen wollen, saß dort in ihren Plaids und Reifröcken, den Schoß voller Äpfel, ganz genauso, als wäre sie im Begriff, einen Kunden zu bedienen, wenn auch eine gewisse Bläue um die Lippen die Wahrheit andeutete. Es war ein Anblick, in den sich König James ganz besonders gern versenkte, und oftmals brachte er eine Schar Höflinge mit, auf daß sie mit ihm schauten. Kurzum, nichts konnte den Glanz und die Fröhlichkeit der Szenerie bei Tage übertreffen. Aber bei Nacht erreichte der Karneval seinen ausgelassensten Höhepunkt. Denn der Frost hielt ungebrochen an; die Nächte waren von vollkommener Stille; der Mond und die Sterne gleißten mit der harten Starre von Diamanten, und zur zarten Musik von Flöte und Trompete tanzten die Höflinge.

Orlando, es ist wahr, war keiner von jenen, die Courante und Lavolta leichtfüßig tanzen; er war ungeschickt und ein wenig zerstreut. Die einfachen Tänze seines eigenen Landes, die er als Kind getanzt hatte, waren ihm viel lieber als diese phantastischen ausländischen Taktarten. Er hatte in der Tat seine Füße eben erst in der Schlußfigur irgendeiner solchen Quadrille oder eines Menuetts gegen sechs Uhr abends am siebenten Januar zusammengebracht, als er aus dem Pavillon der moskowitischen Gesandtschaft eine Gestalt kommen sah, die ihn, gleich ob die eines Knaben oder einer Frau, denn die lose Tunika und die langen Hosen der russischen Mode verschleierten das Geschlecht, mit höchster Neugier erfüllte. Die Person, gleich wie Name oder Geschlecht sein mochten, war von mittlerer Größe, von sehr schmalem Körperbau und von Kopf bis Fuß in austernfarbenen Samt gekleidet, der mit einem unbekannten grünlichen Pelz verbrämt war. Aber diese Einzelheiten wurden überdeckt von etwas außergewöhnlich Verführerischem, das von der ganzen Person ausging. Bilder, Metaphern der extremsten und extravagantesten Art, verwoben und verflochten sich in Orlandos Geist. Er nannte sie eine Melone, eine Ananas, einen Ölbaum, einen Smaragd und einen Fuchs im Schnee, alles im Zeitraum von drei Sekunden; er wußte nicht, ob er sie gehört, geschmeckt, gesehen hatte oder alles auf einmal. (Denn obwohl wir in der Erzählung keinen Augenblick innehalten dürfen, mögen wir an dieser Stelle hastig anmerken, daß all seine Bilder zu dieser Zeit über die Maßen einfach waren, um seinen Sinnesempfindungen zu entsprechen, und zum größten Teil Dingen entnommen waren, deren Geschmack er als

Knabe geliebt hatte. Aber wenn seine Empfindungen auch einfach waren, so waren sie gleichzeitig auch ungewöhnlich stark. Innezuhalten und nach den Ursachen der Dinge zu forschen steht daher außer Frage.) ... Eine Melone, ein Smaragd, ein Fuchs im Schnee, so schwärmte er, so starrte er. Als der Knabe, denn, ach, ein Knabe mußte es sein – keine Frau konnte mit solcher Schnelligkeit und Kraft Schlittschuh laufen –, fast auf Zehenspitzen an ihm vorbeifegte, war Orlando bereit, sich die Haare auszureißen vor Kummer darüber, daß die Person seinem eigenen Geschlecht angehörte und alle Umarmungen daher außer Frage standen. Aber der Schlittschuhläufer kam näher. Beine, Hände, Haltung waren die eines Knaben, aber kein Knabe hatte je einen Mund wie diesen; kein Knabe hatte diese Brüste; kein Knabe hatte Augen, die aussahen, als seien sie vom Grund des Meeres gefischt. Schließlich, innehaltend und mit hinreißender Anmut vor dem König, der am Arm eines königlichen Kammerherrn vorbeischlurfte, in einen tiefen Hofknicks sinkend, kam die unbekannte Schlittschuhläuferin zum Stillstand. Sie war keine Handbreit von ihm entfernt. Sie war eine Frau. Orlando starrte; zitterte; ihm wurde heiß; ihm wurde kalt; er sehnte sich danach, durch die Sommerlüfte sich zu schleudern; Eicheln unter den Füßen zu zertreten; wie die Buchen und Eichen die Arme zu rühren. So jedoch zog er die Lippen über den kleinen, weißen Zähnen etwas hoch; öffnete sie vielleicht einen halben Zoll, wie um zu beißen; schloß sie, als hätte er gebissen. Die Lady Euphrosyne hing an seinem Arm.

Der Name der Fremden, erfuhr er, war Prinzessin Maruscha Stanilowska Dagmar Natascha Iliana Romanowitsch, und sie war im Gefolge des moskowitischen Gesandten gekommen, der vielleicht ihr Onkel war, oder vielleicht ihr Vater, um der Krönung beizuwohnen. Sehr wenig war über die Moskowiter bekannt. Mit ihren großen Bärten und Pelzmützen saßen sie fast stumm; tranken irgendeine schwarze Flüssigkeit, die sie hin und wieder auf das Eis ausspuckten. Keiner von ihnen sprach Englisch, und das Französische, mit dem wenigstens ein paar von ihnen vertraut waren, wurde damals am englischen Hof nur wenig gesprochen.

Durch diesen Zufall wurden Orlando und die Prinzessin miteinander bekannt. Sie saßen sich an der großen Tafel gegenüber, die unter einem großen Sonnensegel zur Unterhaltung der Notabeln gedeckt war. Die

Prinzessin saß zwischen zwei jungen Lords, der eine Lord Francis Vere, der andere der junge Earl of Moray. Es war lachhaft, die mißliche Lage zu sehen, in die sie die beiden wenig später gebracht hatte, denn obschon beide auf ihre Art prachtvolle Burschen waren, besaß das ungeborene Kind ebensoviel Kenntnisse der französischen Sprache wie sie. Als die Prinzessin sich zu Beginn des Mahls an den Earl wandte und mit einer Anmut, die sein Herz entzückte, sagte: »Je crois avoir fait la connaissance d'un gentilhomme qui vous était apparenté en Pologne l'été dernier« oder »La beauté des dames de la cour d'Angleterre me met dans le ravissement. On ne peut voir une dame plus gracieuse que votre reine, ni une coiffure plus belle que la sienne«, gerieten sowohl Lord Francis als auch der Earl in die allergrößte Verlegenheit. Der eine tat ihr reichlich Meerrettichsauce auf, der andere pfiff nach seinem Hund und ließ ihn um einen Markknochen betteln. Daraufhin konnte die Prinzessin das Lachen nicht länger zurückhalten, und Orlando, der ihrem Blick über die Wildschweinköpfe und farcierten Pfauen hinweg begegnete, lachte ebenfalls. Er lachte, aber das Lachen auf seinen Lippen gefror in Verwunderung. Wen hatte er bisher geliebt, was hatte er bisher geliebt, fragte er sich in einem Aufruhr der Gefühle? Eine alte Frau, antwortete er sich selbst, nichts als Haut und Knochen. Rotbäckige Mägde, zu viele, um sie zu nennen. Eine zimperliche Nonne. Eine hartgesottene Abenteurerin mit grausamem Mund. Eine nickende Masse von Spitzen und Zeremonien. Die Liebe hatte ihm nichts als Sägespäne und Asche bedeutet. Die Freuden, die er daran gehabt hatte, schmeckten ihm über die Maßen schal. Er fragte sich verwundert, wie er all das ausgehalten hatte, ohne zu gähnen. Denn während er schaute, schmolz die Dicke seines Blutes; das Eis verwandelte sich in seinen Adern zu Wein; er hörte die Wasser fließen und die Vögel singen; der Frühling brach über die harte, winterliche Landschaft herein; seine Männlichkeit erwachte; er nahm seinen Degen in die Hand; er forderte einen wagemutigeren Feind als Pole oder Maure; er tauchte in tiefes Wasser; er sah die Blume der Gefahr in einer Felsspalte blühen; er streckte die Hand aus – in Wahrheit ratterte er eines seiner leidenschaftlichsten Sonette herunter, als die Prinzessin ihn ansprach: »Hätten Sie die Güte, mir das Salz zu reichen?«

Er wurde über und über rot.

»Mit dem größten Vergnügen von der Welt, Madame«, antwortete er, auf französisch, mit perfekter Aussprache. Denn, dem Himmel sei Dank, er beherrschte diese Sprache wie seine eigene; die Zofe seiner Mutter hatte sie ihn gelehrt. Und doch wäre es vielleicht besser für ihn gewesen, er hätte diese Sprache nie gelernt, dieser Stimme nie geantwortet, wäre dem Licht dieser Augen nie gefolgt...

Die Prinzessin fuhr fort. Wer waren diese Tölpel, fragte sie ihn, die mit den Manieren von Stallknechten neben ihr saßen? Was war das für eine ekelerregende Mixtur, die sie ihr auf den Teller geschüttet hatten? Aßen die Hunde in England vom selben Tisch wie die Menschen? War jene Witzfigur am Ende der Tafel, die die Haare aufgetürmt hatte wie ein Maibaum (comme une grande perche mal fagotée), wirklich die Königin? Und sabberte der König immer so? Und wer von diesen Gecken war George Villiers? Obwohl diese Fragen Orlando zunächst einigermaßen aus der Fassung brachten, wurden sie mit solcher Schalkhaftigkeit und Drolligkeit gestellt, daß er nicht umhinkonnte zu lachen; und da er an den ausdruckslosen Gesichtern der Gesellschaft sah, daß niemand ein Wort verstand, antwortete er ihr so frei, wie sie ihn fragte, genau wie sie untadeliges Französisch sprechend.

So begann eine Vertrautheit zwischen den beiden, die bald zum Skandal des Hofes wurde.

Bald wurde beobachtet, daß Orlando der Moskowiterin weit mehr Aufmerksamkeit zollte, als die reine Höflichkeit gebot. Er fehlte selten an ihrer Seite, und ihre Gespräche, wenn auch für alle anderen unverständlich, wurden mit einer solchen Lebhaftigkeit geführt, riefen ein solches Erröten und Gelächter hervor, daß selbst die Dümmsten sich das Thema denken konnten. Zudem war die Veränderung an Orlando selbst außerordentlich. Niemand hatte ihn je so lebhaft gesehen. In einer einzigen Nacht hatte er seine knabenhafte Ungeschicklichkeit abgelegt; er hatte sich von einem eigensinnigen Grünschnabel, der das Zimmer einer Dame nicht betreten konnte, ohne den halben Zierat vom Tisch zu fegen, in einen Edelmann voller Anmut und männlicher Courtoisie verwandelt. Zu sehen, wie er der Moskowiterin (wie sie genannt wurde) in ihren Schlitten half oder ihr seine Hand zum Tanz reichte oder das getüpfelte Tuch auffing, das sie fallen gelassen hatte, oder irgendeine andere jener mannigfachen Pflichten versah, welche die höchste Dame fordert und welche vorauszuahnen der Liebende sich beeilt, war ein Anblick, der die matten Augen des Alters aufleuchten und den schnellen Puls der Jugend schneller schlagen ließ. Doch hing eine Wolke über alledem. Die alten Männer zuckten die Schultern. Die jungen kicherten hinter vorgehaltener Hand. Lady Margaret O'Brien O'Dare O'Reilly Tyrconnel (denn das war der richtige Name der Euphrosyne aus den Sonetten) trug Orlandos prachtvollen Saphir am zweiten Finger ihrer linken Hand. Sie war es, die das höchste Anrecht auf seine Aufmerksamkeiten besaß. Und doch konnte sie alle Taschentücher aus ihrem Schrank (von denen sie viele Dutzende hatte) auf das Eis fallen lassen, und Orlando bückte sich kein einziges Mal, sie aufzuheben. Sie konnte zwanzig Minuten darauf warten, daß er ihr in ihren Schlitten half, und mußte sich am Ende doch mit den Diensten ihres Mohren begnügen. Wenn sie Schlittschuh lief, was sie eher ungeschickt tat, war niemand an ihrer Seite, sie zu ermutigen, und wenn sie fiel, was sie eher schwerfällig tat, half niemand ihr auf die Füße und klopfte ihr den Schnee von den Röcken. Obwohl sie von Natur aus phlegmatisch war, nicht leicht Anstoß nahm und weniger als die meisten Menschen geneigt war, zu glauben, daß eine, die schließlich nur eine Ausländerin war, sie aus Orlandos Zuneigungen vertreiben könnte, wurde sogar Lady Margaret zum Schluß dahin gebracht, zu argwöhnen, daß sich gegen ihren Seelenfrieden etwas zusammenbraue.

Tatsächlich gab sich Orlando, wie die Tage dahingingen, immer weniger Mühe, seine Gefühle zu verbergen. Mit dieser oder jener Entschuldigung verließ er die Gesellschaft, sobald sie gespeist hatten, oder stahl sich von den Schlittschuhläufern fort, die sich zur Quadrille formierten. Im nächsten Augenblick wurde dann bemerkt, daß auch die Moskowiterin fehlte. Was den Hof jedoch am meisten aufbrachte und ihn an seiner empfindlichsten Stelle traf, welches die Eitelkeit ist, war die Tatsache, daß man das Paar oft dabei beobachten konnte, wie es unter der seidenen Kordel hindurchschlüpfte, welche die königliche Einfriedung vom öffentlichen Teil des Flusses abtrennte, und in der Menge des gemeinen Volkes verschwand. Denn plötzlich stampfte die Prinzessin mit dem Fuße auf und rief: »Bring mich fort. Ich verabscheue diesen englischen Pöbel!«, womit sie den englischen Hof selbst meinte. Sie könnte ihn nicht länger ertragen. Er wäre voll von neugierigen alten Weibern, sagte sie, die einem ins Gesicht starrten, und von aufgeblasenen jungen Männern, die einem auf die Füße trampelten. Sie röchen schlecht. Ihre Hunde liefen einem zwischen die Beine. Es sei, als lebte man in einem Käfig. In Rußland gebe es Flüsse, die zehn Meilen breit seien und auf denen man sechs nebeneinandergespannte Pferde den ganzen Tag galoppieren lassen könne, ohne einer Menschenseele zu begegnen. Außerdem wollte sie den Tower sehen, die Beefeaters, die Köpfe von Temple Bar und die Juweliergeschäfte in der Stadt. Und so kam es, daß Orlando sie in die Stadt brachte, ihr die Beefeaters und die Köpfe der Rebellen zeigte und ihr kaufte, was immer ihr in der Royal Exchange in die Augen stach. Aber dies war nicht genug. Jeder der beiden ersehnte zunehmend die Gesellschaft des anderen in völliger Ungestörtheit den ganzen Tag lang, wo es niemanden gab, zu staunen oder zu starren. Statt den Weg nach London zu nehmen, schlugen sie folglich die andere Richtung ein und waren bald jenseits der Menge auf den gefrorenen Ausläufern der Themse, wo, mit Ausnahme der Seevögel und einer alten Bauersfrau, die auf dem Eis herumhackte in einem vergeblichen Versuch, einen Eimer Wasser zu ziehen, oder die wenigen Äste oder abgefallenen Blätter, die sie finden konnte, zum Feuermachen sammelte, keine lebende Seele je in ihre Nähe kam. Die Armen blieben dicht bei ihren Hütten, und die besseren Leute, die es sich leisten konnten, drängten der Wärme und der Lustbarkeit wegen in die Stadt.

Folglich hatten Orlando und Sascha, wie er sie der Kürze halber nannte, und weil es der Name eines russischen Weißfuchses war, den er als Knabe gehabt hatte – ein Tier so weich wie Schnee, aber mit Zähnen aus Stahl, das ihn so bösartig biß, daß sein Vater es töten ließ –, folglich hatten sie den Fluß für sich allein. Erhitzt vom Schlittschuhlaufen und von der Liebe, warfen sie sich oft in einem einsamen Seitenarm zu Boden, wo die gelben Weiden das Ufer säumten, und in einen weiten Pelzumhang gehüllt, nahm Orlando sie in seine Arme und erkannte, zum ersten Mal, wie er murmelte, die Verzückungen der Liebe. Dann, wenn die Ekstase vorüber war und sie eingelullt in ihre Ermattung auf dem Eise lagen, erzählte er ihr von seinen anderen Lieben und wie sie, im Vergleich zu ihr, aus Holz gewesen seien, aus Sackleinwand und aus Asche. Und über sein Ungestüm lachend, drehte sie sich noch einmal in seinen Armen um und schenkte ihm, um der Liebe willen, noch eine Umarmung. Und dann staunten sie darüber, daß das Eis nicht schmolz unter ihrer Hitze, und bedauerten die arme alte Frau, die kein derart natürliches Mittel besaß, es zu tauen, sondern mit einer Picke aus kaltem Stahl darauf herumhacken mußte. Und dann, in ihre Zobel gehüllt, redeten sie über alles unter der Sonne; über Sehenswürdigkeiten und Reisen; über Mohren und Heiden; über den Bart dieses Mannes und die Haut jener Frau; über eine Ratte, die ihr bei Tisch aus der Hand fraß; über den Wandteppich, der sich in der Halle zuhause immer bewegte; über ein Gesicht; über eine Feder. Nichts war zu klein für derlei Gespräche, nichts war zu groß.

Und dann, plötzlich, verfiel Orlando in eine seiner Anwandlungen von Melancholie; der Anblick der alten Frau, die über das Eis humpelte, mochte der Anlaß dafür sein, oder nichts; und warf sich mit dem Gesicht nach unten auf das Eis und sah in die gefrorenen Wasser hinein und dachte an den Tod. Denn der Philosoph hat recht, der da sagt, daß nichts Breiteres als eine Messerklinge das Glück von der Melancholie scheide; und er äußert des weiteren die Meinung, daß das eine der Zwilling des anderen sei; und zieht daraus den Schluß, daß alle Extreme des Gefühls dem Wahnsinn verschwistert seien; und heißt uns so, Zuflucht in der wahren Kirche zu suchen (seiner Ansicht nach der der Wiedertäufer), welche der einzige Hafen, Ankerplatz, Zufluchtsort etc., so sagte er, für jene sei, die auf diesem Meer umhergeworfen seien.

»Alles endet im Tod«, sagte Orlando dann wohl, sich aufsetzend, das Gesicht von Schwermut bewölkt. (Denn das war die Weise, in der sein Geist nun arbeitete, in wilden Berg-und-Tal-Fahrten vom Leben zum Tod, sich zwischendurch bei nichts aufhaltend, so daß der Biograph sich auch nicht aufhalten darf, sondern so schnell er nur kann fliegen muß, um so Schritt zu halten mit den gedankenlosen, leidenschaftlichen, närrischen Handlungen und jähen, extravaganten Worten, in denen, es läßt sich unmöglich leugnen, Orlando zu dieser Zeit seines Lebens schwelgte.)

»Alles endet im Tod«, sagte Orlando dann wohl, sich auf dem Eise aufsetzend. Aber Sascha, die schließlich kein englisches Blut in den Adern hatte, sondern aus Rußland kam, wo die Sonnenuntergänge länger sind, die Morgendämmerungen weniger jäh und Sätze oft unvollendet gelassen werden aus Zweifel darüber, wie sie am besten zu beenden wären – Sascha starrte ihn an, lächelte vielleicht spöttisch, denn er mußte ihr wie ein Kind vorgekommen sein, und sagte nichts. Aber schließlich wurde das Eis unter ihnen kalt, was ihr nicht gefiel, und so zog sie ihn wieder auf die Füße und redete so bezaubernd, so geistreich, so klug (aber, leider, immer auf französisch, welches dafür bekannt ist, daß es in der Übersetzung seine Würze verliert), daß er die gefrorenen Wasser oder die kommende Nacht oder die alte Frau oder was immer es war vergaß und ihr zu sagen versuchte – zwischen tausend Bildern herumstolpernd und -patschend, die so schal geworden waren wie die Frauen, die sie inspiriert hatten –, wem sie gleiche. Schnee, Sahne, Marmor, Kirschen, Alabaster, Golddraht? Nichts davon. Sie war wie ein Fuchs, oder ein Ölbaum; wie die Wellen des Meeres, wenn man von einer Höhe auf sie hinabblickt; wie ein Smaragd; wie die Sonne auf einem grünen Hügel, der dennoch bewölkt ist – wie nichts, das er in England je gesehen oder gekannt hatte. Sosehr er die Sprache auch durchforschte, ihm fehlten die Worte. Er wünschte sich eine andere Landschaft, eine andere Sprache. Das Englische war eine zu freimütige, zu offene, treuherzige, zu honigsüße Rede für Sascha. Denn in allem, was sie sagte, ganz gleich wie offen sie schien und wie sinnlich, war etwas Verdecktes; in allem, was sie tat, wie waghalsig auch immer, war etwas Verborgenes. So scheint die grüne Flamme in einem Smaragd verborgen oder die Sonne gefangen in einem Hügel. Die Klarheit war nur äußerlich; innen war eine wandernde Flamme. Sie kam; sie ging; sie leuchtete niemals mit dem steten Glanz einer Engländerin – hier jedoch, in Erinnerung an Lady Margaret und ihre Röcke, geriet Orlando außer sich vor Verzückung und riß sie mit sich über das Eis, schneller, schneller, gelobend, daß er die Flamme jagen, nach dem Juwel tauchen würde, und so weiter und so weiter und so weiter, und die Worte kamen mit dem Keuchen seines Atems mit der Leidenschaft eines Dichters, dessen Verse halb aus ihm herausgepreßt werden vom Schmerz.

Aber Sascha schwieg. Als Orlando ihr zu Ende erzählt hatte, daß sie ein Fuchs sei, ein Ölbaum oder eine grüne Hügelkuppe, und ihr die ganze Geschichte seiner Familie berichtet hatte; daß ihr Haus eines der ältesten in ganz Britannien sei; daß sie mit den Cäsaren aus Rom gekommen seien und das Recht hätten, unter einem quastengeschmückten Baldachin über den

Corso (welcher die Hauptstraße Roms sei) zu schreiten, was, wie er sagte, ein Privileg sei, das nur jenen vorbehalten sei, die kaiserliches Blut in den Adern hätten (denn um ihn war eine hochmütige Leichtgläubigkeit, die überaus wohlgefällig war), hielt er inne und fragte sie, Wo sei ihr eigenes Haus? Was sei ihr Vater? Habe sie Brüder? Wieso sei sie allein mit ihrem Oheim hier? Dann trat, irgendwie, obwohl sie bereitwillig genug antwortete, eine Verlegenheit zwischen sie. Zunächst vermutete er, ihr Rang sei nicht so hoch, wie sie es gerne hätte; oder daß sie sich wegen der wilden Sitten ihrer Landsleute schämte, denn er hatte gehört, daß die moskowitischen Frauen Bärte trugen und die Männer von der Hüfte abwärts mit Fell bedeckt waren; daß beide Geschlechter sich mit Talg einstrichen, um die Kälte fernzuhalten, Fleisch mit den Fingern rissen und in Hütten lebten, in denen ein englischer Edelmann sich scheuen würde sein Vieh unterzubringen; so daß er davon Abstand nahm, sie zu drängen. Aber nach weiterem Nachdenken kam er zu dem Schluß, daß ihr Schweigen nicht diesen Grund haben konnte; sie selbst war völlig frei von Haaren auf dem Kinn; sie kleidete sich in Samt und Perlen, und ihr Benehmen war ganz gewiß nicht das einer Frau, die in einem Viehstall aufgewachsen war.

Was also verheimlichte sie vor ihm? Der Zweifel, der der ungeheuren Stärke seiner Gefühle zugrunde lag, war wie Treibsand unter einem Monument, der plötzlich verrutscht und das ganze Gebilde erzittern läßt. Manchmal erfaßte die Pein ihn ganz plötzlich. Dann brauste er in solchem Zorn auf, daß sie nicht wußte, wie sie ihn beruhigen sollte. Vielleicht wollte sie ihn nicht beruhigen; vielleicht gefielen ihr seine Ausbrüche, und sie provozierte sie mit Absicht – derart ist die seltsame Absonderlichkeit des moskowitischen Temperaments.

Um mit der Geschichte fortzufahren – auf ihren Schlittschuhen an jenem Tag weiter hinauslaufend, als es ihre Gewohnheit war, erreichten sie den Teil des Flusses, wo die Schiffe Anker geworfen hatten und mitten im Strom festgefroren waren. Unter ihnen war das Schiff der moskowitischen Gesandtschaft, von dessen Großmast, an dem vielfarbige Eiszapfen von mehreren Ellen Länge hingen, der doppelköpfige schwarze Adler wehte. Sascha hatte einen Teil ihrer Gewänder an Bord zurückgelassen, und in der Annahme, das Schiff sei leer, kletterten sie an Deck und machten sich auf die Suche danach. Sich an gewisse Passagen seiner eigenen Vergangenheit erinnernd, wäre Orlando nicht verwundert gewesen, hätten andere brave Bürger diesen Zufluchtsort vor ihnen aufgesucht; und so erwies es sich. Sie waren noch nicht weit vorgedrungen, als ein schmucker junger Mann von irgendwelchen privaten Beschäftigungen hinter einer Taurolle auffuhr und, indem er offensichtlich – denn er sprach russisch – sagte, er gehöre zur Besatzung und würde der Prinzessin dabei helfen zu finden, was sie suche, einen Kerzenstummel anzündete und mit ihr im unteren Teil des Schiffes verschwand.

Die Zeit verging, und Orlando, in seine eigenen Träume versunken, dachte nur an die Freuden des Lebens; an Sascha, sein Juwel; an ihre Seltenheit; an Mittel und Wege, sie unwiderruflich und unauflöslich sein eigen zu machen. Hindernisse gab es, und Mühen, die zu überwinden waren. Sie war entschlossen, in Rußland zu leben, wo es gefrorene Flüsse und wilde Pferde und Männer gab, sagte sie, die sich gegenseitig die Kehle aufschlitzten. Es ist wahr, daß Landschaften aus Kiefern und Schnee, Gewohnheiten von Lust und Gemetzel ihn nicht lockten. Noch lag ihm daran, sein angenehm ländliches Leben der Jagd und des Bäumepflanzens aufzugeben; auf sein Amt zu verzichten; seine Laufbahn zu ruinieren; das Rentier anstelle des Kaninchens zu schießen; Wodka anstelle von Kanariensekt zu trinken und ein Messer im Ärmel zu tragen – zu welchem Zweck, wußte er nicht. Doch all dies und mehr als all dies würde er ihr zuliebe tun. Was seine Heirat mit Lady Margaret anbelangte, und wenn sie auch auf den siebenten Tag von heut an festgesetzt war, so war die Sache so offenbar absurd, daß er kaum einen Gedanken daran verwendete. Ihre Sippschaft würde ihn dafür verunglimpfen, eine große Lady schmählich verlassen zu haben; seine Freunde würden ihn dafür verlachen, die großartigste Laufbahn der Welt für ein Kosakenweib und eine Schneewüste aufgegeben zu haben – es wog keinen Strohhalm in der Waagschale, verglichen mit Sascha selbst. In der ersten dunklen Nacht würden sie fliehen. Sie würden ein Schiff nach Rußland nehmen. So sann er; so plante er, während er an Deck auf und ab ging.

Als er sich nach Westen umwandte, wurde er zurückgerufen vom Anblick der Sonne, die wie eine Orange auf dem Kreuz von St. Paul's gehißt war. Sie war blutrot und sank schnell. Es mußte fast Abend sein. Sascha war seit einer Stunde und mehr fort. Auf der Stelle von jenen dunklen

Die russische Prinzessin als Kind

Vorahnungen ergriffen, die selbst seine zuversichtlichsten Gedanken an sie überschatteten, stürzte er in die Richtung, die er sie in den Laderaum des Schiffes hatte einschlagen sehen, und wurde, nachdem er in der Dunkelheit zwischen Truhen und Fässern umhergestolpert war, durch einen schwachen Schimmer in einer Ecke gewahr, daß sie dort Platz genommen hatten. Eine Sekunde lang hatte er sie im Blick; sah Sascha auf dem Knie des Seemannes sitzen; sah, wie sie sich zu ihm neigte; sah, wie sie sich umarmten, bevor das Licht von seinem Zorn in einer roten Wolke ausgelöscht wurde. Er brach in ein derart gepeinigtes Geheul aus, daß das ganze Schiff widerhallte. Sascha warf sich zwischen sie, sonst wäre dem Seemann der Garaus gemacht worden, bevor er sein Entermesser ziehen konnte. Dann kam eine tödliche Übelkeit über Orlando, und sie mußten ihn auf den Boden legen und ihm Branntwein zu trinken geben, bevor er wieder zu sich kam. Und dann, als er sich erholt hatte und an Deck auf einem Stapel Säcke saß, schwebte Sascha über ihm, bewegte sich vor seinen schwindelnden Augen, weich, sinnlich, wie der Fuchs, der ihn gebissen hatte, bald schmeichelnd, bald tadelnd, so daß er an dem, was er gesehen hatte, zu zweifeln begann. Hatte nicht die Kerze geblakt; waren es nicht die Schatten gewesen, die sich bewegt hatten? Die Truhe war schwer, sagte sie; der Mann half ihr, sie zu bewegen. Orlando glaubte ihr den einen Augenblick – denn wer kann sicher sein, daß nicht sein Zorn gemalt hat, was er am meisten zu finden fürchtet? – und war im nächsten um so wutentbrannter über ihren Trug. Dann wurde Sascha selbst weiß; stampfte mit dem Fuß auf Deck; sagte, sie würde in derselben Nacht abreisen, und rief ihre Götter an, sie zu vernichten, falls sie, eine Romanowitsch, in den Armen eines gewöhnlichen Seemanns gelegen hätte. Und wirklich, wenn er sie zusammen ansah (was zu tun er kaum über sich brachte), war Orlando außer sich über die Schändlichkeit seiner Phantasie, die sich ein so gebrechliches Geschöpf in den Klauen jenes haarigen Seeungeheuers hatte ausmalen können. Der Mann war riesig; maß ohne Schuhe sechs Fuß vier Zoll; trug gewöhnliche Drahtringe in den Ohren; und sah aus wie ein Karrengaul, auf dem ein Zaunkönig oder ein Rotkehlchen sich im Fluge niedergelassen hat. So gab er nach; glaubte ihr; und erbat ihre Vergebung. Doch als sie an der Schiffswand hinabstiegen, wieder liebevoll, blieb Sascha, die Hand auf dem Fallreep, stehen und rief diesem lohfarbenen

Ungeheuer mit den breiten Backenknochen eine Flut russischer Grüße, Scherze oder Koseworte zu, von denen Orlando keine Silbe verstehen konnte. Aber es lag etwas in ihrem Ton (vielleicht war es die Schuld der russischen Konsonanten), was Orlando an eine Szene vor ein paar Abenden erinnerte, als er sie dabei ertappt hatte, wie sie heimlich in einer Ecke einen Kerzenstumpf kaute, den sie vom Boden aufgehoben hatte. Sicher, er war rosa; er war vergoldet; und er war von der Tafel des Königs; aber er war aus Talg, und sie kaute ihn. War nicht doch, dachte er, als er sie auf das Eis hinabhob, etwas Niederes in ihr, etwas Grobgeschmacktes, etwas Bauernstämmiges? Und er stellte sie sich mit vierzig vor, unförmig geworden, obschon sie jetzt schlank war wie eine Gerte, und lethargisch, obschon sie jetzt fröhlich und munter war wie eine Lerche. Aber als sie auf ihren Schlittschuhen auf London zuglitten, schmolzen solche Verdächtigungen in seiner Brust, und er hatte das Gefühl, er wäre von einem großen Fisch durch die Nase gehakt und durch die Wasser geschleift worden, gegen seinen Willen, doch mit seinem Einverständnis.

Es war ein Abend von erstaunlicher Schönheit. Als die Sonne sank, hoben sich alle Kuppeln, Türme, Türmchen und Zinnen Londons in tintiger Schwärze gegen die zornig roten Wolken des Sonnenuntergangs ab. Hier war das durchbrochene Kreuz von Charing; dort die Kuppel von St. Paul's; dort das massive Viereck der Tower-Anlagen; dort, wie ein Hain von Bäumen, die all ihrer Blätter beraubt waren, bis auf eine Knospe an der Spitze, waren die Köpfe auf den Staketen von Temple Bar. Nun leuchteten die Fenster der Abbey auf und brannten wie ein himmlischer, vielfarbiger Schild (in Orlandos Phantasie); nun schien der ganze Westen ein goldenes Fenster mit Scharen von Engeln zu sein (wieder in Orlandos Phantasie), die unaufhörlich die himmlischen Stufen hinauf- und hinunterschritten. Die ganze Zeit über schienen sie auf ihren Schlittschuhen über fadenlose Tiefen aus Luft zu gleiten, so blau war das Eis geworden; und so glasig glatt war es, daß sie schneller und immer schneller auf die Stadt zuflogen, während die weißen Möwen sie umkreisten und mit ihren Flügeln die genau gleichen weiten Schwingungen in die Luft schnitten, die sie mit ihren Schlittschuhen ins Eis schnitten.

Sascha war, wie um ihn zu beruhigen, zärtlicher denn gewöhnlich und sogar noch entzückender. Selten sprach sie über ihr bisheriges Leben, aber nun erzählte sie ihm, wie sie, im Winter in Rußland, den Wölfen lauschte, die über die Steppen heulten, und dreimal, um es ihm zu beweisen, bellte sie wie ein Wolf. Woraufhin er ihr von den Hirschen im Schnee bei sich zuhause erzählte und wie sie der Wärme wegen in die große Halle geirrt kamen und von einem alten Mann mit Hafergrütze aus einem Eimer gefüttert wurden. Und dann pries sie ihn; wegen seiner Liebe zu den Tieren; wegen seiner Ritterlichkeit; wegen seiner Beine. Hingerissen von ihren Lobpreisungen und beschämt beim Gedanken daran, wie er sie verleumdet hatte, indem er sie sich auf den Knien eines gemeinen Seemannes vorstellte, und fett und lethargisch geworden mit vierzig, sagte er ihr, er könne keine Worte finden, sie zu preisen; besann sich jedoch unverzüglich darauf, daß sie war wie der Frühling und grünes Gras und dahinrauschende Wasser, und sie fester umfassend denn je, schwang er sie mit sich über den halben Fluß, so daß die Möwen und Kormorane ebenfalls schwangen. Und als sie schließlich außer Atem innehielten, sagte sie, leise keuchend, er sei wie ein millionenkerziger Weihnachtsbaum (wie man sie in Rußland hat), behängt mit gelben Kugeln; weißglühend; hell genug, eine ganze Straße zu beleuchten (so könnte man es übersetzen); denn mit seinen glühenden Wangen, seinen dunklen Locken, seinem schwarz-roten Umhang sah er aus, als brenne er aus seinem eigenen Glanz heraus, von einer in seinem Inneren angezündeten Lampe.

 Alle Farbe, bis auf das Rot von Orlandos Wangen, verblaßte bald. Die Nacht kam. Als das orange Licht des Sonnenuntergangs schwand, folgte ihm ein erstaunliches grellweißes Glühen von den Fackeln, Freudenfeuern, flammenden Kohlenbecken und anderen Vorrichtungen, von denen der Fluß erleuchtet wurde, und die seltsamste Verwandlung hatte stattgefunden. Verschiedene Kirchen und Adelspaläste, deren Fassaden aus weißem Stein waren, zeigten sich in Streifen und Flecken, als schwebten sie auf Luft. Insbesondere von St. Paul's war nichts geblieben als ein vergoldetes Kreuz. Die Abbey schien wie das graue Skelett eines Blattes. Alles erlebte Auszehrung und Verwandlung. Als sie sich dem Karneval näherten, hörten sie einen tiefen Ton, wie den, der von einer Stimmgabel angeschlagen wird, der lauter und lauter dröhnte, bis er zum wilden Getöse wurde. Hin und wieder folgte ein lauter Aufschrei einer Rakete in die Luft. Allmählich konnten sie kleine Gestalten ausmachen, die sich aus der riesigen Menschenmenge lösten und hierhin und dorthin wirbelten wie Mücken auf der Oberfläche eines Flusses. Über und um diesen leuchtenden Kreis herum drängte sich, wie eine Schale der Dunkelheit, die tiefe Schwärze einer Winternacht. Und dann stiegen in diese Dunkelheit hinein, von Pausen unterbrochen, die die Erwartung wach und die Münder offen hielten, aufblühende Raketen; Halbmonde; Schlangen; eine Krone. Im einen Augenblick zeigten die Wälder und die fernen Hügel sich grün wie an einem Sommertag; im nächsten war alles wieder Winter und Schwärze.

Unterdessen waren Orlando und die Prinzessin in der Nähe der königlichen Einfriedung angelangt und fanden ihren Weg versperrt von einer großen Menge des gemeinen Volks, das sich so dicht an die seidene Kordel herandrängte, wie es das wagte. Nicht willens, ihr ungestörtes Beisammensein zu beenden und den scharfen Augen zu begegnen, die schon auf sie lauerten, verweilte das Paar dort, geschoben und gedrängt von Lehrjungen; Schneidern; Fischweibern; Pferdehändlern; Spitzbuben; darbenden Scholaren; Dienstmägden in ihren Schleierhauben; Apfelsinenmädchen; Stallburschen; ehrbaren Bürgern; kupplerischen Bierzapfern und einer Schar kleiner, zerlumpter Straßenjungen, wie sie immer am Rand einer Menschenmenge herumspuken und unter lautem Geschrei den Leuten zwischen den Füßen herumwimmeln – das ganze Gesindel der Londoner Straßen war da, witzelnd und drängelnd, hier die Würfel werfend, die Zukunft vorhersagend, schubsend und kitzelnd und zwickend; hier ausgelassen lärmend, dort verdrießlich schweigend; manche von ihnen mit Mündern, die eine Elle weit offen klafften; andere so wenig ehrerbietig wie Dohlen auf einem Hausdach; alle so unterschiedlich ausstaffiert, wie ihre Geldbeutel oder Ämter es erlaubten; hier in Pelz und schwarzem Tuch; dort in Lumpen und mit Füßen, die nur durch einen um sie gewickelten Scheuerlappen vom Eis getrennt waren. Der größte Andrang der Menschen, so schien es, herrschte vor einer Bude oder Bühne, ähnlich unserem Kasperletheater, auf der eine Art von Theatervorstellung vor sich ging. Ein schwarzer Mann fuchtelte unter lautem Geschrei mit den Armen. Es gab eine Frau in Weiß, die auf einem Bett lag. So roh die Inszenierung auch war, bei der die Schauspieler eine Treppe hinauf- und hinunterliefen und manchmal stolperten und die Zuschauer mit den Füßen stampften und pfiffen oder, wenn sie sich langweilten, ein Stück Apfelsinenschale auf das Eis warfen, dem ein Hund hinterherjagte, rührte dennoch die erstaunliche, geschmeidige Melodie der Worte Orlando an wie Musik. Mit unglaublicher Schnelligkeit und einer gewagten Behendigkeit der Zunge gesprochen, die Orlando an die Seeleute erinnerte, die in den Biergärten von Wapping sangen, waren die Worte auch ohne Bedeutung wie Wein für ihn. Aber hin und wieder drang eine einzelne Wendung über das Eis zu ihm, die wie aus den Tiefen seines Herzens gerissen war. Der Wahn des Mohren schien ihm sein eigener Wahn zu sein, und als der Mohr die Frau in ihrem Bett erdrosselte, war es Sascha, die er mit seinen eigenen Händen tötete.

Schließlich war das Stück zu Ende. Alles war dunkel geworden. Tränen liefen über sein Gesicht. Als er zum Himmel aufsah, war auch dort nichts als Schwärze. Untergang und Tod, dachte er, decken alles zu. Des Menschen Leben endet im Grab. Würmer fressen uns.

> Methinks it should be now a huge eclipse
> Of sun and moon, and that the affrighted globe
> Should yawn –[2]

Während er dies noch sagte, ging in seiner Erinnerung ein Stern von einiger Helle auf. Die Nacht war dunkel; sie war stockdunkel; aber es war solche Nacht wie diese, auf die sie gewartet hatten; es war in solcher Nacht wie dieser, daß sie hatten fliehen wollen. Er erinnerte sich an alles. Die Zeit war gekommen. In einem Ausbruch der Leidenschaft riß er Sascha an sich und zischte ihr ins Ohr: »Jour de ma vie!« Es war ihr Zeichen. Um Mitternacht würden sie sich an einem Gasthof in der Nähe von Blackfriars treffen. Pferde warteten dort. Alles stand für ihre Flucht bereit. So trennten sie sich, sie zu ihrem Zelt, er zu dem seinen. Es fehlte noch eine Stunde an der Zeit.

Lange vor Mitternacht stand Orlando bereit. Die Nacht war von einer so tintigen Schwärze, daß ein Mann bei einem war, bevor man ihn sehen konnte, was nur gut war, aber sie war auch von der feierlichsten Stille, so daß der Hufschlag eines Pferdes oder das Weinen eines Kindes auf eine halbe Meile gehört werden konnte. Viele Male blieb Orlando, während er in dem kleinen Hof auf und ab schritt, das Herz stehen beim Geräusch des steten Tritts einer Mähre auf den Pflastersteinen oder beim Rascheln eines Frauenkleides. Aber der Reisende war nur ein Händler, der sich verspätet auf dem Heimweg befand; oder eine Frau aus dem Viertel, deren Unternehmung nicht gar so unschuldig war. Sie kamen vorbei, und die Straße war stiller denn zuvor. Dann wanderten jene Lichter, die unten in den kleinen, engen Quartieren brannten, in denen die Armen der Stadt lebten, hinauf in die Schlafkammern und wurden dann, eins nach dem anderen, gelöscht. Die Straßenlaternen in diesen Bezirken der Stadt waren im besten Falle rar; und die Nachlässigkeit der Nachtwächter ließ oftmals zu, daß sie lange vor der Morgendämmerung verloschen. Dann wurde die Dunkelheit noch tiefer als zuvor. Orlando sah nach den Dochten seiner Lampe; prüfte die Sattelgurte; lud seine Pistolen; untersuchte seine Halfter; und tat all diese Dinge wenigstens ein Dutzend Mal, bis er nichts mehr finden konnte, was seiner Aufmerksamkeit bedurfte. Obschon immer noch rund zwanzig Minuten an Mitternacht fehlten, brachte er es nicht über sich, hineinzugehen in den Schankraum, wo die Wirtin immer noch spanischen Weißen und die wohlfeilere Sorte Kanariensekts an ein paar seefahrende Männer ausschenkte, die dort sitzen und ihre Lieder grölen und ihre Geschichten von Drake, Hawkins und Grenville[3] erzählen würden, bis sie von den Bänken kippten und schlafend auf den sandbestreuten Boden rollten. Die Dunkelheit war mitfühlender mit seinem schwellenden, ungestümen Herzen. Er lauschte auf jeden Schritt; stellte Vermutungen über jedes Geräusch an. Jeder trunkene Schrei und jedes Jammern eines armen Wesens, das im Stroh lag oder in sonstiger Not war, schnitt bis auf den Grund seines Herzens, als sei es ein böses Omen für sein Vorhaben. Dennoch fürchtete er nicht um Sascha. Ihr Mut machte kein Aufhebens um das Abenteuer. Sie würde allein kommen, in Umhang und Hose, gestiefelt wie ein Mann. So leicht war ihr Schritt, daß er kaum gehört werden würde, selbst in dieser Stille.

So wartete er in der Dunkelheit. Plötzlich wurde er von einem Schlag ins Gesicht getroffen, sanft, trotzdem schwer, auf die Seite seiner Wange. So angespannt war er vor Erwartung, daß er zusammenfuhr und die Hand an seinen Degen legte. Der Schlag wurde ein Dutzend Male auf Stirn und Wangen wiederholt. Der trockene Frost hatte so lange gewährt, daß er eine Minute brauchte, um zu erkennen, daß dies fallende Regentropfen waren;

die Schläge waren die Schläge des Regens. Zuerst fielen sie langsam, mit Bedacht, einer nach dem anderen. Aber bald wurden die sechs Tropfen zu sechzig; dann zu sechshundert; und vereinigten sich dann zu einem steten Wasserguß. Es war, als verströmte sich der harte und verhärtete Himmel in einer einzigen verschwenderischen Fontäne. Innerhalb von fünf Minuten war Orlando naß bis auf die Haut.

In aller Hast stellte er die Pferde unter und suchte selbst Schutz unter dem Sturz der Tür, von wo aus er den Hof immer noch beobachten konnte. Die Luft war nun dicker denn je, und ein derartiges Dampfen und Dröhnen ging von dem Sturzbach aus, daß kein Schritt von Mensch oder Tier darüber hinweg gehört werden konnte. Die Straßen, so zernarbt sie von großen Löchern waren, würden unter Wasser stehen und vielleicht unpassierbar sein. Aber daran, welche Folgen dies für ihre Flucht haben würde, dachte er kaum. All seine Sinne waren darauf gerichtet, den kopfsteingepflasterten Pfad entlang – der im Licht der Laterne glänzte – nach Saschas Kommen Ausschau zu halten. Manchmal, in der Dunkelheit, meinte er, sie eingehüllt in Regenschwaden zu sehen. Aber das Phantom verschwand. Plötzlich, mit einer furchtbaren und unheilvollen Stimme, einer Stimme voller Schrecken und Bestürzung, bei der sich jedes Härchen der Angst in Orlandos Seele sträubte, schlug St. Paul's den ersten Schlag der Mitternacht. Vier weitere Male schlug sie unerbittlich. Mit dem Aberglauben eines Liebenden hatte Orlando bestimmt, daß sie beim sechsten Schlag kommen werde. Aber der sechste Schlag verhallte, und der siebente kam, und der achte, und seinem furchterfüllten Gemüt schienen sie Klänge, die Tod und Verderben erst ankündeten, dann verkündeten. Als der zwölfte Schlag erklang, wußte er, daß sein Untergang besiegelt war. Es war sinnlos, daß der vernünftige Teil in ihm argumentierte; sie hätte sich vielleicht verspätet; sie wäre vielleicht aufgehalten worden; sie hätte den Weg vielleicht verfehlt. Das leidenschaftliche, fühlende Herz Orlandos erkannte die Wahrheit. Andere Uhren schlugen, gellten eine nach der anderen. Die ganze Welt schien erfüllt von der Nachricht ihres Trugs und seiner Schmach. Das alte Mißtrauen, das unterirdisch in ihm am Werke war, hastete offen aus der Verborgenheit hervor. Er wurde von einer Brut von Schlangen gebissen, jede giftiger als die vorherige. Er stand, ohne sich zu bewegen, in dem schrecklichen Regen in der Tür. Wie die Minuten vergingen, gaben seine Knie ein wenig nach. Der Sturzbach rauschte weiter. Auf seinem Höhepunkt schienen große Kanonen zu dröhnen. Ein gewaltiger Lärm, wie vom Splittern und Bersten von Eichen, war zu hören. Auch gab es wilde Schreie und schreckliches unmenschliches Stöhnen. Aber Orlando stand reglos, bis St. Paul's zwei schlug, und dann schrie er laut und mit furchtbarer Ironie und so, daß all seine Zähne zu sehen waren, »Jour de ma vie!«, schleuderte die Laterne zu Boden, sprang auf sein Pferd und galoppierte, wohin wußte er nicht.

Ein blinder Instinkt, denn er war über jedes vernünftige Denken hinaus, mußte ihn getrieben haben, das Flußufer in Richtung Meer einzuschlagen. Denn als die Dämmerung anbrach, was sie mit ungewöhnlicher Plötzlichkeit tat, wobei der Himmel sich zu einem blassen Gelb verfärbte und der Regen fast aufhörte, fand er sich an den Ufern der Themse in der Nähe von Wapping wieder. Nun bot sich seinen Augen ein Anblick der außergewöhnlichsten Art. Wo drei Monate und länger festes Eis von einer solchen Dicke gewesen war, daß es so dauerhaft wirkte wie Stein, und eine ganze fröhliche Stadt auf seinem Pflaster gestanden hatte, herrschte nun ein Wettlauf aufgewühlter gelber Wasser. Der Fluß hatte über Nacht seine Freiheit zurückgewonnen. Es war, als wäre eine schwefelige Quelle (zu welcher Ansicht viele Philosophen neigten) aus den vulkanischen Regionen darunter emporgestiegen und hätte das Eis mit solcher Wucht aufgerissen, daß sie die gewaltigen und massiven Bruchstücke wütend auseinanderfegte. Allein der Anblick des Wassers reichte aus, einen schwindlig zu machen. Alles war Aufruhr und Konfusion. Der Fluß war übersät von Eisbergen. Manche von ihnen waren so breit wie eine Kegelbahn und so hoch wie ein Haus; andere nicht größer als ein Männerhut, aber auf phantastischste Weise verdreht. Nun kam ein ganzer Konvoi von Eisblöcken den Fluß hinunter und versenkte alles, was ihm im Weg stand. Nun schien sich der Fluß, strudelnd und sich windend wie eine gequälte Schlange, zwischen den Bruchstücken hindurchzustürzen und sie von Ufer zu Ufer zu werfen, so daß man hören konnte, wie sie gegen Piers und Pfosten krachten. Was jedoch am furchtbarsten und am meisten schreckeneinflößend war, war der Anblick der Menschenwesen, die in der Nacht überrascht worden waren und nun in allergrößter Seelenagonie auf ihren kreiselnden gefährlichen Inseln auf und ab liefen. Ob sie sich in die Fluten stürzten oder auf dem Eis blieben, ihr Untergang war gewiß. Manchmal kam eine ganze Gruppe dieser armen Wesen zusammen den Fluß hinunter, manche auf den Knien, andere ihre Säuglinge stillend. Ein alter Mann schien laut aus einem heiligen Buch vorzulesen. Andere Male, und sein Schicksal war vielleicht das schrecklichste von allen, lief ein einsamer Elender ganz allein auf seiner engen Behausung hin und her. Während sie aufs Meer hinausgerissen wurden, konnte man manche vergeblich um Hilfe rufen hören, wilde Versprechungen machen, sich zu bessern, ihre Sünden bekennen und Altäre und Reichtümer geloben, sollte Gott ihre Gebete erhören. Andere waren so betäubt vor Entsetzen, daß sie reglos und stumm dasaßen und starr vor sich hinblickten. Eine Besatzung junger Fährmänner oder Postillione, ihrer Livree nach zu urteilen, grölte und brüllte die übelsten Tavernenlieder, wie in prahlerischer Überhebung, und wurde gegen einen Baum geschmettert und ging mit Gotteslästerungen auf den Lippen unter. Ein alter Edelmann – denn als solchen wiesen ihn sein pelzbesetzer Mantel und die goldene Kette aus – versank nicht weit von der Stelle, an der Orlando stand, Rachefluche auf die irischen Rebellen herabrufend, die, wie er mit seinem letzten Atemzug schrie, diese Teufelei ausgeheckt hätten. Manche fanden den Tod, einen silbernen Krug oder sonst einen Schatz an die Brust drückend; und mindestens zwanzig arme Kreaturen wurden von ihrer eigenen Habgier ertränkt, weil sie sich vom Ufer aus in die Fluten stürzten, statt sich einen goldenen Becher entgehen zu lassen oder dem Verschwinden eines pelzbesetzten Mantels vor ihren Augen zuzusehen. Denn Möbel, Kostbarkeiten, Habe aller Art wurden auf den Eisbergen davongetragen. Unter anderen Merkwürdigkeiten war eine Katze zu sehen, die ihre Jungen säugte; eine Tafel, die üppig für ein Mahl für zwanzig Personen gedeckt war; ein Paar im Bett; zusammen mit einer außergewöhnlichen Anzahl von Kochutensilien.

Benommen und verblüfft, konnte Orlando eine ganze Weile nichts anderes tun, als das entsetzliche Wettrennen der Wasser zu beobachten, wie sie an ihm vorbeistürzten. Schließlich schien er seine Fassung wiederzugewinnen, gab seinem Pferd die Sporen und ritt in gestrecktem Galopp am Ufer entlang in Richtung Meer. Als er eine Biegung des Flusses umrundete, befand er sich genau gegenüber der Stelle, an der die Schiffe der Gesandten noch vor zwei Tagen wie für immer festgefroren gewesen waren. Hastig zählte er sie alle; das französische; das spanische; das österreichische; das türkische. Alle schwammen noch, obwohl sich das französische aus seiner Vertäuung losgerissen und das türkische Schiff einen großen Spalt in der Seite abbekommen hatte und sich schnell mit Wasser füllte. Aber das russische Schiff war nirgends zu sehen. Einen Augenblick lang dachte Orlando, es müsse zerschellt sein; aber als er sich in den Steigbügeln aufrichtete und die Hand über die Augen legte, die scharf waren wie die eines Habichts, konnte er gerade noch den Umriß eines Schiffes am Horizont ausmachen. Die schwarzen Adler flatterten von der Mastspitze. Das Schiff der moskowitischen Gesandtschaft stach in See.

Sich von seinem Pferd werfend, machte er in seinem Zorn alle Anstalten, sich den Fluten entgegenzustemmen. Knietief im Wasser stehend, schleuderte er der treulosen Frau all die Schmähungen nach, die von jeher das Schicksal ihres Geschlechts gewesen sind. Treulos, wankelmütig, wetterwendisch nannte er sie; Teuflin, Ehebrecherin, Betrügerin; und die strudelnden Wasser nahmen seine Worte und warfen ihm einen zerbrochenen Topf und ein Büschel Stroh vor die Füße.

Kapitel II

Der Biograph steht nun vor einer Schwierigkeit, die es vielleicht besser ist einzugestehen, als stillschweigend darüber hinwegzugehen. Bis zu diesem Punkt der Erzählung der Lebensgeschichte Orlandos haben Dokumente, private wie auch historische, es möglich gemacht, die erste Pflicht eines Biographen zu erfüllen, welche darin besteht, ohne nach rechts oder links zu sehen, in den unauslöschlichen Fußspuren der Wahrheit zu stapfen; unverlockt von Blumen; ungeachtet der Schatten; methodisch immer weiter und weiter, bis wir plumps ins Grab fallen und *finis* auf den Grabstein über unseren Köpfen schreiben. Aber nun gelangen wir an eine Episode, die mitten auf unserem Weg liegt, so daß wir sie nicht ignorieren können. Und doch ist sie dunkel, geheimnisvoll und undokumentiert; so daß wir sie nicht erklären können. Ganze Bände könnten zu ihrer Interpretation geschrieben; ganze Religionssysteme auf ihrer Bedeutsamkeit begründet werden. Unsere schlichte Pflicht ist es, die Fakten darzulegen, soweit sie bekannt sind, und es dem Leser zu überlassen, daraus zu machen, was er mag.

Im Sommer jenes katastrophalen Winters, der den Frost erlebte, die Flut, den Tod vieler Tausende und das völlige Scheitern von Orlandos Hoffnungen – denn er wurde des Hofs verwiesen; fiel in tiefste Ungnade bei den mächtigsten Adligen seiner Zeit; das irische Haus der Desmonds war mit Recht erzürnt; der König hatte mit den Iren schon genug Probleme, um keinen Gefallen an dieser neuerlichen Zufügung zu finden –, in jenem Sommer zog Orlando sich in sein großes Haus auf dem Lande zurück und lebte dort in völliger Einsamkeit. Eines Junimorgens – es war Samstag, der achtzehnte – verabsäumte er es, zu seiner gewohnten Stunde aufzustehen, und als sein Bursche ihn zu rufen kam, fand er ihn in tiefem Schlaf. Auch konnte er nicht geweckt werden. Er lag wie in Trance, ohne wahrnehmbare Atmung; und obwohl man Hunde unter seinem Fenster bellen ließ; Zimbeln, Trommeln, Klappern unaufhörlich in seinem Zimmer geschlagen wurden; ein Stechginsterstrauch unter sein Kopfkissen gelegt; und Senfpflaster auf seine Füße getan, wachte er dennoch geschlagene sieben Tage nicht auf, nahm kein Essen zu sich und gab kein Lebenszeichen von sich. Am siebenten Tag wurde er zu seiner gewohnten Stunde wach (um Punkt viertel vor acht) und scheuchte das ganze Aufgebot heulender Weiber und dörflicher Wahrsager aus seinem Zimmer; was durchaus natürlich war; was sich jedoch seltsam ausnahm, war die Tatsache, daß er von einer solchen Trance nichts zu wissen schien, sondern sich ankleidete und nach seinem Pferd verlangte, als wäre er aus dem Schlummer einer einzigen Nacht erwacht. Und doch, so wurde vermutet, mußte eine Veränderung in den Kammern seines Hirnes stattgefunden haben, denn obwohl er bei klarem Verstand war und nur in seiner Art ernster und ruhiger wirkte als zuvor, schien er eine nur unvollständige Erinnerung an sein bisheriges Leben zu haben. Er hörte zwar zu, wenn die Menschen vom Großen Frost sprachen oder vom Schlittschuhlaufen oder vom Karneval, aber nie gab er zu erkennen, außer indem er sich mit der Hand über die Stirn strich, wie um eine Wolke fortzuwischen, daß er selbst sie miterlebt hatte. Wenn über die Ereignisse der letzten sechs Monate gesprochen wurde, schien er nicht so sehr verzweifelt als vielmehr ratlos zu sein, als beunruhigten ihn wirre Erinnerungen an eine lange vergangene Zeit oder als versuche er, sich an Geschichten zu erinnern, die jemand anderes ihm erzählt hatte. Man beobachtete, daß er, wenn die Rede auf Rußland kam oder auf Prinzessinnen oder auf Schiffe, in eine unbehagliche Art von Schwermut verfiel und aufstand und aus dem Fenster sah oder einen der Hunde zu sich rief oder ein Messer nahm und ein Stück Zedernholz schnitzte. Aber die Ärzte waren kaum klüger, als sie es heute sind, und nachdem sie Ruhe und Bewegung verordnet hatten, Fastenkuren und Mastkuren, Geselligkeit und Einsamkeit, daß er den ganzen Tag im Bett liegen und zwischen Mittag- und Abendessen vierzig Meilen reiten solle, und dazu die üblichen Beruhigungs- und Anregungsmittel, je nachdem, wie die Laune sie packte, variiert mit Molke aus Wassermolchgeifer vor dem Aufstehen und Aufgüssen von Pfauengalle vor dem Schlafengehen, überließen sie ihn sich selbst und taten als ihre Meinung kund, daß er eine Woche lang geschlafen habe.

Aber wenn es denn Schlaf war, von welcher Natur, können wir uns kaum zu fragen enthalten, ist dann ein Schlaf wie dieser? Ist er eine heilsame Maßnahme – eine Trance, in der die quälendsten Erinnerungen, Ereignisse, die dazu angetan scheinen, ein Leben für immer zu verkrüppeln, von einem dunklen Flügel gestreift werden, der ihre Rauheit glättet und sie, selbst die häßlichsten und niedrigsten, mit einem Glanz, einem hellen Glühen vergoldet? Muß sich der Finger des Todes von Zeit zu Zeit auf den Tumult des Lebens legen, damit es uns nicht zerreißt? Sind wir so geschaffen, daß wir den Tod täglich in kleinen Dosen zu uns nehmen müssen, weil wir sonst mit dem Geschäft des Lebens nicht fortfahren könnten? Und dann, was sind das für seltsame Mächte, die unser geheimstes Wesen durchdringen und unsere liebsten Besitztümer verändern, ohne daß wir es wollen? War Orlando, erschöpft vom Übermaß seines Leids, für eine Woche gestorben und dann wieder ins Leben zurückgekehrt? Und falls ja, von welcher Art ist dann der Tod und von welcher Art das Leben? Nachdem wir gut eine halbe Stunde auf eine Antwort auf diese Fragen gewartet haben, ohne daß eine kam, wollen wir mit der Geschichte fortfahren.

Orlando ergab sich nun einem Leben äußerster Einsamkeit. Daß er am Hof in Ungnade gefallen war und die Intensität seines Kummers waren zum Teil der Grund dafür, aber da er keinen Versuch machte, sich zu verteidigen, und selten jemanden einlud, ihn zu besuchen (obwohl er viele Freunde hatte, die dies mit Vergnügen getan hätten), schien es, als entspreche das Alleinsein im großen Haus seiner Väter seinem Naturell. Die Einsamkeit war seine Wahl. Wie er seine Zeit verbrachte, wußte niemand so recht. Die Dienstboten, von denen er sich ein volles Gefolge hielt, obwohl ein Großteil ihrer Beschäftigung darin bestand, leere Zimmer abzustauben und die Decken auf Betten glattzustreichen, in denen nie jemand schlief, beobachteten im Dunkel des Abends, während sie bei Kuchen und Bier saßen, ein Licht, das durch die Galerien wanderte, durch die Bankettsäle, die Treppen hinauf, in die Schlafzimmer, und wußten, daß ihr Herr das Haus allein durchstreifte. Niemand wagte ihm zu folgen, denn im Haus spukte es von einer großen Vielzahl von Geistern, und seine Weitläufigkeit machte es leicht, sich zu verirren und entweder eine geheime Treppe hinunterzufallen oder eine Tür zu öffnen, die sich, sollte der Wind sie zuschlagen, für immer hinter einem schließen würde – Wechselfälle von nicht unüblichem Vorkommen, wie die häufige Entdeckung von Skeletten von Menschen und Tieren in Haltungen großer Todespein offenkundig machte. Dann verlor sich das Licht gänzlich, und Mrs Grimsditch, die Haushälterin, sagte zu Mr Dupper, dem Kaplan, wie sehr sie hoffe, daß Seiner Lordschaft kein Unheil widerfahren sei. Mr Dupper hielt dann dafür, Seine Lordschaft knie gewißlich bei den Gräbern seiner Vorfahren in der Kapelle, die sich im Billardhof eine halbe Meile weiter südlich befand. Denn er habe Sünden auf dem Gewissen, fürchtete Mr Dupper; woraufhin Mrs Grimsditch, ziemlich scharf, zurückgab, das hätten die meisten von uns; und Mrs Stewkley und Mrs Field und die alte Kinderfrau Carpenter erhoben allesamt die Stimmen zum Lob Seiner Lordschaft; und die Kammerdiener und Haushofmeister schworen, es sei eine tausendfache Schande, einen so feinen Edelmann im Haus Trübsal blasen zu sehen, wo er den Fuchs jagen oder dem Hirsch nachspüren könnte; und selbst die kleinen Wäscherinnen und Küchenmädchen, die Judys und die Faiths, die die Seidel und den Kuchen herumreichten, legten säuselnd Zeugnis ab von der Galanterie Seiner Lordschaft; denn nie hatte es einen gütigeren Herrn gegeben, oder einen, der freigiebiger gewesen wäre mit jenen kleinen Silberstücken, die dazu dienen, eine Docke Band zu kaufen oder sich ein Sträußchen ins Haar zu stecken; bis sogar die Mohrenfrau, die Grace Robinson genannt wurde, als man eine Christin aus ihr machte, verstanden hatte, worum es ging, und ihnen beipflichtete, auf die einzige Weise, die ihr zur Verfügung stand, nämlich indem sie all ihre Zähne auf einmal in einem breiten Grinsen entblößte, daß Seine Lordschaft ein schöner, lieber und guter Gentleman sei. Kurzum, er war bei seiner ganzen Dienerschaft, bei Männern und Frauen, hoch angesehen, und sie verfluchten die ausländische Prinzessin (aber sie gaben ihr einen unfeineren Namen als diesen), die ihn in diese Verfassung gebracht hatte.

Aber obwohl es wahrscheinlich die Feigheit war, oder die Liebe zum heißen Bier, die Mr Dupper dazu veranlaßte, sich Seine Lordschaft bei den Gräbern in Sicherheit zu denken, auf daß er sich nicht auf die Suche nach ihm begeben müßte, ist es gut möglich, daß Mr Dupper recht hatte. Orlando fand nun einen seltsamen Geschmack an Gedanken über Tod und Verfall, und nachdem er mit dem Wachslicht in der Hand durch die langen Galerien und Ballsäle gewandert war und sich Bild um Bild angesehen hatte, wie auf der Suche nach dem Porträt einer bestimmten Person, das er nicht finden konnte, stieg er in das Familiengestühl in der Kapelle und saß dort stundenlang und beobachtete, wie die Banner sich bewegten und das Mondlicht waberte, wobei nur eine Fledermaus oder ein Totenkopfschwärmer ihm Gesellschaft leisteten. Selbst das war nicht genug für ihn, sondern er mußte in die Krypta hinabsteigen, wo seine Ahnen lagen, Sarg auf Sarg gestapelt, zehn Generationen beieinander. Der Ort wurde so selten aufgesucht, daß die Ratten sich ungehindert an den Bleiarbeiten zu schaffen gemacht hatten, und einmal hakte sich ein Hüftknochen im Vorbeigehen an seinen Umhang, ein andermal zertrat er den Schädel eines alten Sir Malise, der ihm unter die Füße rollte. Es war eine gruselige Gruft; tief unter die Grundmauern des Hauses gegraben, als ob der erste Lord der Familie, der mit dem Eroberer aus Frankreich gekommen war, hätte Zeugnis davon ablegen wollen, wie alle Pracht auf Verwesung gebaut ist; wie das Skelett unter dem Fleisch liegt; wie wir, die wir oben tanzen und singen, unten liegen müssen; wie der scharlachrote Samt zu Staub wird; wie der Ring (hier senkte Orlando seine Laterne und hob einen in die Ecke gerollten goldenen Ring auf, dem ein Stein fehlte) seinen Rubin verliert und das Auge, das so voller Glanz war, nicht mehr leuchtet. »Nichts bleibt von all diesen Prinzen«, sagte Orlando dann, sich eine verzeihliche Übertreibung ihres Ranges erlaubend, »bis auf einen einzigen Finger«, und er nahm eine Knochenhand in die seine und bog die Gelenke in diese und jene Richtung. »Wessen Hand war das?« fuhr er fort zu fragen. »Die rechte oder die linke? Die Hand von Mann oder Frau, von Alter oder Jugend? Hat sie das Schlachtroß angespornt oder die Nadel gehandhabt? Hat sie die Rose gepflückt oder den kalten Stahl gepackt? Hat sie –«, hier aber ließ ihn entweder sein Einfallsreichtum im Stich oder lieferte ihm, was wahrscheinlicher ist, so viele Beispiele dessen, was eine Hand tun kann, daß er, wie es seine Gewohnheit war, zurückschreckte vor der Hauptmühe des Komponierens, welche das Weglassen ist, und er legte sie zu den anderen Knochen, wobei er daran dachte, daß es einen Schriftsteller namens Thomas Browne[4] gab, einen Doktor aus Norwich, dessen Schriften über derlei Gegenstände seine Phantasie ganz erstaunlich beschäftigten.

Und so, seine Laterne nehmend und sich vergewissernd, daß die Knochen ordentlich lagen, denn obschon romantisch, war er doch auch einzigartig methodisch und verabscheute nichts sosehr wie ein Knäuel Schnur auf dem Boden, geschweige denn den Schädel eines Ahns, setzte er jene seltsamen, schwermütigen Wanderungen durch die Galerien wieder fort, auf der Suche nach was auch immer unter den Bildern, welche schließlich von einem veritablen Weinkrampf unterbrochen wurden, beim Anblick einer holländischen Schneelandschaft von der Hand eines unbekannten Künstlers. Da schien ihm, daß das Leben nicht mehr wert sei, gelebt zu werden. Die Knochen seiner Ahnen vergessend und daß das Leben auf dem Grab begründet ist, stand er, von Schluchzen geschüttelt, vor lauter Sehnsucht nach einer Frau in russischer Hose, mit schrägen Augen, einem schmollenden Mund und Perlen um den Hals. Sie war fort. Sie hatte ihn verlassen. Er würde sie nie wiedersehen. Und so schluchzte er. Und so fand er den Weg zurück in seine eigenen Gemächer; und Mrs Grimsditch, die das Licht im Fenster sah, nahm den Krug von den Lippen und sagte, dem Himmel sei Dank, Seine Lordschaft sei wieder wohlbehalten in seinem Zimmer; denn sie hatte die ganze Zeit über gedacht, er wäre heimtückisch gemeuchelt worden.

Orlando zog nun seinen Stuhl an den Tisch; schlug die Werke von Sir Thomas Browne auf und machte sich daran, der feingesponnenen Bauweise einer der längsten und aufs wundersamste gewundenen Betrachtungen des Doktors nachzugehen.

Denn obwohl dies keine Dinge sind, über die ein Biograph sich nutzbringend auslassen kann, ist es offensichtlich genug für jene, die die Pflicht eines Lesers erfüllt haben, welche darin besteht, aus spärlichen, hier und da fallengelassenen Andeutungen die ganze Umgrenzung und Weite eines lebendigen Menschen zu erschließen; in dem, was wir nur flüstern, eine lebendige Stimme hören zu können; oft sehen zu können, auch dann, wenn wir nichts darüber sagen, wie er exakt aussah; zu wissen, ohne ein Wort, das sie leitet, was er genau dachte – und für Leser wie diese schreiben wir, für einen solchen Leser ist es also offensichtlich, daß Orlando seltsam zusammengesetzt war aus vielen Säften – aus Melancholie, aus Trägheit, aus Leidenschaft, aus Liebe zur Einsamkeit, um erst gar nicht von all jenen Verdrehtheiten und Feinheiten des Temperaments zu sprechen, welche auf der ersten Seite angedeutet wurden, als er auf den

Kopf eines toten Niggers einhieb; ihn herunterschnitt; ihn ritterlich außerhalb seiner Reichweite wieder aufhängte und sich dann mit einem Buch zum Fenstersitz begab. Die Liebe zu Büchern war eine frühe. Als Kind wurde er manchmal um Mitternacht von einem Pagen gefunden, wie er immer noch las. Man nahm ihm das Wachslicht fort, und er züchtete Glühwürmchen, seinem Zweck zu dienen. Man nahm ihm die Glühwürmchen fort, und er hätte um ein Haar das Haus mit Zunder abgebrannt. Um es kurz zu fassen und es dem Romanschreiber zu überlassen, die zerknitterte Seide und all ihren tieferen Sinn zu glätten, war er ein Edelmann, der an einer Liebe zur Literatur krankte. Viele Menschen seiner Zeit, und mehr noch seines Standes, entgingen der Ansteckung und waren daher frei, ganz nach ihrem eigenen süßen Willen zu laufen oder zu reiten oder sich der Liebe hinzugeben. Aber andere wurden schon früh von einem Keim infiziert, der angeblich aus dem Blütenstaub der Asphodele geboren und aus Griechenland und Italien herbeigeweht wurde und von so tödlicher Natur war, daß er die Hand erzittern ließ, die sich zum Schlag erhob, das Auge bewölkte, das seine Beute suchte, und die Zunge stammeln machte, die ihre Liebe erklärte. Es war die fatale Natur dieser Krankheit, die Realität durch ein Phantom zu ersetzen, so daß Orlando, dem Fortuna jedes Geschenk gemacht hatte – Geschirr aus Gold und Silber, Linnen, Häuser, Bedienstete, Teppiche, Betten im Überfluß –, nur ein Buch aufzuschlagen brauchte, damit sich die ganze gewaltige Ansammlung in Nebel verwandelte. Die neun Morgen aus Stein, die sein Haus waren, verschwanden; einhundertfünfzig Bediente im Haus lösten sich auf; seine achtzig Reitpferde wurden unsichtbar; es würde zu lange dauern, die Teppiche, Sofas und Behänge, das Porzellan, das Geschirr, die Menagen, die Wärmepfannen und die anderen beweglichen Gegenstände, oft aus gehämmertem Gold, zu zählen, die sich unter dem Miasma verflüchtigten wie Nebel über dem Meer. Aber so war es, und Orlando saß für sich allein, lesend, ein nackter Mensch.

Die Krankheit gewann immer schneller die Oberhand über ihn in seiner Einsamkeit. Oft las er sechs Stunden in die Nacht hinein; und wenn man zu ihm kam, um Anweisungen für das Schlachten des Viehs oder das Einbringen des Weizens einzuholen, schob er seinen Folianten von sich und sah aus, als verstehe er nicht, was zu ihm gesagt wurde. Dies war schlimm genug und drückte Hall, dem Falkner, Giles, dem Kammerdiener, Mrs Grimsditch, der Schaffnerin, und Mr Dupper, dem Kaplan, fast das Herz ab. Ein feiner Herr wie er, sagten sie, brauche keine Bücher. Sollte er die Bücher, sagten sie, denen überlassen, die am Schlagfluß litten oder im Sterben lagen. Aber es sollte noch schlimmer kommen. Denn hat die Krankheit des Lesens das System einmal gepackt, schwächt sie es so, daß es zur leichten Beute jener anderen Geißel wird, die im Tintenfaß haust und im Federkiel schwärt. Der unglückselige Mensch verfällt aufs Schreiben. Und während dies schon schlimm genug ist bei einem armen Mann, dessen einzige Habe ein Stuhl und ein Tisch sind, die unter einem undichten Dach stehen – denn der hat am Ende nicht viel zu verlieren –, ist das Elend eines reichen Mannes, der Häuser und Vieh hat, Mägde, Esel und Linnen, und gleichwohl Bücher schreibt, über die Maßen beklagenswert. Der Geschmack an alldem verläßt ihn; er wird von glühenden Eisen durchbohrt; von Ungeziefer angenagt. Er würde jeden Penny, den er besitzt, dafür hergeben (dergestalt ist die Bösartigkeit des Keims), ein kleines Büchlein zu schreiben und berühmt zu werden; und doch ist alles Gold von Peru nicht in der Lage, ihm den Schatz einer geschliffenen Zeile zu erkaufen. So fällt er Schwindsucht und Krankheit anheim, jagt sich eine Kugel durch den Kopf, dreht das Gesicht zur Wand. Es ist gleich, in welcher Haltung man ihn findet. Er hat die Pforten des Todes durchschritten und die Flammen der Hölle gekannt.

Zum Glück hatte Orlando eine kräftige Natur, und die Krankheit (aus Gründen, die wir alsbald nennen werden) brach ihn nicht so, wie sie viele seinesgleichen gebrochen hat. Aber er war ernsthaft von ihr befallen, wie sich in der Folge zeigen wird. Denn als er eine Stunde etwa in Sir Thomas Browne gelesen hatte und das Röhren des Hirsches und der Ruf des Nachtwächters anzeigte, daß es mitten in der Nacht war und alle fest und sicher schliefen, ging er durch das Zimmer, zog einen silbernen Schlüssel aus seiner Tasche und schloß die Türen eines großen Intarsienschrankes auf, der in der Ecke stand. In ihm befanden sich etwa fünfzig Schubladen aus Zedernholz, und jede von ihnen trug einen Zettel, säuberlich von Orlandos Hand geschrieben. Er hielt inne, als zögere er, welche er öffnen sollte. Eine trug die Aufschrift »Der Tod des Ajax«, eine andere »Die Geburt des Pyramus«, eine andere »Iphigenie in Aulis«, eine andere »Der

Tod des Hippolytus«, eine andere »Meleager«, eine andere »Die Rückkehr des Odysseus« – tatsächlich gab es kaum eine Schublade, auf der der Name irgendeiner mythologischen Persönlichkeit im Augenblick einer Krise ihres Lebens fehlte. In jeder Schublade lag ein Dokument von beträchtlichem Umfang, gänzlich von Orlandos Hand geschrieben. Die Wahrheit war, daß Orlando schon seit vielen Jahren derart infiziert war. Nie hatte ein Knabe um Äpfel so gebettelt, wie Orlando um Papier bettelte; noch so um Zuckerwerk, wie er um Tinte bettelte. Sich von Gesprächen und Spielen fortstehlend, hatte er sich hinter Vorhängen verborgen, in Priesterverstecken oder im Schrank hinter dem Schlafzimmer seiner Mutter, der ein großes Loch im Boden hatte und fürchterlich nach Starenmist stank, das Tintenhorn in der einen Hand, die Feder in der anderen und auf den Knien eine Rolle Papiers. Auf diese Weise waren, bevor er fünfundzwanzig Jahre zählte, an die siebenundvierzig Dramen, Historien, Ritterromanzen, Poeme geschrieben worden; manche in Prosa, manche in Versen; manche auf französisch, manche auf italienisch; alle romantisch und alle lang. Eins davon hatte er von John Ball im Hause zu Feathers and Coronet gegenüber St. Paul's Cross, Cheapside, drucken lassen; aber obwohl der Anblick ihm höchstes Entzücken bereitete, hatte er nie gewagt, es auch nur seiner Mutter zu zeigen, da schreiben, und wie nicht gar an den Tag geben, für einen Edelmann, wie er wußte, eine unverzeihliche Schande war.

Nun jedoch, da es mitten in der Nacht und er allein war, wählte er aus diesem Repositorium ein dickes Dokument, das »Xenophila, eine Tragödie« oder so ähnlich betitelt war, und ein dünnes, das schlicht »Der Eich-Baum« hieß (dies war der einzige Titel aus Einsilbern in der Sammlung), und dann näherte er sich dem Tintenhorn, befingerte den Federkiel und vollführte andere jener Gesten, mit denen die, welche solchem Laster verfallen sind, ihre Riten beginnen. Aber er hielt inne.

Da dieses Innehalten von größter Bedeutung in seiner Geschichte war, von weitaus größerer als viele Taten, welche Männer in die Knie zwingen und Flüsse rot färben von Blut, steht es uns an, zu fragen, wieso er innehielt; und zu antworten, nach gebührender Überlegung, daß es aus einem Grunde wie diesem geschah. Die Natur, die uns so viele seltsame Streiche gespielt hat, uns so ungleich aus Erde und Diamanten schafft, aus Regenbogen und Granit, und sie in eine Hülle stopft, oft von unzulänglichster Art, denn der Dichter hat das Gesicht eines Metzgers und der Metzger das eines Dichters; die Natur, die sich an Verwirrung und Geheimnis entzückt, so daß wir sogar eben jetzt (am 1. November 1927) nicht wissen, warum wir nach oben gehen oder warum wir wieder herunterkommen, unsere allertäglichsten Bewegungen sind wie das Vorbeigleiten eines Schiffes auf unbekanntem Meere, und die Seeleute im Masttop fragen, während sie ihr Glas auf den Horizont richten: Ist da Land oder ist da keins? worauf wir, wenn wir Propheten sind, die Antwort geben »Ja«; wenn wir ehrlich sind, sagen wir »Nein«; die Natur, die sich zusätzlich zur vielleicht ungefügen Länge dieses Satzes für so vieles verantworten muß, hat ihre Aufgabe noch komplizierter und unsere Verwirrung noch größer gemacht, indem sie in unserm Innern nicht nur einen perfekten Flickensack voll von allerlei Krimskrams angelegt hat – ein Fetzen von der Hose eines Schutzmanns liegt dicht an dicht neben dem Hochzeitsschleier von Königin Alexandra –, sondern es auch zuwege gebracht hat, daß das ganze Sammelsurium nur lose von einem einzigen Faden zusammengeheftet sein soll. Die Erinnerung ist die Näherin, und eine kapriziöse noch dazu. Die Erinnerung führt ihre Nadel ein und aus, auf und nieder, hierhin und dorthin. Wir wissen nicht, was als nächstes kommt oder was darauf folgt. Und so kann die allergewöhnlichste Bewegung der Welt, wie etwa sich an einen Tisch setzen und das Tintenfaß zu sich heranziehen, tausend fremdartige, zusammenhanglose Bruchstücke durcheinanderwirbeln, einmal hell, einmal dunkel, hängend und baumelnd und wippend und flatternd wie das Unterzeug einer vierzehnköpfigen Familie auf einer Leine im stürmischen Wind. Statt ein einziges, geradliniges, bündiges Stück Arbeit zu sein, dessen sich kein Mensch zu schämen braucht, werden unsere gewöhnlichsten Taten begonnen mit einem Flattern und Schlagen von Flügeln, einem Steigen und Sinken von Lichtern. So kam es, daß Orlando, als er seine Feder in die Tinte tauchte, das spöttische Gesicht der verlorenen Prinzessin sah und sich sofort eine Million Fragen stellte, die wie in Galle getauchte Pfeile waren. Wo war sie; und warum hatte sie ihn verlassen? War der Botschafter ihr Onkel oder ihr Liebhaber? Hatten sie sich verschworen? War sie gezwungen worden? War sie verheiratet? War sie tot? – welche allesamt ihr Gift derart in ihn hineintrieben, daß er, wie um seiner

Pein irgendwo Luft zu machen, den Federkiel so tief in das Tintenhorn stieß, daß die Tinte über den Tisch spritzte, welche Handlung, man möge sie sich erklären, wie man will (und vielleicht ist keine Erklärung möglich – die Erinnerung ist unerklärlich), unverzüglich das Gesicht der Prinzessin durch ein Gesicht von sehr verschiedener Art ersetzte. Aber wessen Gesicht war es, fragte er sich? Und er mußte warten, vielleicht eine halbe Minute lang, während er das neue Bild betrachtete, das über dem alten lag, so wie ein Glasbild in der Zauberlaterne halb durch das nächste gesehen wird, bevor er zu sich selbst sagen konnte, »Dies ist das Gesicht dieses ziemlich dicken, schäbigen Mannes, der vor so vielen, vielen Jahren in Twitchetts Zimmer saß, als die alte Königin Bess kam, um hier zu speisen; und ich sah ihn«, fuhr Orlando fort, nach einem weiteren dieser kleinen bunten Fetzen haschend, »am Tisch sitzen, als ich auf dem Weg nach unten hineinspähte, und er hatte die erstaunlichsten Augen«, sagte Orlando, »die es je gab, aber wer zum Teufel war er?« fragte Orlando, denn hier fügte die Erinnerung zu Stirn und Augen zunächst eine grobe, fettfleckige Halskrause hinzu, dann ein braunes Wams und zuletzt ein Paar derber Stiefel, so wie die Bürger von Cheapside sie tragen. »Kein Edelmann; keiner von uns«, sagte Orlando (was er niemals laut gesagt hätte, denn er war ein überaus höflicher Gentleman; aber es zeigt, was für eine Wirkung eine edle Geburt auf den Geist hat, und übrigens auch, wie schwierig es für einen Edelmann ist, ein Schriftsteller zu sein), »ein Poet, würde ich sagen.« Allen Gesetzen zufolge hätte die Erinnerung, nachdem sie ihn nun genügend gestört hatte, die ganze Geschichte entweder vollständig auslöschen oder etwas so Törichtes und Unstimmiges hervorkramen müssen – wie einen Hund, der eine Katze jagt, oder eine alte Frau, die sich die Nase in ein rotes Baumwolltaschentuch schneuzt –, daß Orlando, vor lauter Verzweiflung darüber, mit ihren Launen Schritt halten zu müssen, seine Feder ernsthaft aufs Papier gesetzt hätte. (Denn wir können, wenn wir nur die Entschlossenheit besitzen, die Hure Erinnerung und ihr ganzes Gelumpe und Gesindel aus dem Haus weisen.) Aber Orlando hielt inne. Die Erinnerung hielt ihm immer noch das Bild eines schäbigen Mannes mit großen, strahlenden Augen vor. Immer noch schaute er, immer noch hielt er inne. Es ist dieses Innehalten, welches unser Verhängnis ist. Denn es ist in solchen Augenblicken, daß der Aufruhr in die Festung einzieht und unsere Truppen sich erheben. Einmal schon hatte er innegehalten, und die Liebe mit ihrer gräßlichen Rotte, ihren Schalmeien, ihren Zimbeln und ihren von den Schultern gerissenen Köpfen mit blutigen Locken war hereingebrochen. Aus Liebe hatte er die Qualen der Verdammten erlitten. Nun hielt er abermals inne, und in die so geschlagene Bresche sprang die Ehrbegier, die alte Dirne, und die Poesie, die Hexe, und die Ruhmsucht, die Metze; alle reichten sich die Hand und machten sein Herz zu ihrem Tanzboden. Hoch aufgerichtet in der Einsamkeit seines Zimmers stehend, gelobte er, daß er der erste Dichter seines Geschlechtes sein und unsterblichen Glanz auf seinen Namen bringen würde. Er sagte (die Namen und Heldentaten seiner Vorfahren herzählend), daß Sir Boris den Heiden bekämpft und getötet habe; Sir Gawain den Türken; Sir Miles den Polen; Sir Andrew den Franken; Sir Richard den Österreicher; Sir Jordan den Franzosen und Sir Herbert den Spanier. Aber von all diesem Töten und Ins-Feld-Ziehen, dem Trinken und Lieben, dem Prassen und Jagen und Reiten und Schmausen, was blieb? Ein Totenschädel; ein Finger. Wohingegen, sagte er, sich der Seite Sir Thomas Brownes zuwendend, die offen auf dem Tisch lag – und abermals hielt er inne. Wie eine Beschwörungsformel, die aus allen Ecken des Zimmers aufstieg, aus dem Nachtwind und dem Mondlicht, rollte die göttliche Melodie jener Worte, die wir, auf daß sie diese Seite hier nicht nach Strich und Faden übertrumpfen, dort lassen wollen, wo sie eingesargt liegen, nicht tot, eher einbalsamiert, so frisch ist ihre Farbe, so gesund ihr Atem – und Orlando, der jene Leistung mit denen seiner Vorfahren verglich, rief aus, daß sie und ihre Taten Staub und Asche seien, dieser Mann jedoch und seine Worte unsterblich.

Er erkannte jedoch bald, daß die Schlachten, die Sir Miles und der Rest gegen gewappnete Ritter geführt hatten, um ein Königreich zu gewinnen, nicht halb so hitzig waren wie die, die er nun unternahm, um im Kampf mit der englischen Sprache Unsterblichkeit zu erringen. Keiner, der auch nur einigermaßen mit den Härten der Schriftstellerei vertraut ist, muß die Geschichte in Einzelheiten erzählt bekommen; wie er schrieb und es gut schien; es las und es abscheulich schien; korrigierte und zerriß; ausstrich; einfügte; in Ekstase geriet; in Verzweiflung; seine guten Nächte und seine schlechten Vormittage hatte; nach Einfällen haschte und sie verlor; sein

Buch deutlich vor sich sah, und es verschwand; die Rollen seiner Figuren spielte, während er aß; sie herausschrie, während er ging; jetzt weinte; jetzt lachte; zwischen diesem und jenem Stil schwankte; jetzt das Heroische und Pompöse bevorzugte; sodann das Schlichte und Einfache; jetzt die Täler von Tempe; sodann die Felder von Kent oder Cornwall; und nicht entscheiden konnte, ob er das göttlichste Genie oder der größte Narr der Welt sei.

Um diese letzte Frage zu entscheiden, beschloß er nach vielen Monaten derart fieberhafter Arbeit, die Einsamkeit von Jahren zu durchbrechen und Verbindung mit der Außenwelt aufzunehmen. Er hatte einen Freund in London, einen Giles Isham aus Norfolk, der, obwohl von adliger Geburt, mit Schriftstellern Umgang hatte und ihn zweifellos mit einem Vertreter jener gesegneten, ja heiligen Fraternität in Berührung bringen konnte. Denn in der Verfassung, in der Orlando sich jetzt befand, lag für ihn ein Glanz um jenen Mann, der ein Buch geschrieben und es hatte drucken lassen, der jeden Glanz des Blutes und des Standes überstrahlte. Seiner Einbildungskraft wollte es scheinen, als müßten selbst die Körper derer, die von solch göttlichen Gedanken durchdrungen waren, verklärt sein. Sie mußten Aureolen als Haare und Weihrauch als Atem haben, und Rosen mußten zwischen ihren Lippen wachsen – was ganz gewiß weder auf ihn selbst noch auf Mr Dupper zutraf. Er konnte sich kein größeres Glück denken, als hinter einem Vorhang sitzen zu dürfen und sie sprechen zu hören. Allein die Vorstellung jener kühnen, vielseitigen Gespräche ließ die Erinnerung an das, worüber er und seine höfischen Freunde für gewöhnlich gesprochen hatten – einen Hund, ein Pferd, eine Frau, ein Kartenspiel –, über die Maßen roh erscheinen. Er besann sich voller Stolz, daß man ihn immer einen Gelehrten genannt und für seine Liebe zur Einsamkeit und zur Literatur verspottet hatte. Er hatte nie viel Geschick gehabt für hübsche Phrasen. Er stand dann stocksteif, wurde rot und stakste wie ein Grenadier durch den Salon einer Dame. Zweimal war er, aus reiner Zerstreutheit, von seinem Pferd gefallen. Einmal hatte er beim Reimen eines Verses Lady Winchilseas Fächer zerbrochen. Sich diese und andere Beispiele seiner Untauglichkeit für das gesellschaftliche Leben ins Gedächtnis rufend, ergriff eine unbeschreibliche Hoffnung, daß all das Ungestüm seiner Jugend, seine Ungeschicklichkeit, sein Erröten, seine langen Spaziergänge und seine Liebe zum Land bewiesen, daß er selbst mehr dem heiligen Stand als dem adeligen angehöre – von Geburt Schriftsteller sei und nicht Aristokrat –, von ihm Besitz. Zum ersten Mal seit der Nacht der großen Flut war er glücklich.

Er beauftragte jetzt Mr Isham aus Norfolk, Mr Nicholas Greene in der Clifford's Inn ein Schreiben zu übermitteln, das Orlandos Bewunderung für seine Arbeiten zum Ausdruck brachte (denn Nick Greene war zur damaligen Zeit ein sehr berühmter Schriftsteller), und seinen Wunsch, seine Bekanntschaft zu machen; worum er kaum zu bitten wage; denn er habe als Gegenleistung nichts zu bieten; wenn Mr Nicholas Greene sich jedoch dazu herbeilassen könne, ihn zu besuchen, würde eine vierspännige Kutsche zu jeder Stunde, welche Mr Greene festzusetzen wünsche, an der Ecke Fetter Lane bereitstehen und ihn sicher zu Orlandos Anwesen bringen. Man mag sich die Wendungen, die noch folgten, selbst denken und sich Orlandos Entzücken vorstellen, als, nach gar nicht langer Zeit, Mr Greene zu erkennen gab, daß er bereit sei, die Einladung des Edlen Lord anzunehmen; seinen Platz in der Kutsche einnahm und an der Halle im Südflügel des Hauptgebäudes pünktlich um sieben Uhr am Montag, dem einundzwanzigsten April, abgesetzt wurde.

Viele Könige, Königinnen und Botschafter waren hier empfangen worden; Richter hatten hier in ihrem Hermelin gestanden. Die liebreizendsten Damen des ganzen Landes waren hierher gekommen; und die finstersten Krieger. Banner hingen hier, die bei Flodden und Azincourt[5] gewesen waren. Hier waren die gemalten Wappenschilder mit ihren Löwen und ihren Leoparden und ihren Kronen zu sehen. Hier standen die langen Tische, die mit Gold- und Silbergeschirr gedeckt wurden; und hier die riesigen Kamine aus gemeißeltem italienischem Marmor, in denen Nacht für Nacht eine ganze Eiche mit ihren Millionen von Blättern und ihren Nestern von Krähe und Zaunkönig zu Asche verbrannt wurde. Nicholas Greene, der Dichter, stand jetzt hier, einfach gekleidet in Schlapphut und schwarzem Wams, in einer Hand ein kleines Ränzel tragend.

Daß Orlando, als er ihn zu begrüßen eilte, leise enttäuscht war, war unumgänglich. Der Dichter war nicht über mittelgroß; war von gewöhnlicher Gestalt; war dürr und etwas gebeugt, und als er beim Eintreten über die Dogge stolperte, biß ihn der Hund. Überdies wußte Orlando, trotz all seiner Kenntnis der Menschheit, nicht so recht, wo er ihn hintun sollte. Es war etwas an ihm, was weder zu Bedientem, Landjunker noch Edelmann gehörte. Der Kopf mit der gerundeten Stirn und der spitzen Nase war gut geschnitten, aber das Kinn war fliehend. Die Augen leuchteten, aber die Lippen hingen schlaff und sabberten. Es war jedoch der Ausdruck des Gesichts als Ganzem, der beunruhigend war. Nichts war da von der gravitätischen Gelassenheit, derentwegen die Gesichter des Adels so erfreulich anzusehen sind; noch hatte es etwas von der würdevollen Unterwürfigkeit eines gut gezogenen Domestikengesichts; es war ein gefurchtes, gerunzeltes und verkniffenes Gesicht. Obwohl er ein Dichter war, schien es, als sei er mehr gewöhnt, zu schelten als zu schmeicheln; zu streiten als zu gurren; zu kriechen als zu reiten; zu kämpfen als zu ruhen; zu hassen als zu lieben. Dies zeigte sich auch in der Hast seiner Bewegungen und in etwas Hitzigem und Mißtrauischem in seinem Blick. Orlando war einigermaßen vor den Kopf gestoßen. Aber sie gingen zu Tisch.

Hier war Orlando, der diese Dinge für gewöhnlich für selbstverständlich nahm, zum ersten Male unerklärlicherweise beschämt über die Zahl seiner Diener und die Pracht seiner Tafel. Noch merkwürdiger war, daß er sich voller Stolz – denn der Gedanke war im allgemeinen abstoßend – auf jene Urgroßmutter Moll besann, die die Kühe gemolken hatte. Er war im Begriff, die Rede irgendwie auf jene einfache Frau und ihre Milcheimer zu bringen, als der Dichter ihm zuvorkam, indem er sagte, wie seltsam es in Anbetracht der Tatsache der Häufigkeit des Namens Greene sei, daß die Familie mit dem Eroberer ins Land gekommen und in Frankreich von höchstem Adel sei. Leider jedoch sei es in der Welt mit ihnen bergab gegangen, und sie hätten kaum mehr getan, als dem königlichen Marktflecken Greenwich ihren Namen zu hinterlassen. Weitere Bemerkungen derselben Art, über verlorene Schlösser, Familienwappen, Cousins, die im Norden Baronets waren, Einheiraten in adlige Familien im Westen, daß einige Greens sich mit einem »e« am Ende schrieben und andere ohne, dauerten an, bis das Wildbret auf dem Tische stand. Dann brachte Orlando es zuwege, ein paar Worte über Großmutter Moll und ihre Kühe einzuflechten, und hatte sein Herz um ein weniges von seiner Bürde erleichtert, als das Wildgeflügel vor ihnen stand. Aber erst als der Malvasier frei strömte, wagte Orlando zu erwähnen, was er nicht umhinkonnte für wichtiger zu halten als die Greens oder die Kühe; nämlich das heilige Thema der Poesie. Bei der ersten Erwähnung des Wortes sprühten die Augen des Dichters Feuer; er ließ das Benehmen des feinen Herrn fahren, das er bislang an den Tag gelegt hatte; donnerte sein Glas auf den Tisch und erging sich in einer der längsten, verworrensten, leidenschaftlichsten und bittersten Geschichten, die Orlando je gehört hatte, außer aus dem Munde einer sitzengelassenen Frau, über eines seiner Stücke; einen anderen Dichter und einen Kritiker. Was die eigentliche Natur der Poesie anbelangte, so folgerte Orlando einzig, daß sie schwerer zu verkaufen sei als Prosa und die Zeilen, obzwar kürzer, länger brauchten, geschrieben zu werden. So ging die Unterhaltung mit endlosen Verästelungen weiter, bis Orlando anzudeuten wagte, daß er selbst die Unverfrorenheit besessen habe zu schreiben – aber hier sprang der Dichter von seinem Stuhl auf. Eine Maus habe in der Täfelung gequiekt, sagte er. Die Wahrheit sei, erklärte er, daß seine Nerven in einer Verfassung wären, in der das Quieken einer Maus sie zwei Wochen lang in Erregung versetzte. Zweifellos war das Haus voll von Ungeziefer, aber Orlando hatte es nicht gehört. Der Dichter erzählte Orlando nun die ganze vollständige Geschichte seiner Gesundheit während der letzten rund zehn Jahre. Sie war so schlecht gewesen, daß man nur staunen konnte, daß er noch lebte. Er hatte den Schlagfluß gehabt, die Gicht, den Schüttelfrost, die Wassersucht und die drei Fieberarten hintereinander; wozu ein erweitertes Herz, eine geschwollene Milz und eine kranke Leber kamen. Vor allem jedoch, erzählte er Orlando, hätte er Empfindungen in seinem Rückgrat, die sich jeder Beschreibung entzögen. Da wäre ein Wirbel, ungefähr der dritte von oben, der wie Feuer brenne; ein anderer, ungefähr der zweite von unten, sei kalt wie Eis. Manchmal erwache er mit einem Hirn wie aus Blei; andere Male sei es, als brennten in ihm tausend Wachskerzen und als würfen Leute in seinem Inneren mit Feuerwerkskörpern. Er könne ein Rosenblatt durch seine Matratze spüren, sagte er; er finde seinen Weg fast durch ganz London nur nach dem Gefühl der Pflastersteine. Alles in allem sei er eine so feinfühlige und so merkwürdig zusammengesetzte Maschine (hier hob er die Hand wie unbewußt, und in der Tat war sie von der denkbar erlesensten Form), daß er aus der Haut fahren könnte, wenn er daran denke, daß er nur fünfhundert Exemplare seines Poems verkauft habe, aber das liege natürlich zum größten Teil an dem Komplott gegen ihn. Alles, was er sagen könnte, kam er zum Schluß, wobei er mit der Faust auf den Tisch schlug, sei, daß die hohe Kunst der Poesie in England tot sei.

Wie dies möglich sein sollte, wo doch Shakespeare, Marlowe, Ben Jonson, Browne, Donne,[6] alle eben jetzt schrieben oder geschrieben hatten, konnte Orlando, der die Namen seiner liebsten Helden herunterrasselte, sich nicht denken.

Greene lachte höhnisch. Shakespeare, stimmte er zu, habe ein paar Szenen geschrieben, die gar nicht so übel seien; aber er habe sie größtenteils von Marlowe entnommen. Marlowe sei ein vielversprechender Junge gewesen, aber was könne man schon von einem Bürschchen sagen, das gestorben sei, als es noch keine Dreißig war? Was Browne angehe, der halte dafür, Gedichte in Prosa zu schreiben, und die Leute würden solcher Spielereien bald müde. Donne sei ein Gaukler, der seinen Mangel an Sinn in unverständliche Worte verpacke. Die Tölpel fielen darauf herein; aber der Stil würde in spätestens zwölf Monaten aus der Mode sein. Und was Ben Jonson angehe – Ben Jonson sei ein Freund von ihm, und er rede nie schlecht über seine Freunde.

Nein, kam er zum Schluß, das große Zeitalter der Literatur sei vorbei; das große Zeitalter der Literatur sei das griechische; das elisabethanische Zeitalter sei dem griechischen in jeder Hinsicht unterlegen. In derartigen Zeiten hegten die Menschen einen göttlichen Ehrgeiz, den er vielleicht La Gloire nennen dürfe (er sprach es Glor aus, so daß Orlando erst nicht wußte, was er meinte). Jetzt stünden die jungen Schriftsteller allesamt im Sold der Buchhändler und kritzelten jeden Schund herunter, der sich verkaufen lasse. Shakespeare sei in dieser Hinsicht der größte Übeltäter, und Shakespeare zahle auch bereits die Strafe dafür. Ihr eigenes Zeitalter, sagte er, sei gekennzeichnet von preziösen Concetti und wilden Experimenten – wovon die Griechen nichts auch nur einen Augenblick geduldet hätten. So sehr es ihn auch schmerze, dies zu sagen – denn er liebe die Literatur wie sein Leben –, er könne in der Gegenwart nichts Gutes sehen und habe keine Hoffnung für die Zukunft. Hier schenkte er sich noch ein Glas Wein ein.

Orlando war entsetzt über diese Lehren; konnte jedoch nicht umhin zu bemerken, daß der Kritiker selbst keineswegs niedergeschlagen wirkte. Im Gegenteil, je mehr er seine eigene Zeit abkanzelte, desto selbstgefälliger wurde er. Er könne sich, sagte er, an einen Abend in der Cock Tavern in der Fleet Street erinnern, als Kit Marlowe dort gewesen sei, und noch ein paar andere. Kit sei in sehr gehobener Stimmung gewesen, ziemlich betrunken, was bei ihm immer schnell ging, und in der Laune, dummes Zeug zu reden. Er könne ihn jetzt noch vor sich sehen, wie er mit seinem Glas vor der Gesellschaft herumgefuchtelt und, vom Schluckauf unterbrochen, ausgerufen habe: »Tritt mir ins Gemächte, Bill« (dies war an Shakespeare gerichtet), »aber es kommt eine große Welle, und du schwimmst ganz obenauf«, womit er sagen wollte, erklärte Greene, sie stünden noch zagend an der Schwelle eines großen Zeitalters der englischen Literatur und daß Shakespeare ein Dichter von gewisser Bedeutung werden würde. Zum Glück für ihn selbst sei er zwei Abende später bei einer Kneipenschlägerei ums Leben gekommen und habe von daher nicht miterleben müssen, was aus seiner Vorhersage geworden sei. »Armer Narr«, sagte Greene, »hinzugehen und so etwas zu sagen. Ein großes Zeitalter, fürwahr – das elisabethanische ein großes Zeitalter!«

»Und so, mein edler Lord«, fuhr er fort, sich behaglich zurücklehnend und das Weinglas zwischen den Fingern drehend, »müssen wir das Beste daraus machen, die Vergangenheit hochhalten und jene Schriftsteller ehren – es sind ja noch ein paar von ihnen da –, die sich die Antike zum Vorbild nehmen und nicht um Sold schreiben, sondern für Glor.« (Orlando hätte ihm einen besseren Akzent gewünscht.) »Glor«, sagte Greene, »ist der Ansporn edler Geister. Hätte ich eine Rente von dreihundert Pfund pro Jahr, vierteljährlich ausbezahlt, würde ich nur für Glor leben. Ich würde jeden Morgen im Bett liegen und Cicero lesen. Ich würde seinen Stil so nachahmen, daß Ihr keinen Unterschied zwischen uns ausmachen könntet. Das ist es, was ich edles Schreiben nenne«, sagte Greene; »das ist es, was ich Glor nenne. Aber man muß eine Rente haben, um dies tun zu können.«

Inzwischen hatte Orlando alle Hoffnung aufgegeben, sein eigenes Werk mit dem Dichter besprechen zu können; aber dies wurde immer unwichtiger, da die Unterhaltung sich jetzt dem Leben und den Charakteren von Shakespeare, Ben Jonson und den anderen zuwandte, die Greene allesamt nah gekannt hatte und über die er tausenderlei Anekdoten der amüsantesten Art zu erzählen wußte. Orlando hatte in seinem ganzen Leben nicht soviel gelacht. Das also waren seine Götter! Die Hälfte von ihnen war betrunken, und alle waren sie liebestoll. Die meisten von ihnen zankten sich mit ihren Frauen; nicht einer von ihnen war über eine Lüge oder eine Intrige der schäbigsten Art erhaben. Ihre Dichtungen wurden auf die Rückseiten von Wäscherechnungen gekritzelt, die Köpfe von Druckereilaufburschen als Unterlage, in der Haustür. Auf diese Weise ging Hamlet in Druck; auf diese Weise Lear; auf diese Weise Othello. Kein Wunder, wie Greene sagte, daß diese Stücke die Fehler hatten, die sie hatten. Der Rest der Zeit wurde mit Zechgelagen und Schmausereien in Tavernen und Biergärten verbracht, wo Dinge gesagt wurden, die um eines Witzwortes den Glauben hinter sich ließen, und Dinge getan wurden, gegen die die tollsten Possen der Höflinge vergleichsweise fade erschienen. All dies erzählte Greene mit einer Lebhaftigkeit, die Orlando in die höchsten Höhen des Entzückens versetzte. Er besaß ein mimisches Talent, das Tote zum Leben erweckt hätte, und konnte die wunderbarsten Dinge über Bücher sagen, vorausgesetzt, sie waren vor dreihundert Jahren geschrieben worden.

So verging die Zeit, und Orlando empfand für seinen Gast eine seltsame Mischung aus Zuneigung und Verachtung, aus Bewunderung und Mitleid und aus noch etwas anderem, das zu unbestimmt war, als daß man es mit einem einzigen Namen hätte benennen können, aber etwas von Angst an sich hatte und etwas von Faszination. Er sprach unaufhörlich von sich selbst, war aber dennoch ein so guter Gesellschafter, daß man der Geschichte seines Schüttelfrosts ewig zuhören konnte. Dann war er so geistreich; dann war er so respektlos; dann nahm er sich so viele Freiheiten heraus mit dem Namen Gottes und dem der Frauen; dann war er so voll von wundersamen Künsten und hatte so seltsame Lehren im Kopf; konnte Salat auf dreihunderterlei Arten zubereiten; wußte alles, was es über das Mischen von Weinen zu wissen gab; spielte ein halbes Dutzend Musikinstrumente und war der erste, und vielleicht der letzte, der in dem großen italienischen Kamin Käse röstete. Daß er eine Geranie nicht von einer Nelke unterscheiden konnte, eine Eiche nicht von einer Birke, eine Dogge nicht von einem Windspiel, ein zweijähriges Schaf nicht von einem Muttertier, Weizen nicht von Gerste, gepflügtes Land nicht von Brache; keine Ahnung hatte vom Fruchtwechsel; der Meinung war, Orangen wüchsen unter der Erde und weiße Rüben auf Bäumen; jedes Stadtbild jeder Landschaft vorzog – all dies und vieles mehr verwunderte Orlando, der noch nie jemandem von seiner Art begegnet war. Sogar die Mägde, die ihn verachteten, kicherten über seine Witze, und die Bedienten, die ihn verabscheuten, trödelten herum, um seine Geschichten zu hören. In der Tat war es im Hause nie so lebhaft zugegangen wie jetzt, wo er da war – was Orlando viel Stoff zum Nachdenken gab und ihn veranlaßte, diese Lebensweise mit der alten zu vergleichen. Er erinnerte sich an die Sorte von Gesprächen, an die er gewöhnt gewesen war, Gespräche über den Schlagfluß des Königs von Spanien oder das Decken einer Hündin; er besann sich, wie der Tag zwischen den Ställen und dem Ankleidekabinett verging; er erinnerte sich, wie die Lords über ihrem Wein schnarchten und jeden haßten, der sie weckte. Er besann sich, wie energisch und heldenhaft sie körperlich waren; wie träge und furchtsam im Geiste. Beunruhigt von diesen Gedanken und unfähig, ein angemessenes Gleichgewicht zu finden, kam er zu dem Schluß, daß er in sein Haus einen Plagegeist der Unruhe eingelassen hatte, der ihn nie wieder in Frieden schlafen lassen würde.

Im gleichen Augenblick kam Nick Greene zum genau entgegengesetzten Schluß. Eines schönen Morgens auf dem weichesten Pfühl und zwischen dem glattesten Linnen im Bett liegend und aus seinem Erkerfenster auf den Rasen blickend, der drei Jahrhunderte lang weder Löwenzahn noch Ampfer gesehen hatte, dachte er, daß er, wenn es ihm nicht irgendwie gelänge, die Flucht zu ergreifen, bei lebendigem Leibe ersticken würde. Als er aufstand und die Tauben gurren hörte, sich anzog und die Brunnen plätschern hörte, dachte er, daß er, wenn er nicht die Rollwagen auf dem Kopfsteinpflaster der Fleet Street poltern hören könnte, nie wieder auch nur eine einzige Zeile schreiben würde. Wenn dies hier noch lange so weitergeht, dachte er, als er den Lakaien im Nebenzimmer das Feuer schüren und den Tisch mit silbernem Geschirr decken hörte, werde ich einschlafen und (hier gab er ein gewaltiges Gähnen von sich) schlafend sterben.

So suchte er Orlando in seinem Zimmer auf und erklärte, daß er der Stille wegen die ganze Nacht über kein Auge zugetan habe. (In der Tat war das Haus von einem Park vom Umfang von fünfzehn Meilen und einer Mauer von zehn Fuß Höhe umgeben.) Stille, sagte er, sei von allen Dingen am bedrückendsten für seine Nerven. Er würde seinen Besuch, mit

Orlandos Vergunst, noch am selben Vormittag beenden. Orlando empfand eine gewisse Erleichterung darüber, jedoch auch ein großes Widerstreben, ihn gehen zu lassen. Das Haus, dachte er, würde ohne ihn sehr leblos wirken. Beim Abschied (denn er hatte das Thema die ganze Zeit über nicht erwähnen wollen) besaß er die Verwegenheit, dem Dichter sein Stück über den Tod des Herkules in die Hand zu drücken und ihn um seine Meinung dazu zu bitten. Der Dichter nahm es; murmelte etwas über Glor und Cicero, wobei Orlando ihn unterbrach, indem er versprach, die Rente vierteljährlich zu zahlen; woraufhin Greene, unter vielen Beteuerungen der Ergebenheit, in die Kutsche sprang und verschwunden war.

Die große Halle hatte nie so groß gewirkt, so prunkvoll oder so leer wie da, als das Gefährt davonrollte. Orlando wußte, daß er nie wieder das Herz haben würde, im italienischen Kamin Käse zu rösten. Er würde nie die Schlagfertigkeit besitzen, Witze über italienische Gemälde zu machen; nie das Geschick haben, Punsch so zu mischen, wie er gemischt werden müßte; tausend Sticheleien und Wortklaubereien wären für ihn verloren. Doch welche Erleichterung, außer Hörweite jener streitsüchtigen Stimme zu sein, welch ein Luxus, wieder allein zu sein, so konnte er nicht umhin zu denken, als er die Dogge freiließ, die die ganzen sechs Wochen angebunden gewesen war, weil sie den Poeten biß, sobald sie ihn sah.

Nick Greene wurde am selben Nachmittag an der Ecke Fetter Lane abgesetzt und fand alles ziemlich genauso vor, wie er es verlassen hatte. Mrs Greene, soll damit gesagt sein, brachte im einen Zimmer ein Kind zur Welt; Tom Fletcher trank in einem anderen Wacholderschnaps. Bücher lagen überall auf dem Boden herum; das Abendessen – oder was man als solches bezeichnete – wurde auf einem Ankleidetisch aufgetragen, auf dem die Kinder Schlammkuchen gebacken hatten. Aber dies, so fühlte Greene, war die Atmosphäre zum Schreiben; hier konnte er schreiben, und schreiben tat er. Das Thema war für ihn wie geschaffen. Ein edler Lord daheim. Besuch bei einem Edelmann auf dem Lande – sein neues Poem würde so oder so ähnlich heißen. Die Feder ergreifend, mit der sein kleiner Sohn die Katze am Ohr kitzelte, und sie in den Eierbecher tunkend, der als Tintenfaß diente, kritzelte Greene auf der Stelle eine überaus geistvolle Satire herunter. Sie war so treffend, daß niemand daran zweifeln konnte, daß der junge Lord, der hier geröstet wurde, Orlando war; seine intimsten Aussprüche und Handlungen, seine Begeisterungen und Narreteien, bis hin zur exakten Farbe seiner Haare und seiner fremdländischen Art, das R zu rollen, waren vorhanden wie aus dem Leben gegriffen. Und falls es doch einen Zweifel gegeben hätte, pointierte Greene die Sache dadurch, daß er, praktisch ohne jede Verbrämung, Passagen aus jener aristokratischen Tragödie einfließen ließ, dem Tod des Herkules, die er, ganz wie zu erwarten, über die Maßen weitschweifig und bombastisch fand.

Das Pamphlet, das sofort mehrere Auflagen erreichte und die Kosten für Mrs Greenes zehntes Kindbett deckte, wurde bald von Freunden, die sich solche Dinge angelegen sein lassen, an Orlando selbst geschickt. Als er es gelesen hatte, was er mit tödlicher Gefaßtheit von Anfang bis Ende tat, klingelte er nach dem Bedienten; übergab ihm das Dokument am Ende einer Zange; hieß ihn, es in das schmutzigste Herz des stinkendsten Misthaufens auf dem ganzen Anwesen zu werfen. Dann, als der Mann sich zum Gehen anschickte, hielt er ihn zurück, »Nimm das schnellste Pferd im Stall«, sagte er, »reite nach Harwich, als gelte es dein Leben. Geh dort an Bord eines Schiffes, welches du für Norwegen bestimmt findest. Kaufe mir aus des Königs eigenen Zwingern die edelsten Elchhunde der königlichen Zucht, männlich und weiblich. Bring sie ohne Aufenthalt zurück. Denn«, murmelte er kaum hörbar, als er sich seinen Büchern zuwandte, »ich bin fertig mit den Menschen.«

Der Bediente, der in seinen Pflichten vollendet geschult war, verneigte sich und verschwand. Er erfüllte seine Aufgabe so tadellos, daß er auf den Tag drei Wochen später zurück war, an der Hand eine Koppel der edelsten Elchhunde führend, von denen der eine, das Weibchen, noch in derselben Nacht unter dem Eßtisch einen Wurf von acht prachtvollen Welpen zur Welt brachte. Orlando ließ sie in sein Schlafgemach bringen.

»Denn«, sagte er, »ich bin fertig mit den Menschen.«

Nichtsdestoweniger zahlte er die Rente vierteljährlich.

So hatte, im Alter von rund dreißig Jahren, dieser junge Edelmann nicht nur jede Erfahrung gemacht, welche das Leben zu bieten hat, sondern auch die Wertlosigkeit aller gesehen. Liebe und Ehrgeiz, Frauen und Dichter waren alle gleichermaßen eitel. Die Literatur war eine Farce. Am

Abend des Tages, an dem er Greenes ›Besuch bei einem Edelmann auf dem Lande‹ gelesen hatte, verbrannte er in einem großen Feuer siebenundfünfzig poetische Werke und behielt nur den »Eich-Baum« zurück, der sein jungenhafter Traum und sehr kurz war. Einzig zwei Dinge blieben ihm, in die er jetzt noch Vertrauen setzte: die Hunde und die Natur; ein Elchhund und ein Rosenstrauch. Die Welt in all ihrer Verschiedenartigkeit, das Leben in all seiner Komplexität waren darauf zusammengeschrumpft. Hunde und ein Strauch waren alles, was blieb. Sich solchermaßen frei fühlend von einem gewaltigen Berg von Illusionen, und folglich sehr nackt, rief er seine Hunde zu sich und streifte durch den Park.

So lange hatte er, schreibend und lesend, zurückgezogen gelebt, daß er die Annehmlichkeiten der Natur halb vergessen hatte, die im Juni groß sein können. Als er jene hohe Kuppe erreichte, von der aus man an schönen Tagen halb England und dazu noch ein Stück Wales und Schottland sehen kann, warf er sich unter seiner Lieblingseiche auf die Erde und fühlte, daß er, sofern er solange er lebte nie wieder mit einem anderen Mann oder einer anderen Frau sprechen müßte; sofern seine Hunde nicht die Fähigkeit des Sprechens entwickelten; sofern er nie wieder einem Dichter oder einer Prinzessin begegnen mußte, die ihm verbleibenden Jahre in erträglicher Zufriedenheit würde verbringen können.

Hierher kam er also, Tag für Tag, Woche für Woche, Monat für Monat, Jahr für Jahr. Er sah die Buchen golden werden und die jungen Farne sich entrollen; er sah den Mond sichelig und dann rund; er sah – aber wahrscheinlich kann sich der Leser die Passage, die nun folgen sollte, selbst vorstellen, und wie jeder Baum und jede Pflanze der Umgebung erst als grün beschrieben wird, dann als golden; wie die Monde auf- und die Sonnen untergehen; wie der Frühling auf den Winter und der Herbst auf den Sommer folgt; wie die Nacht nach dem Tag und der Tag nach der Nacht kommt; wie es erst ein Gewitter gibt und dann schönes Wetter; wie die Dinge zwei- oder dreihundert Jahre lang mehr oder weniger bleiben, wie sie sind, bis auf ein bißchen Staub und ein paar Spinnweben, die eine einzige alte Frau in einer halben Stunde zusammenfegen kann; eine Schlußfolgerung, die, das kann man nicht umhin zu fühlen, schneller hätte erreicht werden können durch die schlichte Feststellung, daß »Die Zeit verging« (hier könnte die genaue Spanne in Klammern angegeben werden) und nicht das Geringste geschah.

Aber leider hat die Zeit, obwohl sie Tiere und Pflanzen mit erstaunlicher Pünktlichkeit blühen und vergehen läßt, keine derart einfache Wirkung auf den menschlichen Geist. Überdies wirkt der menschliche Geist mit gleicher Seltsamkeit auf den Körper der Zeit ein. Eine Stunde kann, sobald sie sich im wunderlichen Element des menschlichen Geistes eingenistet hat, auf das Fünfzig- oder Hundertfache ihrer Uhrenlänge gedehnt werden; andererseits kann eine Stunde auf dem Zeitmesser des Geistes akkurat durch eine einzige Sekunde wiedergegeben werden. Diese außergewöhnliche Diskrepanz zwischen der Zeit auf der Uhr und der Zeit im Geist ist weniger bekannt, als sie es sein sollte, und verdiente ausführlichere Untersuchung. Aber der Biograph, dessen Interessen, wie wir bereits gesagt haben, in hohem Maße begrenzt sind, muß sich auf eine einfache Feststellung beschränken: Wenn ein Mann das Alter von dreißig Jahren erreicht hat, wie Orlando es nun hatte, wird die Zeit, wenn er denkt, übermäßig lang; wenn er handelt, wird sie übermäßig kurz. So gab Orlando seine Anweisungen und erledigte die Geschäfte seiner riesigen Anwesen im Nu; aber sobald er allein auf dem Hügel unter der Eiche war, fingen die Sekunden an, sich zu runden und zu füllen, bis es schien, als würden sie niemals fallen. Überdies füllten sie sich mit der merkwürdigsten Vielzahl von Gegenständen. Denn nicht nur fand er sich konfrontiert mit Problemen, die den Weisesten unter den Menschen Rätsel aufgegeben haben, wie, Was ist Liebe? Was Freundschaft? Was Wahrheit?, sondern sobald er sich daran machte, über sie nachzudenken, eilte seine ganze Vergangenheit, die ihm von extremer Länge und Verschiedenartigkeit schien, in die fallende Sekunde hinein, blähte sie zum Dutzendfachen ihrer natürlichen Größe auf, färbte sie in tausend Schattierungen und füllte sie mit dem ganzen Sammelsurium des Universums.

In solchem Denken (oder wie immer man es nennen soll) brachte er Monate und Jahre seines Lebens hin. Es wäre keine Übertreibung, zu sagen, daß er nach dem Frühstück als Mann von dreißig aus dem Haus ging und zum Abendessen als Mann von mindestens fünfundfünfzig nach Hause kam. Manche Wochen fügten seinem Alter ein Jahrhundert hinzu, andere nicht mehr als höchstens drei Sekunden. Alles in allem übersteigt die Aufgabe, die Länge des menschlichen Lebens abzuschätzen (von dem der Tiere zu sprechen, maßen wir uns nicht an), unsere Fähigkeiten, denn sobald wir sagen, daß es Jahrhunderte währt, werden wir daran erinnert, daß es kürzer ist als das Fallen eines Rosenblattes auf die Erde. Von den beiden Kräften, die abwechselnd und, was noch verwirrender ist, gleichzeitig unsere unglückseligen Starrköpfe beherrschen – Kürze und Dauer –, stand Orlando manchmal unter dem Einfluß der elefantenfüßigen Gottheit, dann unter dem der mückenflügeligen Fliege. Das Leben erschien ihm von ungeheuerlicher Länge. Dennoch verging es wie ein Blitz. Aber selbst wenn es sich am längsten dehnte und die Augenblicke aufs größte anschwollen und er in Wüsten weiter Ewigkeit allein zu wandern schien, war keine Zeit für das Glätten und Entziffern jener dicht beschriebenen Pergamente, die dreißig Jahre unter Männern und Frauen in seinem Herzen und seinem Hirn eng zusammengerollt hatten. Lange bevor er damit fertig war, über die Liebe nachzudenken (die Eiche hatte im Verlauf dieses Prozesses ein dutzend Mal Blätter getrieben und sie auf den Boden geschüttelt), drängte der Ehrgeiz sie aus dem Feld, um durch die Freundschaft oder die Literatur ersetzt zu werden. Und da die erste Frage nicht gelöst worden war – Was ist Liebe? –, kam sie beim geringsten oder auch gar keinem Anlaß zurück und scheuchte Bücher oder Metaphern oder Wofür Man Lebt zur Seite, wo sie warteten, bis sie ihre Gelegenheit gekommen sahen, wieder aufs Feld zurückzustürmen. Was den Prozeß noch länger machte, war die Tatsache, daß er verschwenderisch illustriert war, nicht nur mit Bildern, wie dem der alten Königin Elizabeth, wie sie in rosenfarbenem Brokat ausgestreckt auf ihrer gobelingestickten Couch lag, eine elfenbeinerne Schnupftabakdose in der Hand und einen Degen mit goldenem Heft an der Seite, sondern mit Gerüchen – sie war stark parfümiert – und mit Geräuschen; die Hirsche röhrten an jenem Wintertag in Richmond Park. Und so war der Gedanke an die Liebe über und über bernsteinüberzogen mit Schnee und Winter; mit brennenden Holzfeuern; mit russischen Frauen, goldenen Degen und dem Röhren der Hirsche; mit dem Gesabber des alten Königs James und Feuerwerken und Säcken voller Schätze in den Laderäumen elisabethanischer Segelschiffe. Jedes einzelne Ding, sobald er versuchte, es von seinem Platz in seinem Gedächtnis zu lösen, fand er so mit anderen Stoffen beschwert wie das Stück Glas, das nach einem Jahr auf dem Grund des Meeres von Gräten und Libellen überwachsen ist, und von Münzen und den Flechten ertrunkener Frauen.

»Noch eine Metapher, beim Zeus!« rief er aus, als er dies sagte (was die ungeordnete und umständliche Art und Weise aufzeigt, in der sein Geist arbeitete, und erklärt, wieso der Eich-Baum so oft grünte und verblich, bevor er zu einer Schlußfolgerung über die Liebe kam). »Und wozu soll sie gut sein?« fragte er sich. »Warum nicht einfach klipp und klar sagen –«, und dann versuchte er, eine halbe Stunde lang darüber nachzudenken – oder waren es zweieinhalb Jahre? –, wie man einfach klipp und klar sagt, was Liebe ist. »Eine derartige Redefigur ist offenkundig unwahr«, argumentierte er, »denn keine Libelle könnte, außer unter sehr ungewöhnlichen Umständen, auf dem Grund des Meeres leben. Und wenn die Literatur nicht die Braut und Bettgenossin der Wahrheit ist, was ist sie dann? Zum Teufel damit«, rief er, »warum Bettgenossin sagen, wenn man bereits Braut gesagt hat? Warum nicht einfach sagen, was man meint, und es damit gut sein lassen?«

So versuchte er denn zu sagen, das Gras sei grün und der Himmel sei blau, und auf diese Weise den strengen Geist der Dichtung günstig zu stimmen, den zu verehren, wenn auch aus großer Entfernung, er noch immer nicht umhinkonnte. »Der Himmel ist blau«, sagte er, »das Gras ist grün.« Den Blick hebend, sah er, daß, ganz im Gegenteil, der Himmel wie die Schleier ist, die tausend Madonnen von ihrem Haar haben fallen lassen; und das Gras eilt und dunkelt wie eine Schar Mädchen auf der Flucht vor den Umarmungen haariger Satyrn aus verzauberten Wäldern. »Auf mein Wort«, sagte er (denn er hatte die üble Gewohnheit angenommen, laut mit sich selbst zu reden), »ich sehe nicht, daß das eine wahrer ist als das andere. Beide sind gänzlich falsch.« Und er verzweifelte an seiner Fähigkeit, das Problem zu lösen, was Dichtung sei und was Wahrheit, und verfiel in tiefe Niedergeschlagenheit.

Hier mögen wir uns eine Pause in seinem Selbstgespräch zunutze machen, um darüber nachzudenken, wie seltsam es war, Orlando an einem Junitag da auf dem Ellbogen hingestreckt zu sehen, und darüber, daß dieser prächtige Mensch, der all seiner Sinne mächtig war und einen gesunden Körper besaß, als Zeugen seien Wangen und Glieder genannt – ein Mann, der nicht zweimal überlegte, wenn es darum ging, einen Angriff anzuführen oder ein Duell auszufechten –, so der Lethargie des Gedankens anheimfallen und dadurch so empfindlich gemacht werden sollte, daß er, wenn es um die Frage der Dichtung ging, oder um seine eigenen Fähigkeiten auf diesem Gebiet, so schüchtern war wie ein kleines Mädchen hinter der Katentür seiner Mutter. Unserer Meinung nach schmerzte Greenes Verhöhnung seiner Tragödie ihn ebensosehr wie der Prinzessin Verhöhnung seiner Liebe. Aber zurück –

Orlando dachte weiter nach. Er blickte weiter auf das Gras und auf den Himmel und versuchte sich vorzustellen, was ein richtiger Dichter, dessen Verse in London veröffentlicht werden, über sie sagen würde. Unterdessen hielt die Erinnerung (deren Gewohnheiten bereits beschrieben wurden) ihm unablässig das Gesicht Nicholas Greenes vor Augen, als wäre dieser hämische Mann mit der losen Zunge, so verräterisch er sich auch erwiesen hatte, die Muse in Person und als wäre er es, dem Orlando huldigen müßte. Und so offerierte Orlando ihm an jenem Sommermorgen eine Vielzahl von Redewendungen, manche schlicht, andere geschmückt, und Nick Greene schüttelte den Kopf und höhnte und murmelte etwas von Glor und Cicero und dem Tod der Poesie in unserer Zeit. Zuletzt sprang Orlando auf die Füße (es war jetzt Winter und sehr kalt) und schwor einen der bemerkenswertesten Eide seines Lebens, denn er zwang ihn in eine Knechtschaft, wie es eine strengere nicht gibt. »Ich will verdammt sein«, sagte er, »wenn ich je wieder auch nur ein Wort schreibe oder versuche, auch nur ein Wort zu schreiben, um Nick Greene oder der Muse zu gefallen. Schlecht, gut oder indifferent; von diesem Tage an werde ich mir selbst zu Gefallen schreiben«; und hier tat er so, als risse er einen ganzen Packen Papiere in der Mitte durch und schleuderte sie diesem höhnischen Mann mit der losen Zunge ins Gesicht. Woraufhin, so wie ein Köter sich duckt, wenn man sich bückt, um einen Stein nach ihm zu werfen, die Erinnerung ihr Bildnis Nick Greenes außer Sicht duckte; und es ersetzte durch – rein gar nichts.

Aber Orlando dachte dennoch weiter nach. Er hatte in der Tat über vieles nachzudenken. Denn als er das Pergament zerriß, zerriß er gleichzeitig auch die verschnörkelte, mit Wappenbildern verzierte Schriftrolle, die er sich in der Einsamkeit seines Zimmers ausgestellt hatte und darin er sich, so wie der König Gesandte ernennt, zum ersten Dichter seines Hauses ernannte, zum ersten Schriftsteller seines Zeitalters, seiner Seele ewige Unsterblichkeit verlieh und seinem Leib ein Grab unter Lorbeerbäumen und den unantastbaren Bannern der Verehrung eines ganzen Volkes auf alle Zeit sicherte. So beredt dies alles war, jetzt zerriß er es und warf es in den Ascheimer. »Ruhm«, sagte er, »ist wie« (und da es keinen Nick Greene gab, ihm Einhalt zu gebieten, fuhr er fort, in Bildern zu schwelgen, von denen wir nun ein oder zwei der sanftesten auswählen wollen) »ein betreßter Rock, der die Glieder einengt; eine Jacke aus Silber, die das Herz ankettet; ein bemalter Schild, der eine Vogelscheuche verdeckt« etc. etc. Der Kern seiner Phrasen war, daß, während der Ruhm hindert und hemmt, das Unbekanntsein sich wie ein Nebel um einen Mann hüllt; das Unbekanntsein ist dunkel, weit und frei; das Unbekanntsein läßt den Geist seinen Weg ungehindert gehen. Über den unbekannten Mann ergießt sich die barmherzige Fülle der Dunkelheit. Keiner weiß, wohin er geht oder woher er kommt. Er mag die Wahrheit suchen und aussprechen; er allein ist frei; er allein ist wahrhaftig; er allein lebt in Frieden. Und so versank er in eine Stimmung der Ruhe, unter der Eiche, deren harte Wurzeln, die über der Erde frei lagen, ihm eher behaglich als umgekehrt erschienen.

Lange Zeit in tiefgründige Gedanken versunken über den Wert des Unbekanntseins und den Genuß, keinen Namen zu haben, sondern zu sein wie eine Welle, die in den tiefen Leib des Meeres zurückkehrt; darüber nachdenkend, wie das Unbekanntsein den Geist freimacht vom Kitzel des Neids und der Niedertracht; wie es in den Adern die freien Wasser der Freigebigkeit und der Großmut zum Fließen bringt und Geben und Nehmen verstattet, ohne daß Dank geboten oder Lob gespendet wird; was die Art aller großen Dichter gewesen sein mußte, so nahm er an (obwohl seine Kenntnis des Griechischen nicht groß genug war, dies zu bestätigen), denn, dachte er, Shakespeare mußte so geschrieben und die Kirchenbaumeister mußten so gebaut haben, anonym, keinen Dank und keinen Namen brauchend, sondern nur ihre Arbeit am Tag und ein wenig Bier vielleicht am Abend – »Was für ein bewundernswertes Leben dies doch ist«, dachte er, seine Glieder unter der Eiche ausstreckend. »Und warum es nicht in ebendiesem Augenblick genießen?« Der Gedanke traf ihn wie eine Kugel. Der Ehrgeiz stürzte wie ein Bleigewicht. Befreit vom Herzach verschmähter Liebe und zurückgewiesener Eitelkeit und all der anderen

Stiche und Stachel, die das Nesselbett des Lebens ihm aufgebrannt hatte, als er ehrgeizig war nach Ruhm – einem, dem der Glorienschein gleichgültig geworden war –, jedoch nicht länger zufügen konnte, öffnete er die Augen, die die ganze Zeit über weit offen gewesen waren, aber nur Gedanken gesehen hatten, und sah, in der Senke unter sich liegend, sein Haus.

Dort lag es im frühen Sonnenschein des Frühlings. Es sah eher wie eine Stadt aus denn wie ein Haus, aber eine Stadt, die nicht kreuz und quer erbaut war, wie dieser Mann es wünschte oder jener, sondern mit Umsicht, von einem einzigen Baumeister mit einer einzigen Vorstellung im Kopf. Höfe und Gebäude, grau, rot, pflaumenfarben, lagen ordentlich und symmetrisch da; die Höfe waren zum einen Teil länglich, zum anderen quadratisch; in diesem war ein Brunnen; in jenem eine Statue; die Gebäude waren zum einen Teil flach, zum anderen spitz; hier war eine Kapelle, dort ein Glockenturm; Flächen des grünsten Grases lagen dazwischen, und Gehölze von Zedernbäumen und Beete mit leuchtenden Blumen; alle waren eingefaßt – doch alles war so gut angelegt, daß jeder Teil Raum zu haben schien, sich auszubreiten, wie es ihm entsprach – vom Wulst einer mächtigen Mauer; während Rauch aus unzähligen Schornsteinen sich unaufhörlich in die Luft kräuselte. Dieses gewaltige und doch geordnete Bauwerk, das tausend Menschen und vielleicht zweitausend Pferden Unterkunft bieten konnte, war, dachte Orlando, erbaut worden von Werkleuten, deren Namen unbekannt sind. Hier haben, seit mehr Jahrhunderten, als ich zählen kann, die unbekannten Generationen meiner eigenen unbekannten Familie gelebt. Kein einziger von diesen Richards, Johns, Annes, Elizabeths hat ein Zeichen von sich hinterlassen, und doch haben sie alle, zusammenwirkend mit ihren Spaten und ihren Nadeln, ihrem Liebemachen und Kindergebären, dies hinterlassen.

Nie hatte das Haus edler und menschlicher ausgesehen.

Wieso also hatte er gewünscht, sich über sie zu erheben? Denn es schien über die Maßen eitel und arrogant, dieses namenlose Schöpfungswerk verbessern zu wollen; die Mühen jener verschwundenen Hände. Es war besser, unbekannt zu bleiben und einen Gewölbebogen zu hinterlassen, einen Gartenschuppen, eine Mauer, an der Pfirsiche reifen, als wie ein Meteor zu glühen und keinen Staub zurückzulassen. Denn schließlich, sagte er, und es wurde ihm warm ums Herz, als er das große Haus auf dem Grün unter sich betrachtete, hatten die unbekannten Lords und Ladies, die dort lebten, nie vergessen, etwas für jene zur Seite zu legen, die nach ihnen kamen; für das Dach, das undicht werden; für den Baum, der fallen würde. Immer gab es eine warme Ecke für den alten Schäfer in der Küche; immer Essen für die Hungrigen; immer waren ihre Becher poliert, auch wenn sie krank lagen; und ihre Fenster waren erleuchtet, auch wenn sie im Sterben lagen. Obwohl sie Lords waren, waren sie es zufrieden, mit dem Maulwurfsfänger und dem Steinmetz in das Unbekanntsein einzugehen. Unbekannte Edelleute, vergessene Baumeister – so sprach er sie mit einer Wärme an, die jene Kritiker Lügen strafte, die ihn kalt nannten, indifferent, träge (denn die Wahrheit ist, daß eine Eigenschaft oft genau auf der anderen Seite der Mauer liegt, vor der wir sie suchen) – so sprach er sein Haus und seine Familie in Ausdrücken der bewegendsten Beredsamkeit an; aber als es zur Peroratio kam – und was für Beredsamkeit ist das, der die Peroratio fehlt? –, geriet er ins Stocken. Er hätte gerne mit einer Schlußfloskel etwa in dem Sinne geendet, daß er in ihre Fußstapfen treten und ihrem Bauwerk einen weiteren Stein hinzufügen wolle. Da das Bauwerk jedoch schon neun Morgen bedeckte, schien es überflüssig, auch nur einen einzigen Stein hinzuzufügen. Konnte man in einer Peroratio von Mobiliar sprechen? Konnte man von Stühlen und Tischen und Läufern reden, die vor den Betten der Menschen lägen? Denn was immer die Peroratio benötigte, dies war es, woran es dem Haus mangelte. Seine Rede für den Augenblick unbeendet lassend, schritt er den Hügel wieder hinunter, entschlossen, sich hinfort der Ausstattung des Herrenhauses zu widmen. Die Neuigkeit – nämlich daß sie ihn unverzüglich aufsuchen möchte – trieb der guten, alten Mrs Grimsditch, die inzwischen recht betagt war, die Tränen in die Augen. Gemeinsam wanderten sie durch das Haus.

Dem Trockengestell im Schlafzimmer des Königs (»und das war König Jamie, Mylord«, sagte sie, womit sie andeuten wollte, daß mancher Tag vergangen war, seit ein König unter ihrem Dach geschlafen hatte; aber die verhaßten Tage des Parlaments waren vorbei, und es gab jetzt wieder eine Krone in England) fehlte ein Bein; es gab keine Ständer für die Waschkrüge in der kleinen Kammer, die in den Warteraum des Pagen der Herzogin führte; Mr Greene hatte mit seinem ekligen Pfeiferauchen einen Fleck auf den Teppich gemacht, den sie und Judy trotz allem Schrubben nie hatten auswaschen können. In der Tat, als Orlando sich daran machte, die Ausstattung jedes einzelnen der dreihundertfünfundsechzig Schlafzimmer, die das Haus enthielt, mit Rosenholzstühlen und Zedernholzschränken, mit silbernen Becken, Porzellanschalen und persischen Teppichen zu berechnen, sah er, daß das nicht leicht sein würde; und wenn einige tausend Pfund seines Vermögens überblieben, würden diese kaum für mehr reichen, als ein paar Galerien mit Tapisserien auszuhängen, den Speisesaal mit schönen geschnitzten Stühlen auszustaffieren und Spiegel von massivem Silber und Stühle von demselben Metall (für das er eine unmäßige Leidenschaft hegte) für die Möblierung der königlichen Schlafgemächer bereitzustellen.

Er machte sich nun ernstlich an die Arbeit, wie wir über jeden Zweifel hinaus beweisen können, wenn wir uns seine Rechnungsbücher ansehen. Werfen wir einen Blick auf eine Aufstellung dessen, was er zu dieser Zeit kaufte, wobei die Ausgaben am Rand in Rechnung gelegt wurden – aber diese lassen wir aus.

Für fünfzig Paar spanischer Decken, dito Vorhänge aus karminrotem und weißem Taft; die Volants aus weißem Satin bestickt mit karminroter und weißer Seide . . .
Für siebzig gelbe Satinstühle und sechzig Schemel, mit Steifleinenschonern, passend zu allen . . .
Für siebenundsechzig Tische von Walnußholz . . .
Für siebzehn Dutzend Kisten, von denen ein jedes Dutzend fünf Dutzend venezianischer Gläser enthält . . .
Für einhundertundzwei Läufer, ein jeglicher dreißig Ellen lang . . .
Für siebenundneunzig Kissen aus karminrotem Damast, eingelegt mit silberner Pergamentspitze, und Fußschemel aus Silberlamé und ebensolche Stühle . . .
Für fünfzig Leuchter à ein Dutzend Lichter . . .«

Schon – es ist eine Wirkung, die Listen auf uns haben – fangen wir an zu gähnen. Aber wenn wir aufhören, so nur, weil der Katalog langweilig, nicht weil er zu Ende ist. Es gibt neunundneunzig weitere Seiten davon, und die gesamte aufgewendete Summe belief sich auf viele Tausende –

das heißt Millionen in unserem Geld. Und wenn sein Tag auf diese Weise verbracht war, konnte Lord Orlando am Abend dabei angetroffen werden, wie er ausrechnete, was es kosten würde, eine Million Maulwurfshügel einzuebnen, wenn man den Männern zehn Pence die Stunde zahlte; und wiederum, wie viele Zentner Nägel zu fünfeinhalb Pence das Gill gebraucht würden, um den Zaun rings um den Park zu reparieren, der fünfzehn Meilen im Umfang maß. Und so weiter und so weiter.

Die Geschichte ist langweilig, sagen wir, denn ein Schrank ist so ziemlich wie der andere, und ein Maulwurfshügel nicht sehr verschieden von einer Million. Einige angenehme Reisen kostete es ihn, und einige hübsche Abenteuer. Wie zum Beispiel, als er eine ganze Stadt blinder Frauen in der Nähe von Brügge beauftragte, Behänge für ein Bett mit silbernem Baldachin zu sticken; und die Geschichte seines Abenteuers mit einem Mohren in Venedig, dem er (aber nur mit Hilfe des gezogenen Degens) sein lackiertes Kabinettschränkchen abkaufte, könnte sich, in anderen Händen, als des Erzählens wert erweisen. Noch fehlte es der Arbeit an Abwechslung; denn hier kamen zum Beispiel, gezogen von Gespannen aus Sussex, große Bäume, die in der Mitte durchgesägt und in der Galerie als Boden verlegt werden sollten; und dann eine Truhe aus Persien, vollgestopft mit Wolle und Sägespänen, der er, zu guter Letzt, einen einzigen Teller entnahm, oder einen Topasring.

Schließlich jedoch war in den Galerien nicht Raum für einen weiteren Tisch; nicht Raum auf den Tischen für ein weiteres Kabinettschränkchen; nicht Raum im Kabinettschränkchen für eine weitere Rosenschale; nicht Raum in der Schale für eine weitere Handvoll duftender Kräuter; es war nirgends mehr Raum für irgend etwas; kurzum, das Haus war möbliert. Im Garten wuchsen Schneeglöckchen, Krokusse, Hyazinthen, Magnolien, Rosen, Lilien, Astern, die Dahlie in all ihren Arten, Birnbäume und Apfelbäume und Kirschbäume und Maulbeerbäume, dazu eine ungeheure Zahl seltener und blühender Sträucher, immergrüner und winterharter Bäume, so dicht Wurzel an Wurzel, daß es kein Stück Erde ohne ihre Blüten und kein Stück Rasen ohne ihren Schatten gab. Überdies hatte er Wildgeflügel mit buntem Gefieder importiert, und zwei malaiische Bären, unter deren verdrießlichem Wesen sich, dessen war er gewiß, treue Herzen verbargen.

Alles war jetzt fertig; und wenn es Abend war und die unzähligen Silberleuchter angezündet waren und der leise Luftzug, der auf immer und ewig durch die Galerien strich, den blauen und grünen Wandteppich bewegte, so daß es aussah, als ritten die Jäger und als fliehe Daphne; wenn das Silber glänzte und der Lack schimmerte und das Holz flammte; wenn die geschnitzten Sessel ihre Arme ausstreckten und Delphine über die Wände schwammen mit Meerjungfrauen auf ihren Rücken; nachdem all dies und viel mehr als dies vollendet und nach seinem Gefallen war, wanderte Orlando, gefolgt von seinen Elchhunden, durch das Haus und fühlte sich zufrieden. Jetzt hatte er, dachte er, Stoff, die Peroratio zu füllen. Vielleicht wäre es gut, die Rede noch einmal von vorn zu beginnen. Doch als er durch die Galerien schritt, fühlte er, daß noch immer etwas fehlte. Stühle und Tische, wie reich vergoldet und geschnitzt auch immer, Sofas, die auf Löwenklauen ruhten, unter denen sich Schwanenhälse bogen, Betten selbst aus den allerfeinsten Schwanendaunen sind in sich selbst noch nicht genug. Menschen, die auf ihnen sitzen, Menschen, die in ihnen liegen, verbessern sie auf erstaunliche Weise. Folglich begann Orlando jetzt eine Serie sehr glanzvoller Feste für den hohen und niederen Adel der Umgebung. Die dreihundertundfünfundsechzig Schlafzimmer waren jeweils einen Monat lang voll belegt. Gäste drängten sich in den zweiundfünfzig Treppenhäusern. Dreihundert Bediente hantierten geschäftig in den Anrichten. Bankette fanden fast jeden Abend statt. So hatte Orlando in nur sehr wenigen Jahren den Velours seines Samts abgescheuert und die Hälfte seines Vermögens ausgegeben; aber er hatte sich die hohe Meinung seiner Nachbarn erworben, bekleidete eine Unzahl von Ämtern in der Grafschaft und wurde alljährlich mit etwa einem Dutzend Werken beschenkt, die Seiner Lordschaft in ziemlich schwülstigen Wendungen von dankbaren Poeten gewidmet waren. Denn obwohl er sorgfältig darauf bedacht war, zu jener Zeit keinen Umgang mit Schriftstellern zu pflegen, und sich von Damen ausländischen Gebluts immer fernhielt, war er dennoch sowohl Frauen als auch Poeten gegenüber übermäßig freigebig, und beide beteten ihn an.

Aber wenn die Feste ihren Höhepunkt erreichten und seine Gäste schwelgten, neigte er dazu, sich allein in sein Privatgemach zurückzuziehen. Dort, wenn die Tür geschlossen und er sicher war, ungestört zu sein, holte er ein altes Schreibheft hervor, das mit Seide, die er aus dem Nähkästchen seiner Mutter gestohlen hatte, geheftet war und auf dem in runder Schulknabenschrift der Titel geschrieben stand, »Der Eich-Baum, Ein Gedicht«. Dort hinein schrieb er, bis es Mitternacht schlug und bis lange danach. Aber da er ebenso viele Zeilen auskratzte, wie er hineinschrieb, war ihre Summe zum Ende eines Jahres oftmals eher geringer als zu Anfang, und es hatte den Anschein, als würde das Gedicht im Prozeß des Geschriebenwerdens vollständig ungeschrieben werden. Denn es steht dem Literaturhistoriker an, zu bemerken, daß er seinen Stil verblüffend geändert hatte. Seine Blumigkeit war gemäßigt; seine Überfülle gezügelt; das Zeitalter der Prosa ließ jene warmen Quellen erstarren. Auch die Landschaft draußen war weniger mit Girlanden behängt, und die Dornenhecken selbst waren weniger dornig und verschlungen. Vielleicht waren die Sinne etwas dumpfer und Honig und Rahm weniger verführerisch für den Gaumen. Auch daß die Straßen mit besseren Abflüssen und die Häuser mit besserer Beleuchtung ausgestattet waren, hatte seine Wirkung auf den Stil, wie nicht bezweifelt werden kann.

Eines Tages fügte er unter enormen Mühen ein oder zwei Zeilen dem »Eich-Baum, Ein Gedicht« hinzu, als ein Schatten seinen Augenwinkel durchquerte. Es war aber kein Schatten, wie er bald sah, sondern die Gestalt einer sehr hoch gewachsenen Dame in Reithut und Mantel, die das Hofgeviert überquerte, auf das sein Gemach hinausging. Da dies der privateste der Höfe war, und die Dame eine Fremde für ihn, wunderte sich Orlando, wie sie hierher gekommen sei. Drei Tage später erschien dieselbe Erscheinung abermals; und erschien am Mittwoch ein weiteres Mal. Dieses Mal war Orlando entschlossen, ihr zu folgen, noch hatte sie offensichtlich Angst davor, entdeckt zu werden, denn sie verlangsamte ihre Schritte, als er sich ihr näherte, und sah ihm geradewegs ins Gesicht. Jede andere Frau, die so auf dem privaten Grund und Boden eines Lords ertappt worden wäre, hätte Angst gehabt; jede andere Frau mit solchem Gesicht, solchem Kopfputz und Aussehen hätte sich die Mantille über die Schultern geworfen, um es zu verhüllen. Denn diese Dame glich nichts so sehr wie einem Hasen; einem aufgeschreckten, aber verstockten Hasen; einem Hasen, dessen Ängstlichkeit von einer immensen und törichten Kühnheit übertroffen wird; einem Hasen, der hoch aufgerichtet sitzt und seinen Verfolger mit großen, hervorquellenden Augen anglotzt; mit aufgestellten, aber zitternden Ohren, mit vorgereckter, aber zuckender Nase. Dieser Hase war überdies sechs Fuß groß und trug zu allem Überfluß einen Kopfputz von ziemlich veralteter Art, der die Dame noch größer aussehen ließ. Derart gestellt, starrte sie Orlando mit einem Starren an, in dem Ängstlichkeit und Kühnheit sich aufs merkwürdigste vereinten.

Zunächst bat sie ihn, mit einem korrekten, aber etwas unbeholfenen Knicks, ihr Eindringen zu verzeihen. Dann, sich wieder zu ihrer vollen Höhe aufrichtend, die etwas über sechs Fuß zwei Zoll betragen haben mußte, fuhr sie fort und sagte – aber mit einem solchen Gegacker nervösen Lachens, so viel Hihi und Haha, daß Orlando dachte, sie müsse aus einem Narrenhaus entkommen sein –, sie sei die Erzherzogin Harriet Griselda von Finster-Aarhorn und Scand-op-Boom in rumänischen Landen. Sie habe vor allem anderen den Wunsch, seine Bekanntschaft zu machen, sagte sie. Sie habe über einem Bäckerladen am Parktor Logis genommen. Sie habe sein Bildnis gesehen, und es sei das genaue Ebenbild einer Schwester von ihr, die – hier lachte sie schallend – seit langem tot sei. Sie besuche den englischen Hof. Die Königin sei ihre Cousine. Der König sei ein ganz prachtvoller Bursche, begebe sich jedoch nur selten nüchtern zu Bett. Hier hihite und hahate sie wieder. Kurzum, es blieb nichts anderes zu tun, als sie ins Haus zu bitten und ihr ein Glas Wein einzuschenken.

Drinnen gewann ihr Verhalten die Hauteur zurück, die einer rumänischen Erzherzogin natürlich ist; und hätte sie nicht eine Kenntnis an Weinen an den Tag gelegt, die bei einer Dame selten ist, und einige Bemerkungen über Feuerwaffen und die Bräuche von Jägern in ihrem Lande gemacht, die recht vernünftig klangen, hätte es der Unterhaltung an Freizügigkeit gemangelt. Zu guter Letzt sprang sie auf die Füße, verkündete, daß sie am nächsten Tag wieder vorsprechen werde, sank in einen weiteren tiefen Knicks und entfernte sich. Am folgenden Tag ritt Orlando aus. Am nächsten kehrte er den Rücken; am dritten zog er seinen Vorhang vor. Am vierten regnete es, und da er eine Dame nicht im Nassen stehenlassen konnte noch ein wenig Gesellschaft völlig abgeneigt war, bat er sie herein und fragte sie nach ihrer Meinung darüber, ob eine Rit-

Erzherzogin Harriet

terrüstung, die einem seiner Vorfahren gehört hatte, die Arbeit von Jacobi oder von Topp sei. Er neige eher zu Topp. Sie vertrat eine andere Meinung – welche, ist nicht weiter wichtig. Aber es ist von einiger Bedeutung für den Verlauf unserer Geschichte, daß die Erzherzogin Harriet, um ihr Argument zu illustrieren, das mit der Verarbeitung der Zwischenstücke zu tun hatte, die goldene Beinschiene nahm und sie an Orlandos Bein befestigte.

Daß er das prachtvollste Paar Beine hatte, auf denen ein Edelmann je aufrecht stand, wurde bereits gesagt.

Vielleicht die Art, wie sie die Knöchelschnalle festzog; oder ihre gebeugte Haltung; oder Orlandos lange Abgeschiedenheit; oder die natürliche Sympathie, die zwischen den Geschlechtern besteht; oder der Burgunder; oder das Feuer – jeder dieser Gründe mag schuld gewesen sein; denn gewiß gibt es Schuld auf der einen oder anderen Seite, wenn ein Edelmann von Orlandos Erziehung, der eine Dame in seinem Haus empfängt, und sie um viele Jahre älter als er, mit einem Gesicht, das eine Elle lang ist, und mit starrenden Augen und dazu noch reichlich lächerlich gekleidet, in Cape und Reitmantel, obwohl die Jahreszeit warm war – Schuld gibt es, wenn solch ein Edelmann so plötzlich und so heftig von etwelcher Leidenschaft überfallen wird, daß er das Zimmer verlassen muß.

Aber was für eine Art Leidenschaft, mag man sehr wohl fragen, könnte dies sein? Und die Antwort ist doppelgesichtig wie die Liebe selbst. Denn die Liebe – doch die Liebe für den Augenblick aus dem Spiel lassend, so war, was sich tatsächlich ereignete, dieses:

Als die Erzherzogin Harriet Griselda sich bückte, um die Schnalle festzuziehen, hörte Orlando, plötzlich und unerklärlich, weit in der Ferne, das Schlagen der Flügel der Liebe. Das ferne Rauschen jenes weichen Gefieders weckte in ihm tausend Erinnerungen an fließende Wasser, an Lieblichkeit im Schnee und Treulosigkeit in der Flut; und das Geräusch kam näher; und er errötete und erzitterte; und er war bewegt, wie er gedacht hatte nie wieder bewegt zu sein; und er war bereit, seine Hände zu heben und den Vogel der Schönheit auf seinen Schultern landen zu lassen, als – o Schreck! – ein krächzendes Geräusch wie das, welches die Krähen von sich geben, wenn sie über den Bäumen taumeln, widerzuhallen begann; die Luft schien dunkel vor groben, schwarzen Flügeln; Stimmen krächzten; Strohhalme, Zweige und Federn fielen herab; und auf seinen Schultern ließ sich der plumpeste und ekelhafteste aller Vögel nieder; welches der Geier ist. Damit hastete er aus dem Gemach und schickte den Lakaien, um die Erzherzogin Harriet zu ihrer Karosse zu geleiten.

Denn die Liebe, zu der wir jetzt zurückkehren können, hat zwei Gesichter; eines weiß, das andere schwarz; zwei Körper; einer glatt, der andere haarig. Sie hat zwei Hände, zwei Füße, zwei Schwänze, zweierlei, in der Tat, von jedem Gliedmaß, und ein jegliches ist das genaue Gegenteil des anderen. Dennoch sind sie so fest zusammengefügt, daß man sie nicht voneinander trennen kann. In diesem Fall begann Orlandos Liebe ihren Flug auf ihn mit dem weißen Gesicht ihm zugekehrt und dem glatten und schönen Körper nach außen gewendet. Näher und näher kam sie, Lüfte des reinsten Entzückens vor sich herwehend. Ganz plötzlich jedoch (wahrscheinlich beim Anblick der Erzherzogin) wandte sie sich abrupt um, drehte sich in die andere Richtung; zeigte sich schwarz, haarig, viehisch; und es war die Wollust, der Geier, nicht die Liebe, der Paradiesvogel, die stinkend und ekelhaft auf seine Schultern plumpste. Deshalb rannte er; deshalb holte er den Lakaien.

Aber die Harpyie läßt sich nicht so einfach vertreiben. Nicht nur logierte die Erzherzogin auch weiterhin beim Bäcker, sondern Orlando wurde Tag und Nacht von Phantomen der ekelhaftesten Art heimgesucht. Vergeblich, so schien es, hatte er sein Haus mit Silber ausstaffiert und die Wände mit Teppichen behängt, wenn sich jeden Augenblick ein kotbesudelter Vogel auf seinem Schreibtisch niederlassen konnte. Dort war er, flatterte zwischen den Stühlen herum; er sah ihn plump und unbeholfen durch die Galerien watscheln. Jetzt hockte er vorderlastig auf einem Kaminschirm. Wenn er ihn hinausjagte, kam er zurück und pickte gegen das Glas, bis es zerbrach.

Derart erkennend, daß sein Heim unbewohnbar war und Schritte ergriffen werden müßten, die Angelegenheit unverzüglich zu beenden, tat er, was jeder andere junge Mann an seiner Stelle getan hätte, und bat König Charles, ihn als Gesandten nach Konstantinopel zu entsenden. Der König erging sich gerade in Whitehall. Nell Gwyn[7] hing an seinem Arm.

Sie bewarf ihn mit Haselnüssen. Es sei eine tausendjährige Schande, seufzte jene amouröse Dame, daß ein solches Paar Beine außer Landes gehen wolle.

Wie dem auch sei, die Schicksalsgöttinnen waren hart; sie konnte nicht mehr tun, als eine einzige Kußhand über die Schulter zu werfen, bevor Orlando fortsegelte.

Kapitel III

Es ist in der Tat überaus schade und sehr zu bedauern, daß wir in dieser Phase von Orlandos Karriere, in der er eine höchst bedeutende Rolle im öffentlichen Leben seines Landes spielte, die wenigsten Informationen haben, an die wir uns halten können. Wir wissen, daß er seinen Verpflichtungen auf bewundernswerte Weise nachkam – zum Beweis seien sein Bath-Orden und seine Herzogswürde genannt. Wir wissen, daß er bei einigen der delikatesten Verhandlungen zwischen König Charles und den Türken die Hand im Spiel hatte – davon legen Verträge im Gewölbe des Record Office Zeugnis ab. Aber die Revolution, die während seiner Amtszeit ausbrach, und das Feuer, das darauf folgte, haben all jene Papiere, aus denen eine verläßliche Aussage hätte gezogen werden können, so beschädigt oder vernichtet, daß alles, was wir bieten können, kläglich unvollständig ist. Oft war das Papier in der Mitte des allerwichtigsten Satzes dunkelbraun versengt. Gerade als wir dachten, ein Geheimnis aufklären zu können, das den Historikern hundert Jahre lang Rätsel aufgegeben hat, war im Manuskript ein so großes Loch, daß man den Finger hätte hindurchstecken können. Wir haben unser Bestes getan, aus den angekohlten Fragmenten, die verblieben sind, eine magere Zusammenfassung zusammenzustückeln; aber oft war es notwendig, zu spekulieren, zu mutmaßen und sogar die Einbildungskraft zu benutzen.

Orlandos Tag wurde, so will es scheinen, ungefähr auf diese Weise verbracht. Gegen sieben Uhr stand er auf, hüllte sich in einen langen türkischen Umhang, zündete sich eine Manila-Zigarre an und stützte die Ellbogen auf die Brüstung. So stand er, auf die unter ihm liegende Stadt hinabblickend, allem Anschein nach wie in Trance. Um diese Stunde lag der Nebel so dicht, daß die Kuppeln der Hagia Sophia und der anderen dahinzutreiben schienen; allmählich fing der Nebel an, sie zu enthüllen; es wurde erkennbar, daß diese Luftblasen fest verankert waren; da war der Fluß; dort die Galata-Brücke; dort die grünbeturbanten Pilger ohne Augen oder Nasen, die um Almosen bettelten; dort die Paria-Hunde, die im

Abfall wühlten; dort die verschleierten Frauen; dort die zahllosen Esel; dort Männer auf Pferden, die lange Stangen trugen. Bald war die ganze Stadt auf den Beinen, begleitet vom Knallen der Peitschen, dem Schlagen der Gongs, den Rufen zum Gebet, dem Prügeln von Maultieren und dem Rattern messingbeschlagener Räder, während säuerliche Gerüche, zusammengesetzt aus gärendem Brot und Weihrauch und Gewürz, bis zu den Höhen von Pera hinaufstiegen und wie der Atem der schreiend vielfarbenen und barbarischen Bevölkerung erschienen.

Nichts, so überlegte er, die Aussicht betrachtend, die nun in der Sonne glitzerte, konnte weniger Ähnlichkeit haben mit den Grafschaften Surrey und Kent oder den Städten London und Tunbridge Wells. Zu seiner Rechten und Linken erhoben sich in kahler und steiniger Schroffheit die unwirtlichen asiatischen Berge, an denen vielleicht die karge Burg des einen oder anderen Räuberhäuptlings klebte; aber Pfarrhaus war keins da, auch nicht Herrenhaus oder Kate oder Eiche, Ulme, Veilchen, Efeu oder Hekkenrose. Es gab keine Hecken, an denen Farne wachsen, und keine Wiesen, auf denen Schafe weiden konnten. Die Häuser waren ebenso weiß wie Eierschalen und ebenso kahl. Daß er, der mit Herz und Seele Engländer war, dennoch bis in die tiefsten Tiefen seines Herzens frohlocken konnte über dieses wilde Panorama und auf diese Pässe und fernen Höhen schauen und schauen und Ausflüge planen konnte, zu Fuß und allein, wo nur die Ziege und der Schäfer vor ihm gegangen waren; eine leidenschaftliche Zuneigung fühlen sollte zu den grellen, unzeitgemäßen Blumen, die struppigen Paria-Hunde sogar mehr lieben sollte als seine Elchhunde zu Hause und den beißenden, scharfen Geruch der Straßen begierig in seine Nase zog, überraschte ihn. Er fragte sich, ob sich zu Zeiten der Kreuzzüge einer seiner Vorfahren mit einer tscherkessischen Bäuerin eingelassen hatte; hielt es für denkbar; glaubte, eine gewisse dunkle Tönung seiner Haut wahrzunehmen; und zog sich, wieder ins Haus tretend, in sein Bad zurück.

Eine Stunde später, gebührend parfümiert, gelockt und gesalbt, empfing er Besuche von Sekretären und anderen hohen Beamten, die, einer nach dem anderen, rote Kästchen trugen, die sich nur seinem eigenen goldenen Schlüssel öffneten. In ihnen befanden sich Papiere von höchster Wichtigkeit, von denen nur Bruchstücke, hier ein Schnörkel, dort ein

Siegel, das fest an einem Stück verbrannter Seide haftet, geblieben sind. Von ihrem Inhalt können wir folglich nicht sprechen, sondern können nur bezeugen, daß Orlando mit seinem Wachs und seinen Siegeln, seinen verschiedenfarbigen Bändern, die jeweils anders befestigt werden mußten, dem Einsetzen von Titeln in Schönschrift und dem Malen von Schnörkeln rund um Initialen sehr beschäftigt war, bis das Mittagessen kam – ein glanzvolles Mahl von vielleicht dreißig Gängen.

Nach dem Mittagessen verkündeten Lakaien, daß seine sechsspännige Kutsche an der Tür bereitstehe, und er machte sich, während purpurne Janitscharen zu Fuß vorauseilten und große Fächer aus Straußenfedern über ihren Köpfen schwenkten, auf den Weg, den anderen Gesandten und staatlichen Würdenträgern seine Aufwartung zu machen. Die Zeremonie war immer die gleiche. Beim Erreichen des Hofes schlugen die Janitscharen mit ihren Fächern an das Hauptportal, das unverzüglich aufflog und einen großen Raum freigab, der prachtvoll eingerichtet war. Hier saßen zwei Gestalten, gewöhnlich von gegensätzlichem Geschlecht. Tiefe Verneigungen und Knickse wurden getauscht. Im ersten Raum war es nur erlaubt, das Wetter zu erwähnen. Nachdem er geäußert hatte, es sei schön oder naß, heiß oder kalt, begab sich der Gesandte in den nächsten Raum, wo sich abermals zwei Gestalten erhoben, um ihn zu begrüßen. Hier war es nur erlaubt, Konstantinopel als Aufenthaltsort mit London zu vergleichen; und der Gesandte sagte natürlich, daß er Konstantinopel vorziehe, und seine Gastgeber sagten natürlich, obwohl sie es nie gesehen hatten, daß sie London vorzögen. Im nächsten Raum mußte der Gesundheitszustand König Charles' und der des Sultans mit einiger Ausführlichkeit erörtert werden. Im nächsten wurde der Gesundheitszustand des Gesandten und der Frau seines Gastgebers erörtert, jedoch weniger ausführlich. Im nächsten machte der Gesandte seinem Gastgeber Komplimente über sein Mobiliar, und der Gastgeber machte dem Gesandten Komplimente über seine Kleidung. Im nächsten wurden Süßigkeiten gereicht, deren Minderwertigkeit der Gastgeber beklagte, während der Gesandte ihre Vorzüglichkeit pries. Die Zeremonie endete nach geraumer Zeit mit dem Rauchen einer Wasserpfeife und dem Trinken eines Glases Kaffee; aber obwohl die Gesten des Rauchens und Trinkens peinlich genau eingehalten wurden, war weder Tabak in der Pfeife noch Kaffee im Glas, da, wären Rauchwaren

Orlando als Gesandter

oder Getränk echt gewesen, der menschliche Körper dem Übermaß erliegen müßte. Denn kaum hatte der Gesandte einen solchen Besuch hinter sich gebracht, mußte schon ein weiterer unternommen werden. Dieselben Zeremonien wurden in genau derselben Reihenfolge sechs- oder siebenmal in den Häusern der anderen hohen Beamten durchlaufen, so daß es oft spätabends war, bevor der Gesandte nach Hause kam. Obwohl Orlando diesen Aufgaben auf bewundernswerte Weise nachkam und niemals leugnete, daß sie, vielleicht, der wichtigste Teil der Pflichten eines Diplomaten sind, ermüdeten sie ihn ohne Zweifel sehr und deprimierten ihn oft bis zu einer derart schwarzen Schwermut, daß er es vorzog, sein Abendessen allein mit seinen Hunden einzunehmen. Zu ihnen konnte man ihn denn in seiner eigenen Sprache sprechen hören. Und manchmal, so heißt es, ging er spät in der Nacht durch seine eigenen Tore hinaus, so verkleidet, daß die Wachtposten ihn nicht erkannten. Dann mischte er sich unter die Menge auf der Galata-Brücke; oder schlenderte durch die Basare; oder warf seine Schuhe beiseite und gesellte sich zu den Gläubigen in den Moscheen. Einmal, als ausgegeben wurde, er sei an einem Fieber erkrankt, berichteten Hirten, die ihre Ziegen zu Markte brachten, sie seien auf dem Berggipfel einem englischen Lord begegnet und hätten ihn zu seinem Gott beten hören. Hier handelte es sich, so glaubte man, um Orlando selbst, und sein Gebet war, ohne Zweifel, ein laut aufgesagtes Gedicht, denn es war bekannt, daß er immer noch, in der Brusttasche seines Umhangs, ein vielmals durchgestrichenes Manuskript mit sich trug; und Dienstboten, die an der Tür lauschten, hörten den Gesandten irgend etwas in einer seltsamen Singsangstimme intonieren, wenn er allein war.

Mit Bruchstücken wie diesen müssen wir unser Bestes versuchen, ein Bild von Orlandos Leben und Charakter zu dieser Zeit zu zeichnen. Es existieren, bis zum heutigen Tag, Gerüchte, Legenden, Anekdoten von unbestimmter und unverbürgter Art über Orlandos Leben in Konstantinopel (wir haben nur einige wenige davon zitiert) – die dahin gehen zu beweisen, daß er, nun er sich in der Blüte seiner Jahre befand, die Macht besaß, die Phantasie anzuregen und das Auge zu fesseln, was beides eine Erinnerung auch dann noch lebendig erhält, wenn alles, was dauerhaftere Wesensmerkmale tun können, um sie zu bewahren, längst vergessen ist. Diese Macht ist eine geheimnisvolle, zusammengesetzt aus Schönheit, Geburt und einer selteneren Gabe, die wir vielleicht Glanz nennen und es damit bewenden lassen wollen. »Eine Million Kerzen«, wie Sascha gesagt hatte, brannte in ihm, ohne daß er sich die Mühe machen mußte, auch nur eine einzige davon anzuzünden. Er bewegte sich wie ein Hirsch, ohne jede Not, dabei an seine Beine denken zu müssen. Er sprach mit seiner gewöhnlichen Stimme, und das Echo schlug einen silbernen Gong. Daher sammelten sich Gerüchte um ihn. Er wurde zu einem, den viele Frauen und einige Männer anbeteten. Es war nicht notwendig, daß sie mit ihm sprachen oder daß sie ihn auch nur sahen; sie beschworen vor ihrem inneren Auge, vor allem wenn die Szenerie romantisch war oder die Sonne unterging, die Gestalt eines edlen Gentleman in seidenen Strümpfen herauf. Über die Armen und Ungebildeten besaß er dieselbe Macht wie über die Reichen. Hirten, Zigeuner, Eselstreiber singen immer noch Lieder über den englischen Lord, »der seine Smaragde in den Brunnen warf«, die sich ohne Zweifel auf Orlando beziehen, der sich einmal, wie es scheint, in einem Augenblick des Zorns oder des Rausches die Juwelen vom Leib riß und in einen Brunnen schleuderte; aus dem sie von einem Pagen wieder herausgefischt wurden. Aber diese romantische Macht ist, wie wohl bekannt, oft verbunden mit einem Naturell von äußerster Zurückhaltung. Orlando scheint keine Freundschaften geschlossen zu haben. Soweit bekannt, ging er keine Bindungen ein. Eine gewisse vornehme Dame kam den ganzen Weg von England, nur um in seiner Nähe zu sein, und belästigte ihn mit ihren Aufmerksamkeiten, er aber fuhr fort, seine Pflichten so unermüdlich zu erfüllen, daß er nicht länger als zwei Jahre und ein halbes Gesandter am Horn gewesen war, als König Charles seine Absicht verlauten ließ, ihn in den höchsten Rang der Pairswürde zu erheben. Die Neider sagten, es sei dies Nell Gwyns Tribut an die Erinnerung an ein Bein. Aber da sie ihn nur ein einziges Mal gesehen hatte und zu diesem Zeitpunkt sehr damit beschäftigt war, ihren königlichen Herrn und Meister mit Nußschalen zu bewerfen, ist es wahrscheinlich, daß es seine Verdienste waren, die ihm seine Herzogswürde einbrachten, nicht seine Waden.

Hier müssen wir innehalten, denn wir haben einen Augenblick von großer Bedeutung in seiner Laufbahn erreicht. Denn die Verleihung der Herzogswürde war Anlaß eines sehr berühmten und, in der Tat, vielumstrittenen Vorfalls, den wir jetzt beschreiben müssen, wobei wir uns unseren Weg so gut wir eben können zwischen verbrannten Papieren und kleinen Dokumentenschnipseln ertasten müssen. Es war am Ende des großen Fastens des Ramadan, daß der Bath-Orden und das Adelspatent mit einer Fregatte unter dem Kommando von Sir Adrian Scrope eintrafen; und Orlando nahm dies zum Anlaß für ein Fest, prachtvoller als alles, was Konstantinopel zuvor oder seither erlebte. Die Nacht war schön; die Menge riesig und die Fenster der Gesandtschaft strahlend hell erleuchtet. Wiederum fehlen uns die Details, denn das Feuer verfuhr mit allen derartigen Unterlagen, wie es ihm beliebte, und ließ nur quälende Bruchstücke übrig, die die wichtigsten Punkte im dunkeln lassen. Dem Tagebuch von John Fenner Brigge, einem englischen Marineoffizier, der sich unter den Gästen befand, entnehmen wir jedoch, daß Menschen aller Nationalitäten im Hof »zusammengepackt waren wie Heringe in einem Faß«. Die Menge drängte sich so unangenehm dicht, daß Brigge bald auf einen Judasbaum kletterte, um die Vorgänge besser beobachten zu können. Unter den Einheimischen hatte sich das Gerücht verbreitet (und hier ist ein zusätzlicher Beweis für Orlandos geheimnisvolle Macht über die Vorstellungskraft), daß irgendeine Art von Mirakel stattfinden würde. »Deshalb gab es«, schreibt Brigge (aber sein Manuskript ist voller Brandflecke und Löcher, und einige Sätze sind so gut wie unleserlich), »als die Raketen anfingen, in die Luft zu steigen, eine beträchtliche Besorgnis unter uns, aus Angst, die einheimische Bevölkerung könnte ergriffen werden ... mit unerfreulichen Folgen für alle ... englische Damen in der Gesellschaft ... gestehe ich ein, daß meine Hand sich auf mein Entermesser legte. Zum Glück«, fährt er in seinem etwas langatmigen Stil fort, »schienen diese Befürchtungen, für den Augenblick, grundlos, und das Verhalten der Einheimischen beobachtend ... kam ich zu dem Schluß, daß diese Demonstration unserer Geschicklichkeit in der Kunst der Pyrotechnik wertvoll war, wenn auch nur, weil sie ihnen eindringlich ... die Überlegenheit der britischen ... In der Tat war der Anblick einer von unbeschreiblicher Pracht. Ich bemerkte, daß ich abwechselnd dem Herrn dafür dankte, daß er mir erlaubt hatte ... und mir wünschte, meine arme, teure Mutter ... Auf Anweisung des Gesandten waren die hohen Fenster, die ein so beeindruckendes Merkmal östlicher Architektur sind, denn wenn auch in vieler

Hinsicht unwissend ... weit geöffnet; und im Innern konnten wir ein Tableau vivant oder eine Theatervorführung sehen, worin englische Damen und Herren ... ein Maskenspiel aufführten von einem gewissen ... Die Worte waren nicht vernehmbar, aber der Anblick so vieler unserer Landsleute, männlichen und weiblichen Geschlechts, mit höchster Eleganz und Erlesenheit gekleidet ... rührte mich zu Gefühlen, deren ich mich gewißlich nicht schäme, wenn ich auch unfähig bin ... Ich war damit beschäftigt, das erstaunliche Verhalten von Lady —— zu beobachten, das von einer Art war, aller Augen auf sich zu ziehen, und angetan, Schande über ihr Geschlecht und über ihr Land zu bringen, als« – unglücklicherweise ein Ast des Judasbaumes brach und Lieutenant Brigge zu Boden stürzte, und der Rest der Eintragung verzeichnet nur seine Dankbarkeit der Vorsehung gegenüber (die eine große Rolle in seinem Tagebuch spielt) und die genaue Art seiner Verletzungen.

Zum Glück sah Miss Penelope Hartopp, die Tochter des gleichnamigen Generals, die Szene von innen und setzt die Erzählung in einem ebenfalls sehr beschädigten Brief fort, der zu guter Letzt eine Freundin in Tunbridge Wells erreichte. Miss Penelope war nicht weniger verschwenderisch in ihrer Begeisterung als der galante Offizier. »Hinreißend«, ruft sie zehnmal auf einer Seite aus, »wundervoll ... über jede Beschreibung erhaben ... goldenes Geschirr ... Kandelaber ... Neger in plüschenen Breeches ... Pyramiden aus Eis ... Fontänen von Würzwein ... Süßspeisen in der Form der Schiffe seiner Majestät ... Schwäne in der Form von Wasserlilien ... Vögel in goldenen Käfigen ... Herren in geschlitztem karmesinrotem Samt ... der Kopfputz der Damen *mindestens* sechs Fuß hoch ... Spieldosen ... Mr Peregrine sagte, ich sehe *wunderschön* aus, was ich nur Dir gegenüber wiederhole, meine Liebste, weil ich weiß ... Oh! wie ich mich nach Euch allen gesehnt habe! ... übertraf alles, was wir auf den Pantiles[8] gesehen haben ... Ozeane an Getränken ... manche Herren allzu hingegeben ... Lady Betty hinreißend ... Die arme Lady Bonham beging den unglückseligen Fehler, sich zu setzen, ohne einen Stuhl unter sich zu haben ... Herren alle sehr galant ... habe mir tausendmal gewünscht, Du und die liebste Betsy wären da ... Aber *der* Anblick von allen, der Anziehungspunkt aller Augen ... wie alle zugaben, denn keiner könnte so schnöde sein, es zu leugnen, war der Gesandte selbst.

Welch ein Bein! Welch eine Haltung! Welch ein fürstliches Gebaren!!! Zu sehen, wie er ein Zimmer betritt! Zu sehen, wie er es wieder verläßt! Und etwas *Interessantes* im Ausdruck, so daß man fühlt, man weiß kaum wieso, daß er *gelitten* hat. Es heißt, eine Dame sei der Anlaß gewesen. Das herzlose Ungeheuer!!! Wie kann eine von unserem *angeblich zarten Geschlecht* die Frechheit besitzen!!! Er ist unverheiratet, und die Hälfte der Damen am Ort sind völlig vernarrt in ihn ... Tausend und abertausend Küsse an Tom, Gerry, Peter und die liebste Mew« [vermutlich ihre Katze].

Der Gazette der damaligen Zeit entnehmen wir, daß »als die Uhr zwölf schlug, der Gesandte auf dem mittleren Balkon erschien, der mit unbezahlbaren Teppichen behangen war. Sechs Türken von der Kaiserlichen Leibgarde, jeder von ihnen über sechs Fuß groß, hielten rechts und links von ihm Fackeln. Raketen schossen bei seinem Erscheinen in die Luft, und ein lauter Schrei stieg von den Menschen auf, den der Gesandte entgegennahm, indem er sich tief verneigte und ein paar Worte des Dankes in der türkischen Sprache sagte, die fließend zu sprechen eine seiner Fertigkeiten war. Als nächstes trat Sir Adrian Scrope in der Galauniform eines britischen Admirals vor; der Gesandte beugte ein Knie; der Admiral legte das Halsband des Höchst Edlen Ordens von Bath um seinen Hals und heftete ihm dann den Stern an die Brust; woraufhin ein anderer Gentleman aus dem diplomatischen Corps, der sich mit majestätischem Schritt näherte, ihm die herzogliche Robe um die Schultern legte und ihm auf einem karmesinroten Kissen die herzogliche Krone darreichte.«

Mit einer Geste von außergewöhnlicher Majestät und Anmut, sich zuerst tief verneigend und dann stolz und hoch aufrichtend, nahm Orlando den goldenen Reif aus Erdbeerblättern und drückte ihn sich mit einer Geste, die niemand, der sie sah, je vergaß, auf die Stirn. Es war in diesem Augenblick, daß der erste Tumult begann. Entweder hatten die Leute ein Mirakel erwartet – manche sagen, ein Regen aus Gold vom Himmel sei prophezeit gewesen –, das nicht eintrat, oder dies war das ausgemachte Signal für den Beginn der Attacke; niemand scheint es zu wissen; aber als die Krone auf Orlandos Stirn gedrückt war, erhob sich ein lautes Geschrei. Glocken fingen an zu läuten; die heiseren Rufe der Propheten waren über die Schreie der Menge hinweg zu hören; viele Türken warfen sich flach auf die Erde und berührten den Boden mit der Stirn. Eine Tür sprang auf.

Die Einheimischen drängten in die Bankettsäle. Frauen schrien. Eine gewisse Dame, von der es hieß, sie verzehre sich in Liebe zu Orlando, packte einen Kandelaber und schleuderte ihn zu Boden. Was nicht alles noch geschehen wäre, hätte es Sir Adrian Scrope und einen Zug britischer Blaujakken nicht gegeben, kann niemand sagen. Aber der Admiral befahl, in die Hörner zu stoßen; hundert Blaujacken standen unverzüglich stramm; der Aufruhr wurde unterdrückt, und Ruhe legte sich, zumindest für den Augenblick, über die Szene.

So weit befinden wir uns auf dem festen, wenn auch recht schmalen Boden der erwiesenen Wahrheit. Doch niemand hat je genau erfahren, was sich später in jener Nacht ereignete. Die Aussagen der Wachtposten und anderer scheinen jedoch zu beweisen, daß die Gesandtschaft um zwei Uhr morgens von Besuchern leer und in der üblichen Weise für die Nacht verschlossen war. Der Gesandte wurde gesehen, wie er in sein Zimmer ging, immer noch in den Insignien seines Rangs, und die Tür schloß. Manche sagen, er habe sie verschlossen, was gegen seine Gewohnheit war. Andere behaupten, sie hätten später in jener Nacht im Hof unter dem Fenster des Gesandten eine einfache, ländliche Musik gehört, so wie Hirten sie spielen. Eine Wäscherin, die vor Zahnschmerzen nicht schlafen konnte, sagte, sie hätte die Gestalt eines Mannes gesehen, eingehüllt in einen Umhang oder Morgenrock, die auf den Balkon hinaustrat. Dann, sagte sie, sei eine Frau, tief vermummt, aber offensichtlich aus dem Bauernstand, mit Hilfe eines Seils, das der Mann ihr hinunterließ, auf den Balkon hinaufgezogen worden. Dort, sagte die Wäscherin, umarmten sie sich leidenschaftlich, »wie Liebende«, und gingen mitsammen ins Zimmer hinein und zogen die Vorhänge zu, so daß nichts weiter zu sehen war.

Am nächsten Morgen wurde der Herzog, wie wir ihn jetzt nennen müssen, von seinen Sekretären im tiefen Schlaf inmitten von Decken und Laken vorgefunden, die sehr zerwühlt waren. Das Zimmer befand sich in einiger Unordnung, seine Krone war auf den Boden gerollt, und sein Umhang und sein Hosenbandorden lagen zerknäult auf einem Sessel. Der Tisch war mit Papieren übersät. Zunächst wurde kein Verdacht geschöpft, da die Ermüdungen der Nacht groß gewesen waren. Aber als der Nachmittag kam und er immer noch schlief, wurde ein Arzt gerufen. Er verabreichte Mittel, die schon bei der vorherigen Gelegenheit angewendet worden waren, Pflaster, Nesseln, Brechmittel etc., aber ohne Erfolg. Orlando schlief weiter. Seine Sekretäre hielten es nun für ihre Pflicht, die Papiere auf dem Tisch zu untersuchen. Viele waren mit Versen bekritzelt, in denen einer Eiche häufig Erwähnung getan wurde. Außerdem gab es diverse Staatspapiere und andere privater Natur, die die Verwaltung seiner Ländereien in England betrafen. Aber schließlich stießen sie auf ein Dokument von weit größerer Bedeutung. Es war in der Tat nichts Geringeres als ein Heiratskontrakt, aufgesetzt, unterzeichnet und bezeugt, zwischen seiner Lordschaft, Orlando, Ritter des Hosenbandordens etc., etc., etc. und Rosina Pepita, Tänzerin, Vater unbekannt, jedoch mutmaßlich Zigeuner, Mutter ebenfalls unbekannt, jedoch mutmaßlich Verkäuferin von Alteisen auf dem Marktplatz an der Galata-Brücke. Die Sekretäre sahen einander voller Entsetzen an. Und immer noch schlief Orlando. Am Morgen und am Abend wachten sie, aber abgesehen davon, daß sein Atem regelmäßig ging und seine Wangen noch immer ihre übliche tiefrote Tönung besaßen, gab er kein Lebenszeichen von sich. Was immer Wissenschaft oder Einfallsreichtum tun konnten, ihn zu wecken, wurde getan. Aber noch immer schlief er.

Am siebenten Tag seiner Trance (Donnerstag, dem 10. Mai) wurde der erste Schuß jener schrecklichen und blutigen Erhebung abgefeuert, deren erste Anzeichen Lieutenant Brigge entdeckt hatte. Die Türken erhoben sich gegen den Sultan, setzten die Stadt in Brand und gaben jedem Ausländer, den sie finden konnten, entweder das Schwert oder die Bastonade zu schmecken. Ein paar wenigen Engländern gelang die Flucht; doch die Herren von der britischen Gesandtschaft zogen es, wie nicht anders zu erwarten war, vor, in Verteidigung ihrer roten Kästchen zu sterben oder, in extremen Fällen, Schlüsselbunde zu verschlucken, statt sie in die Hände der Ungläubigen fallen zu lassen. Die Aufständischen brachen in Orlandos Zimmer ein, da sie ihn jedoch allem Anschein nach tot ausgestreckt liegen sahen, ließen sie ihn unangetastet und beraubten ihn nur seiner Krone und der Roben des Hosenbandordens.

Und nun senkt die Dunkelheit sich abermals herab, und wie wir uns wünschten, sie wäre tiefer! Wie wir uns wünschten, ist es uns fast ein Herzensbedürfnis zu rufen, sie wäre so tief, daß wir nichts, absolut nichts durch ihre Undurchsichtigkeit hindurch zu sehen vermöchten! Wie wir uns wünschten, wir könnten an dieser Stelle die Feder nehmen und Finis unter unser Werk schreiben! Wie wir uns wünschten, wir könnten dem Leser das Kommende ersparen und kurz und bündig sagen, Orlando sei gestorben und begraben worden. Aber ach, hier jedoch rufen die Wahrheit, die Aufrichtigkeit und die Ehrlichkeit, diese herben Gottheiten, die am Tintenfaß des Biographen Wache halten, Nein! Ihre silbernen Trompeten an die Lippen hebend, verlangen sie mit einer einzigen Fanfare, Wahrheit! Und wieder rufen sie, Wahrheit! und noch ein drittes Mal wie aus einem Munde ihren Schall erklingen lassend, schmettern sie heraus, Die Wahrheit und nichts als die Wahrheit!

Woraufhin – dem Himmel sei Dank! denn es verschafft uns eine Atempause – sich die Türen sanft öffnen, als hätte der Odem des sanftesten und heiligsten Zephyrs sie auseinander gehaucht, und drei Gestalten eintreten. Als erste kommt Unsere Liebe Frau der Reinheit; deren Stirn mit Bändern aus weißester Lammwolle umwunden ist; deren Haar wie eine Lawine ist aus getriebenem Schnee; und in deren Hand die weiße Kielfeder einer jungfräulichen Gans ruht. Ihr folgend, aber mit majestätischerem Schritt, kommt Unsere Liebe Frau der Keuschheit; auf deren Stirn wie ein Turm aus brennendem, aber nie vergehendem Feuer ein Diadem aus Eiszapfen sitzt; ihre Augen sind klare Sterne, und ihre Finger, wenn sie einen berühren, lassen einen bis ins Mark gefrieren. Dicht hinter ihr, in der Tat Schutz suchend im Schatten ihrer majestätischeren Schwestern, kommt Unsere Liebe Frau der Sittsamkeit, zarteste und schönste der drei; deren Gesicht sich nur zeigt, wie der junge Mond sich zeigt, wenn er schmal und sichelförmig und halb hinter Wolken verborgen ist. Jede von ihnen tritt in die Mitte des Raumes, darin Orlando immer noch schlafend liegt; und mit Gesten, die gleichzeitig fürbittend und befehlend sind, ergreift *Unsere Liebe Frau der Reinheit* als erste das Wort:

»Ich bin die Wächterin über das schlafende Rehkitz; der Schnee ist mir teuer; und der aufgehende Mond; und die silberne See. Mit meinen Gewändern decke ich die gesprenkelten Eier der Glucke und die gefleckte Meeresmuschel; ich decke Laster und Armut. Über alle Dinge, die zerbrechlich oder dunkel oder zweifelhaft sind, senkt sich mein Schleier. Daher sprich nicht, enthülle nicht. Verschone, o verschone!«

Hier schmettern die Trompeten.

»Reinheit, von hinnen! Hebe dich hinweg, Reinheit!«

Dann spricht *Unsere Liebe Frau der Keuschheit*:

»Ich bin die, deren Berührung gefrieren macht und deren Blick in Stein verwandelt. Ich habe den Stern in seinem Tanz aufgehalten, und die Welle in ihrem Sturz. Die höchsten Alpen sind mein Wohnort; und wenn ich gehe, zucken Blitze in meinem Haar; wohin meine Blicke fallen, töten sie. Ehe ich zulasse, daß Orlando erwacht, lasse ich ihn bis ins Mark gefrieren. Verschone, o verschone!«

Hier schmettern die Trompeten.

»Keuschheit, von hinnen! Hebe dich hinweg, Keuschheit!«

Dann spricht *Unsere Liebe Frau der Sittsamkeit*, so leise, daß man sie kaum hört:

»Ich bin die, die die Menschen Sittsamkeit nennen. Jungfrau bin ich und werde es immerdar sein. Nicht für mich die fruchtbaren Felder und die ertragreichen Weinberge. Wachstum ist mir verhaßt; und wenn die Äpfel knospen oder die Herden trächtig sind, laufe ich davon, davon; ich lasse meinen Mantel fallen. Mein Haar verdeckt meine Augen. Ich sehe nicht. Verschone, o verschone!«

Wieder schmettern die Trompeten:

»Sittsamkeit, von hinnen! Hebe dich hinweg, Sittsamkeit!«

Mit Gesten des Kummers und der Klage reichen die drei Schwestern sich jetzt die Hände und tanzen langsam, wobei sie ihre Schleier schwingen und singen:

»Komm nicht heraus aus deiner gräßlichen Höhle, Wahrheit. Verbirg dich tiefer, furchtgebietende Wahrheit. Denn du stellst hochfahrend im brutalen Blick der Sonne Dinge zur Schau, die besser unbekannt und ungetan wären; du entschleierst das Beschämende; das Dunkle machst du hell, Verbirg dich! Verbirg dich! Verbirg dich!«

Hier machen sie Anstalten, als wollten sie Orlando mit ihren Gewändern zudecken. Die Trompeten schmettern während dessen noch immer.

»Die Wahrheit, und nichts als die Wahrheit!«

Daraufhin versuchen die Schwestern, ihre Schleier über die Schallöffnungen der Trompeten zu decken, wie um sie zu dämpfen, aber vergeblich, denn jetzt schmettern alle Trompeten auf einmal,

»Gräßliche Schwestern, hinweg!«

Die Schwestern geraten außer sich und jammern wie mit einer Stimme, immer noch im Kreis herumgehend und ihre Schleier auf und nieder schwingend.

»Es ist nicht immer so gewesen! Doch die Männer wollen uns nicht länger; die Frauen verabscheuen uns. Wir gehen, wir gehen. Ich (*dies sagt die Reinheit*) in den Hühnerstall. Ich (*dies sagt die Keuschheit*) auf die noch ungeschändeten Höhen von Surrey. Ich (*dies sagt die Sittsamkeit*) in irgendeine lauschige Nische, wo es Efeu und Vorhänge im Überfluß gibt.«

»Denn dort, nicht hier (sprechen alle zusammen, sich die Hände reichend und Gesten des Abschieds und der Verzweiflung zum Bett hinüber machend, auf dem Orlando schlafend liegt), wohnen immer noch in Nest und Boudoir, in Amt und Gerichtshof, jene, die uns lieben; jene, die uns ehren, Jungfrauen und Geschäftsleute; Anwälte und Ärzte; jene, die verbieten; jene, die leugnen; jene, die verehren, ohne zu wissen warum; jene, die preisen, ohne zu verstehen; der noch immer sehr zahlreiche (der Himmel sei gepriesen) Schlag der Ehrbaren; die es vorziehen, nicht zu sehen; nicht zu wissen begehren; die Dunkelheit lieben; jene beten uns noch an, und mit gutem Grund; denn wir haben ihnen Wohlstand, Ansehen, Bequemlichkeit und Behagen gegeben. Zu ihnen gehen wir, dich verlassen wir. Kommt, Schwestern, kommt! Dies hier ist kein Ort für uns.«

Sie ziehen sich hastig zurück, lassen ihre Gewänder über ihren Köpfen wehen, wie um etwas abzuwehren, das sie nicht anzublicken wagen, und schließen die Tür hinter sich.

Wir bleiben daher ganz allein mit dem schlafenden Orlando und den Trompetern im Zimmer zurück. Die Trompeter stellen sich nebeneinander in einer Reihe auf und lassen einen gewaltigen Fanfarenstoß erschallen: –

»DIE WAHRHEIT!«

woraufhin Orlando erwachte.

Er streckte sich. Er erhob sich. Er stand aufrecht in völliger Nacktheit vor uns, und während die Trompeten Wahrheit! Wahrheit! Wahrheit! schmettern, bleibt uns keine Wahl, als zu gestehen – er war eine Frau.

* * * * *

Der Klang der Trompeten erstarb, und Orlando stand splitternackt da. Kein menschliches Wesen, seit Anbeginn der Welt, sah je hinreißender aus. Seine Gestalt vereinigte in sich die Kraft eines Mannes und die Anmut einer Frau. Während er da stand, verlängerten die silbernen Trompeten ihren Ton, als zögerten sie, den lieblichen Anblick zu lassen, den ihre Fanfare hervorgerufen hatte; und Keuschheit, Reinheit und Sittsamkeit, zweifellos von der Neugier getrieben, spähten durch die Tür und warfen ein Kleidungsstück wie ein Handtuch nach der nackten Gestalt, welches jedoch, unglücklicherweise, mehrere Zoll davor zu Boden fiel. Orlando betrachtete sich von Kopf bis Fuß in einem hohen Spiegel, ohne auch nur die geringste Spur von Fassungslosigkeit zu zeigen, und ging, vermutlich, in sein Bad.

Wir mögen uns diese Unterbrechung der Erzählung zunutze machen, um gewisse Feststellungen zu treffen. Orlando war eine Frau geworden – das ist nicht zu leugnen. Aber in jeder anderen Hinsicht blieb Orlando genauso, wie er gewesen war. Der Wechsel des Geschlechts, wenn er auch die Zukunft der beiden änderte, tat nicht das geringste, ihre Identität zu ändern. Ihre Gesichter blieben, wie ihre Porträts beweisen, praktisch dieselben. Seine Erinnerung – aber in Zukunft müssen wir der Konvention zuliebe »ihre« statt »seine« und »sie« statt »er« sagen –, ihre Erinnerung also reichte durch alle Ereignisse ihres bisherigen Lebens zurück, ohne auf ein Hindernis zu stoßen. Eine leichte Diesigkeit mag es gegeben haben, als seien einige dunkle Tropfen in den klaren Teich der Erinnerung gefallen; gewisse Dinge waren ein wenig verschwommen geworden; aber das war alles. Der Wechsel schien sich schmerzlos und vollständig und auf eine Art vollzogen zu haben, daß Orlando selbst keine Überraschung darüber zeigte. Dies berücksichtigend und mit der Behauptung, ein solcher Wechsel des Geschlechts widerspreche der Natur, haben viele Menschen keine Mühen gescheut, zu beweisen, 1.) daß Orlando immer eine Frau gewesen sei, 2.) daß Orlando auch in diesem Augenblick ein Mann sei. Sollen Biologen und Psychologen dies entscheiden. Für uns genügt es, die schlichte Tatsache festzuhalten; Orlando war ein Mann bis zum Alter von dreißig Jahren; als er eine Frau wurde und es seitdem geblieben ist.

Doch mögen andere Federn sich mit Geschlecht und Geschlechtlichkeit befassen; wir verlassen derart odiose Themen, sobald wir können. Orlando hatte sich jetzt gewaschen und sich in jene türkischen Jacken und Hosen gekleidet, die unterschiedslos von beiden Geschlechtern getragen werden können; und war gezwungen, ihre Lage zu überdenken. Daß sie über die Maßen gefährlich und befremdlich war, muß der erste Gedanke eines jeden Lesers sein, der ihrer Geschichte mit Anteilnahme gefolgt ist. Jung, adlig, schön, war sie aufgewacht, um sich in einer Situation wiederzufinden, wie wir uns keine heiklere für eine junge Dame von Stand vorstellen können. Wir hätten ihr keinen Vorwurf gemacht, hätte sie geklingelt oder geschrien oder wäre sie in Ohnmacht gefallen. Aber Orlando zeigte keine derartigen Zeichen der Verstörung. All ihre Handlungen waren über die Maßen überlegt, und man hätte meinen können, sie zeigten Zeichen von Vorbedacht. Zunächst sah sie die Papiere auf dem Tisch sorgfältig durch; nahm jene, die in Versform geschrieben schienen, an sich, und verbarg sie an ihrer Brust; als nächstes rief sie ihren Seleukidenhund zu sich, der all diese Tage nicht von ihrem Bett gewichen war, obwohl er vor Hunger fast gestorben wäre, fütterte und kämmte ihn; steckte dann zwei Pistolen in ihren Gürtel; wand dann um ihren Leib mehrere Schnüre von Smaragden und Perlen von feinstem Glanz, die zu ihrer Ausstattung als Gesandter gehört hatten. Als dies erledigt war, beugte sie sich aus dem Fenster, stieß einen leisen Pfiff aus und stieg die zertrümmerte und blutbesudelte Treppe hinunter, die nun mit dem Abfall aus Papierkörben, mit Verträgen, Depeschen, Siegeln, Siegellack etc. übersät war, und betrat so den Hof. Dort, im Schatten eines riesigen Feigenbaums, wartete ein alter Zigeuner auf einem Esel. Er führte einen weiteren am Zügel. Orlando schwang ihr Bein darüber; und auf diese Weise, gefolgt von einem mageren Hund, auf einem Esel reitend, in Begleitung eines Zigeuners, verließ der Gesandte Großbritanniens am Hofe des Sultans Konstantinopel.

Sie ritten mehrere Tage und Nächte und begegneten einer Vielzahl von Abenteuern, manche davon von Menschenhand verursacht, manche von der Natur, in denen allen Orlando ihren Mut unter Beweis stellte. Binnen einer Woche erreichten sie die Höhen vor Brussa, welche damals der Hauptlagerplatz des Zigeunerstammes waren, dem Orlando sich angeschlossen hatte. Oft hatte sie von ihrem Balkon in der Gesandtschaft zu diesen Bergen hinübergeschaut; hatte sich oft danach gesehnt, dort zu sein; und sich dort wiederzufinden, wohin man sich immer gesehnt hat, gibt einem meditativ veranlagten Geist Stoff zum Nachdenken. Eine geraume Zeit jedoch war sie zu erfreut über den Wechsel, um ihn durch Denken zu verderben. Das Vergnügen, keine Dokumente siegeln oder unterzeichnen, keine Schnörkel malen, keine Besuche abstatten zu müssen, war genug. Die Zigeuner folgten dem Gras; wenn es abgeweidet war, zogen sie weiter. Sie wusch sich in Bächen, wenn sie sich überhaupt wusch; keine Kästchen, rot, blau oder grün, wurden ihr vorgelegt; im ganzen Lager gab es keinen einzigen Schlüssel, geschweige denn einen goldenen; und was das »Besuche Abstatten« anging, so war das Wort unbekannt. Sie melkte die Ziegen; sie sammelte Reisig; sie stahl hin und wieder ein Hühnerei, legte aber immer eine Münze oder eine Perle an seine Stelle; sie hütete das Vieh; sie streifte Weinstöcke kahl; sie stampfte die Traube; sie füllte den Schlauch aus Ziegenhaut und trank daraus; und wenn sie sich erinnerte, daß sie ungefähr um diese Tageszeit die Gesten des Trinkens und des Rauchens mit einer leeren Kaffeetasse und einer Pfeife, der der Tabak fehlte, hätte vollführen sollen, lachte sie laut auf, schnitt sich noch einen Kanten Brot und erbettelte sich einen Zug aus der Pfeife des alten Rustum, wenn sie auch mit Kuhmist gestopft war.

Die Zigeuner, mit denen sie ganz offensichtlich schon vor der Revolution in geheimer Verbindung gestanden haben muß, scheinen sie als eine der Ihren angesehen zu haben (was immer das höchste Kompliment ist, das ein Volk einem machen kann), und ihre dunklen Haare und ihre dunkle Haut bestätigten den Glauben, daß sie von Geburt eine der Ihren und von einem englischen Herzog, als sie noch ein Baby war, aus einem Nußbaum gestohlen und in jenes barbarische Land gebracht worden sei, in dem die Menschen in Häusern leben, weil sie zu schwach und zu krank sind, um die frische Luft ertragen zu können. Daher waren sie, obwohl sie ihnen in vieler Hinsicht unterlegen war, bereit, ihr zu helfen, ihnen ähnlicher zu werden, lehrten sie ihre Kunst der Käseherstellung und des Korbflechtens, ihre Wissenschaft des Stehlens und des Vogelstellens, und waren sogar bereit, eine Heirat zwischen ihr und einem der Ihren in Erwägung zu ziehen.

Aber Orlando hatte sich in England einige der Gewohnheiten oder Krankheiten (wie auch immer man es ansehen will) zugezogen, die sich, wie es scheint, nicht austreiben lassen. Eines Abends, als sie alle um das

Lagerfeuer saßen und die Sonne über den thessalischen Hügeln glühte, rief Orlando aus:

»Wie gut zu essen!«

(Die Zigeuner haben kein Wort für »schön«. Dies ist das nächste.)

Alle jungen Männer und Frauen brachen in schallendes Gelächter aus. Der Himmel gut zu essen, also wirklich! Die Älteren jedoch, die mehr Fremde gesehen hatten als sie, wurden mißtrauisch. Sie bemerkten, daß Orlando oft ganze Stunden saß, ohne auch nur das Geringste zu tun, außer hierhin und dann dorthin zu schauen; sie begegneten ihr auf irgendeinem Hügel, wo sie geradeaus vor sich hinstarrte, egal ob die Ziegen grasten oder sich verirrten. Sie fingen an zu argwöhnen, daß sie an anderes glaubte als sie selbst, und die älteren Männer und Frauen hielten es für wahrscheinlich, daß sie in die Fänge der niederträchtigsten und grausamsten aller Gottheiten geraten war, die der Natur. Auch war ihre Vermutung kaum falsch. Die englische Krankheit, eine Liebe zur Natur, war ihr angeboren, und hier, wo die Natur so viel größer und mächtiger war als in England, fiel sie ihr in die Hände wie nie zuvor. Die Krankheit ist nur allzu bekannt und wurde, leider Gottes, allzu oft geschildert, als daß sie erneut geschildert werden müßte, außer in aller Kürze. Da waren Berge; da waren Täler; da waren Bäche. Sie stieg auf die Berge; durchstreifte die Täler; saß an den Ufern der Bäche. Sie verglich die Hügel mit Wällen, mit den Brüsten von Tauben und den Flanken von Kühen. Sie verglich die Blumen mit Email und das Gras mit abgetretenen türkischen Teppichen. Bäume waren vertrocknete Hexen, und Schafe waren graue Felsbrocken. Alles war tatsächlich etwas anderes. Sie fand den Bergsee auf dem Gipfel und stürzte sich fast hinein, um die Weisheit zu suchen, die sie darin verborgen glaubte; und als sie, vom Gipfel, in der weiten Ferne, über das Marmarameer hinweg, die Ebenen Griechenlands erblickte und (ihre Augen waren bewundernswert) die Akropolis ausmachte, mit einem weißen Streifen oder zweien, die, so dachte sie, der Parthenon sein müßten, weitete sich ihre Seele mit ihren Augäpfeln, und sie betete darum, die Majestät der Berge teilen zu können, die heitere Ruhe der Ebenen kennenlernen zu dürfen etc. etc., wie alle derartigen Gläubigen es tun. Und dann, den Blick senkend, zwangen die rote Hyazinthe, die purpurne Iris sie dazu, in Ekstase über die Güte, über die Schönheit der Natur aufzuschreien; die Augen wieder hebend, sah sie den sich in die Lüfte hoch aufschwingenden Adler und stellte sich seine Verzückung vor und machte sie zu ihrer eigenen. Heimkehrend grüßte sie jeden Stern, jeden Gipfel und jedes Wachfeuer, als blinzelten sie nur ihr allein zu; und endlich, wenn sie sich auf ihre Matte im Zelt der Zigeuner warf, konnte sie nicht anders, als noch einmal auszurufen, Wie gut zu essen! Wie gut zu essen! (Denn es ist eine seltsame Tatsache, daß die Menschen, obwohl sie nur so unvollkommene Mittel der Verständigung besitzen, so daß sie nur sagen können »gut zu essen« wenn sie »schön« meinen und umgekehrt, dennoch lieber Lächerlichkeit und Mißverständnis ertragen, als irgendein Erlebnis für sich zu behalten.) All die jungen Zigeuner lachten. Aber Rustum el Sadi, der Alte, der Orlando auf seinem Esel aus Konstantinopel herausgebracht hatte, saß schweigend. Er hatte eine Nase wie ein Krummsäbel; seine Wangen waren zerfurcht wie vom jahrzehntelangen Fallen eisernen Hagels; er war braun und scharfäugig, und wie er da saß und an seiner Wasserpfeife zog, beobachtete er Orlando genau. Er hatte den tiefsten Argwohn, daß ihre Gottheit die Natur sei. Eines Tages fand er sie in Tränen. Dies so verstehend, daß ihre Gottheit sie bestraft habe, sagte er ihr, er sei nicht überrascht. Er zeigte ihr die Finger seiner linken Hand, verdorrt vom Frost; er zeigte ihr seinen rechten Fuß, zerschmettert von einem fallenden Felsen. Dies, sagte er, sei, was ihr Gott den Menschen antue. Als sie sagte, »Aber so schön«, und dabei das englische Wort gebrauchte, schüttelte er den Kopf; und als sie es wiederholte, war er zornig. Er sah, daß sie nicht das glaubte, was er glaubte, und das genügte, so weise und alt er auch war, ihn zu erzürnen.

Diese Meinungsverschiedenheit beunruhigte Orlando, die bisher vollkommen glücklich gewesen war. Sie fing an zu denken, ob die Natur schön oder grausam sei; und dann fragte sie sich, was diese Schönheit sei; ob sie in den Dingen selbst sei, oder nur in ihr; und so gelangte sie schließlich zur Natur der Wirklichkeit und von da zur Wahrheit und von da wiederum zu Liebe, Freundschaft, Dichtung (wie in den Tagen auf dem hohen Hügel daheim); welche Meditationen, da sie kein Wort von ihnen mitteilen konnte, dazu führten, daß sie sich, wie nie zuvor, nach Feder und Tinte sehnte.

»Oh! wenn ich nur schreiben könnte!« rief sie (denn sie unterlag der seltsamen Einbildung all jener, die schreiben, daß geschriebene Worte mitgeteilte Worte seien). Sie hatte keine Tinte und nur wenig Papier. Aber sie machte sich Tinte aus Beeren und Wein; und da sie im Manuskript des »Eich-Baums« noch ein paar Ränder und leere Stellen fand, gelang es ihr, indem sie eine Art Kurzschrift schrieb, die Szenerie in einem langen Blankversgedicht zu beschreiben und ein Zwiegespräch mit sich selbst über diese Schönheit und die Wahrheit zu führen, das sehr prägnant war. Dies machte sie ganze Stunden lang außergewöhnlich glücklich. Aber die Zigeuner wurden mißtrauisch. Zunächst fiel ihnen auf, daß sie sich beim Melken und Käsebereiten weniger geschickt zeigte als zuvor; als nächstes, daß sie oft zögerte, bevor sie antwortete; und einmal wachte ein Zigeunerknabe, der geschlafen hatte, vor Schreck auf, als er ihre Augen auf sich fühlte. Manchmal wurde dieser Zwang vom ganzen Stamm empfunden, der mehrere Dutzend erwachsener Männer und Frauen zählte. Er entsprang ihrem Gefühl (und ihre Gefühle sind sehr scharf und ihrem Vokabular bei weitem überlegen), daß, was immer sie täten, wie Asche in ihren Händen zerfalle. Eine alte Frau, die einen Korb flocht, ein Knabe, der ein Schaf abhäutete, sie sangen oder summten bei der Arbeit zufrieden vor sich hin, wenn Orlando ins Lager kam, sich am Feuer auf die Erde warf und in die Flammen starrte. Sie mußte die beiden nicht einmal ansehen, und doch spürten sie, hier ist jemand, der zweifelt (wir geben eine grobe Rohübersetzung aus der Zigeunersprache); hier ist jemand, der die Sache nicht um ihrer selbst willen tut; noch sieht um des Sehens willen; hier ist jemand, der weder an ein Schafsfell noch an einen Korb glaubt; sondern (hier sahen sie sich furchtsam im Zelt um) etwas anderes sieht. Dann fing ein vages, aber höchst unangenehmes Gefühl an, sich in dem Knaben und in der alten Frau breitzumachen. Sie zerbrachen ihre Weidenruten; sie schnitten sich in die Finger. Ein großer Zorn erfüllte sie. Sie wünschten, Orlando würde das Zelt verlassen und nie wieder in ihre Nähe kommen. Und doch war sie, wie sie zugeben mußten, von fröhlicher und williger Natur; und eine von ihren Perlen war genug, die prächtigste Ziegenherde von ganz Brussa zu kaufen.

Langsam fing sie an zu fühlen, daß es einen Unterschied gab zwischen ihr und den Zigeunern, der sie manchmal zögern ließ, zu heiraten und sich für immer unter ihnen niederzulassen. Zuerst versuchte sie, dies zu begründen, indem sie sich sagte, sie stamme aus einem alten und zivilisierten Volk, während die Zigeuner ein unwissender Menschenschlag seien, nicht viel besser als Wilde. Eines Abends, als sie ihr Fragen über England stellten, konnte sie nicht anders, als mit einigem Stolz das Haus zu beschreiben, in dem sie geboren wurde, daß es 365 Schlafzimmer habe und seit vier- oder fünfhundert Jahren im Besitz ihrer Familie sei. Ihre Vorfahren wären Earls, oder sogar Herzöge, fügte sie hinzu. Dabei fiel ihr wieder auf, daß die Zigeuner unruhig wirkten; aber nicht zornig wie damals, als sie die Schönheit der Natur gepriesen hatte. Jetzt waren sie höflich, aber betroffen, wie Menschen von guter Herkunft und Erziehung es sind, wenn ein Fremder dazu verleitet wurde, seine niedere Herkunft oder seine Armut einzugestehen. Rustum folgte ihr allein aus dem Zelt und sagte, sie solle sich nichts daraus machen, daß ihr Vater ein Herzog gewesen sei und all die Schlafzimmer und Möbel besessen habe, die sie beschrieben hatte. Keiner von ihnen würde deswegen schlechter von ihr denken. Da wurde sie von einer Scham ergriffen, wie sie sie nie zuvor gefühlt hatte. Es war klar, daß Rustum und die anderen Zigeuner einen Stammbaum von vier- oder fünfhundert Jahren für den niedrigstmöglichen hielten. Ihre eigenen Familien reichten wenigstens zwei- oder dreitausend Jahre zurück. Für den Zigeuner, dessen Vorfahren Jahrhunderte vor Christi Geburt die Pyramiden gebaut hatten, war die Genealogie der Howards und Plantagenets nicht besser und nicht schlechter als die der Smiths und der Jones; beide waren belanglos. Überdies war dort, wo der Hirtenjunge einen Stammbaum von solchem Alter hatte, nichts besonders Denkwürdiges oder Wünschenswertes an alter Herkunft; Vagabunden und Bettler, sie alle besaßen sie. Und zudem war klar, obwohl er zu höflich war, es offen auszusprechen, daß der Zigeuner dachte, es könne keinen gemeineren Ehrgeiz geben als den, Hunderte von Schlafzimmern zu besitzen (sie befanden sich auf einem Berggipfel, als sie sich unterhielten; es war Nacht; die Berge ragten überall um sie herum hoch auf), wenn die ganze Welt unser ist. Vom Zigeunerstandpunkt aus betrachtet, war ein Herzog, das verstand Orlando, nichts weiter als ein Beuteschinder oder Räuber, der Menschen, die diese Dinge für wenig wertvoll erachteten, Land und Geld entriß und dem nichts Besseres einfiel, als dreihundertundfünfundsechzig Schlafzimmer zu bauen, wo eines genug war, und keins sogar noch besser als eins. Sie konnte nicht leugnen, daß ihre Vorfahren Feld um Feld angesammelt hatten; Haus um Haus; Ehre um Ehre; und doch war keiner von ihnen ein Heiliger gewesen, oder ein Held oder ein großer Wohltäter der Menschheit. Noch konnte sie das Argument widerlegen (Rustum war zu sehr Gentleman, um auf diesem Punkt zu beharren, aber sie verstand trotzdem), daß jedermann, der jetzt täte, was ihre Vorfahren vor drei- oder vierhundert Jahren getan hatten, als vulgärer Emporkömmling, als Abenteurer, als *nouveau riche* beschimpft werden würde – am lautesten von ihrer eigenen Familie.

Sie versuchte, derartige Argumente durch die übliche, wenn auch etwas verquere Methode zu beantworten, das Zigeunerleben selbst roh und barbarisch zu finden; und so kam es innerhalb kurzer Zeit zu viel bösem Blut zwischen ihnen. In der Tat sind derartige Meinungsverschiedenheiten Grund genug, Blutvergießen und Revolution zu verursachen. Städte sind für Geringeres geplündert worden, und Millionen von Märtyrern haben lieber auf dem Scheiterhaufen gelitten, als auch nur einen Zoll von den hier debattierten Punkten abzurücken. Keine Leidenschaft ist stärker in der Brust des Menschen als der Wunsch, andere glauben zu machen, was man selbst glaubt. Nichts schneidet so tief an die Wurzel seines Glücks und erfüllt ihn so mit Zorn wie das Gefühl, daß ein anderer niedrig wertet, was er hoch schätzt. Whigs und Tories, Liberale und Labour Partei – wofür kämpfen sie, wenn nicht für ihr eigenes Ansehen? Es ist nicht die Liebe zur Wahrheit, sondern der Wunsch, sich durchzusetzen, der Stadtviertel gegen Stadtviertel aufbringt und eine Pfarrgemeinde den Niedergang der anderen Pfarrgemeinde wünschen läßt. Jeder strebt lieber nach Gemütsruhe und Zweckdienlichkeit als nach dem Triumph der Wahrheit und der Erhebung der Tugend – aber diese Moralpredigten geziemen dem Historiker und sollen ihm überlassen bleiben, da sie todsterbenslangweilig sind wie Spülicht.

»Vierhundertundsechsundsiebzig Schlafzimmer bedeuten ihnen nichts«, seufzte Orlando.

»Ihr ist ein Sonnenuntergang lieber als eine Herde Ziegen«, sagten die Zigeuner.

Was zu tun sei, konnte Orlando sich nicht denken. Die Zigeuner zu verlassen und wieder Gesandter zu werden erschien ihr unerträglich. Aber es war gleichermaßen unmöglich, für immer an einem Ort zu bleiben, wo es weder Tinte noch Schreibpapier gab, weder Ehrfurcht vor den Talbots noch Achtung vor einer Vielzahl von Schlafzimmern. So dachte sie eines schönen Morgens auf den Hängen des Athos, als sie ihre Ziegen hütete. Und dann spielte die Natur, der sie vertraute, ihr entweder einen Streich oder vollbrachte ein Wunder – wieder unterscheiden sich die Meinungen zu sehr, als daß wir sagen könnten, welches von beiden. Orlando starrte ziemlich trostlos auf den steilen Hang, der vor ihr lag. Es war jetzt Hochsommer, und wenn wir die Landschaft mit irgend etwas vergleichen müssen, dann mit einem trockenen Knochen; einem Schafsgerippe; einem gigantischen Schädel, von tausend Geiern weiß gepickt. Die Hitze war immens, und der kleine Feigenbaum, unter dem Orlando lag, diente nur dazu, Muster von Feigenblättern auf ihren hellen Burnus zu malen.

Plötzlich tauchte ein Schatten, obwohl es nichts gab, was einen Schatten hätte werfen können, an der kahlen Bergflanke ihr gegenüber auf. Er vertiefte sich schnell, und bald zeigte sich eine grüne Senke, wo vorher nur karger Fels gewesen war. Während sie schaute, vertiefte und erweiterte sich die Senke, und ein großer, parkähnlicher Raum tat sich an der Seite des Hügels auf. Darin konnte sie einen wogenden grünen Rasen sehen; sie konnte hier und da Eichen hingetupft sehen; sie konnte die Drosseln in den Zweigen hüpfen sehen. Sie konnte die Hirsche anmutig von Schatten zu Schatten schreiten sehen und konnte sogar das Summen der Insekten und das sanfte Seufzen und Beben eines Sommertages in England hören. Nachdem sie eine Weile wie verzaubert hingeblickt hatte, fing Schnee an zu fallen; bald war die ganze Landschaft bedeckt und von violetten Schatten anstelle des gelben Sonnenlichts gezeichnet. Jetzt sah sie schwere Karren über die Straßen kommen, beladen mit Baumstämmen, die, wie sie wußte, gebracht wurden, um zu Feuerholz zersägt zu werden; und dann erschienen die Dächer und Glockenstühle und Türme und Höfe ihres Zuhauses. Der Schnee fiel stetig, und sie konnte jetzt das Schlittern und Poltern hören, mit dem er die Dächer hinunterglitt und auf die Erde fiel. Der Rauch stieg aus tausend Schornsteinen auf. Alles war so deutlich und so klar, daß sie eine Dohle im Schnee nach Würmern picken sah. Dann vertieften die violetten Schatten sich allmählich und schlossen sich über den Karren und Wiesen und über dem großen Haus selbst. Alles wurde verschluckt. Jetzt war nichts übrig von der grasigen Senke, und statt der grünen Wiesen war da nur der gleißende Hang, den tausend Geier kahlgepickt zu haben schienen. Bei diesem Anblick brach sie in leidenschaftliche Tränen aus, und sie lief zum Lager der Zigeuner zurück und sagte ihnen, sie müsse gleich am nächsten Tag nach England zurücksegeln.

Es war ein Glück für sie, daß sie dies tat. Schon hatten die jungen Männer ihren Tod geplant. Die Ehre, sagten sie, verlange dies, denn sie denke nicht wie sie. Dennoch hätte es ihnen leid getan, ihr die Kehle durchzuschneiden; und sie begrüßten die Nachricht von ihrer Abreise. Ein englisches Handelsschiff lag, wie es sich traf, schon unter Segel im Hafen, bereit, nach England zurückzukehren; und Orlando konnte, indem sie eine weitere Perle aus ihrem Halsband brach, nicht nur ihre Überfahrt bezahlen, sondern behielt sogar ein paar Banknoten in ihrer Börse übrig. Diese hätte sie den Zigeunern gerne geschenkt. Aber sie verachteten Reichtum, wie sie wußte; und sie mußte sich mit Umarmungen zufriedengeben, die von ihrer Seite aufrichtig gemeint waren.

Kapitel IV

Mit einigen der Guineen, die vom Verkauf der zehnten Perle ihrer Schnur übrig waren, hatte Orlando sich eine komplette Ausstattung solcher Kleider gekauft, wie Frauen sie damals trugen, und jetzt saß sie im Gewand einer jungen Engländerin von Stand an Deck der *Enamoured Lady*. Es ist eine seltsame Tatsache, aber eine wahre, daß sie sich bis zu diesem Augenblick kaum einen Gedanken über ihr Geschlecht gemacht hatte. Vielleicht hatten die türkischen Hosen, die sie bislang getragen hatte, daran mitgewirkt, ihre Gedanken abzulenken; und die Zigeunerfrauen unterscheiden sich, bis auf die eine oder andere wichtige Kleinigkeit, kaum von den Zigeunermännern. Auf jeden Fall wurde sie sich erst, als sie den Schwung der Röcke um ihre Beine spürte und der Kapitän sich mit der allergrößten Höflichkeit erbot, an Deck ein Sonnensegel für sie spannen zu lassen, mit plötzlichem Erschrecken der Vor- und Nachteile ihrer Lage bewußt. Aber dieses Erschrecken war nicht von der Art, die man vielleicht erwartet hätte.

Es wurde, soll damit gesagt sein, nicht einfach und allein durch den Gedanken an ihre Keuschheit und daran, wie sie sie bewahren könnte, verursacht. Unter normalen Umständen hätte eine schöne junge Frau ganz allein an nichts anderes gedacht; das ganze Gebäude weiblicher Herrschaft beruht auf diesem Grundstein; Keuschheit ist ihr Juwel, ihre Zier, die zu schützen sie bis zur Raserei gehen, und an der sie sterben, sollten sie ihrer beraubt werden. Aber wenn man an die dreißig Jahre ein Mann gewesen ist, und ein Gesandter dazu, wenn man eine Königin in den Armen gehalten hat und ein oder zwei Damen von weniger hohem Rang, falls die Gerüchte stimmen, wenn man eine Rosina Pepita geheiratet hat, und so weiter, bekommt man wegen so etwas vielleicht keinen ganz so großen Schrecken. Orlandos Erschrecken war von sehr komplizierter Art und läßt sich nicht im Handumdrehen zusammenfassen. Tatsächlich hat niemand ihr je den Vorwurf gemacht, zu jenen Scharfsinnigen zu gehören, die eine Sache in einer Minute zu Ende gedacht haben. Sie brauchte die gesamte Länge ihrer Reise, um die

Bedeutung ihres Erschreckens moralisch zu ergründen, und so wollen wir ihr, in ihrem eigenen Tempo, folgen.

»Herrgott«, dachte sie, als sie sich von ihrem Erschrecken erholt hatte und sich unter dem Sonnensegel ausstreckte, »das hier ist, das ist einmal sicher, ein angenehmes, faules Leben. Aber«, dachte sie, wobei sie ein wenig mit den Beinen strampelte, »es ist schon eine Plage, diese Röcke um die Hacken zu haben. Dabei ist der Stoff (geblümte Paduaseide) der herrlichste der Welt. Nie habe ich erlebt, daß meine Haut (hier legte sie eine Hand auf ihr Knie) so vorteilhaft zur Geltung kommt wie jetzt. Aber könnte ich in Kleidern wie diesen über Bord springen und schwimmen? Nein! Deshalb müßte ich auf den Schutz einer Blaujacke vertrauen. Hätte ich dagegen etwas einzuwenden? Hätte ich das?« fragte sie sich, an dieser Stelle auf den ersten Knoten im glatten Gewebe ihrer Argumentation stoßend.

Das Dinner kam, bevor sie ihn entwirrt hatte, und dann war es der Kapitän selbst – Kapitän Nicholas Benedict Bartolus, ein Kapitän zur See von distinguierter Erscheinung, der dies für sie erledigte, als er ihr eine Scheibe Pökelfleisch vorlegte.

»Ein wenig vom Fett, Madam?« fragte er. »Erlauben Sie mir, Ihnen das winzigkleinste Scheibchen zu schneiden, nur so groß wie Ihr Fingernagel.« Bei diesen Worten lief ein köstlicher Schauder durch ihren Leib. Vögel sangen; Gebirgsbäche rauschten. Es rief das Gefühl unbeschreiblicher Freude wach, mit dem sie Sascha vor hundert Jahren zum ersten Mal gesehen hatte. Damals hatte sie verfolgt, jetzt floh sie. Welches ist die größere Ekstase? Die des Mannes oder die der Frau? Und sind sie nicht vielleicht gleich? Nein, dachte sie, dies ist am köstlichsten (wobei sie dem Kapitän dankte, aber ablehnte), abzulehnen und zu sehen, wie er die Stirn runzelt. Also gut, wenn er es wünsche, würde sie vielleicht das allerdünnste, allerkleinste Scheibchen von der Welt nehmen. Dies war am köstlichsten von allem, nachzugeben und zu sehen, wie er lächelte. »Denn nichts«, dachte sie, als sie sich an Deck auf ihrem Diwan ausstreckte und ihre Argumentation wieder aufnahm, »ist himmlischer, als sich zu sträuben und nachzugeben; nachzugeben und sich zu sträuben. Es stürzt den Geist gewißlich in einen Taumel, wie nichts sonst es vermag. So daß ich nicht sicher bin«, fuhr sie fort, »daß ich schließlich und endlich nicht doch über

Bord springen werde, nur um des Vergnügens willen, von einer Blaujacke gerettet zu werden.«

(Man darf nicht vergessen, daß sie wie ein Kind war, das in den Besitz eines Lustgartens oder eines Spielzeugschranks gelangt; ihre Argumentationen würden sich nicht für reife Frauen empfehlen, die ihr ganzes Leben lang das Vergnügen gehabt haben.)

»Aber was haben wir jungen Burschen im Kockpit der *Marie Rose* noch einmal über Frauen gesagt, die über Bord sprangen, nur um das Vergnügen zu haben, von einer Blaujacke gerettet zu werden?« sagte sie. »Wir hatten ein Wort für sie. Ah! Jetzt weiß ich es wieder . . .« (Aber wir müssen dieses Wort auslassen; es war über die Maßen respektlos und klang befremdlich aus dem Munde einer Dame.) »Herrgott!« rief sie erneut am Schluß ihres Gedankenganges, »muß ich denn also anfangen, die Meinung des anderen Geschlechts zu respektieren, ungeachtet dessen, für wie ungeheuerlich ich sie halte? Wenn ich Röcke trage, wenn ich nicht schwimmen kann, wenn ich von einer Blaujacke gerettet werden muß, bei Gott!« rief sie, »dann muß ich eben!« Woraufhin eine Schwermut über sie kam. Von Natur aufrichtig und jeder Art von Doppeldeutigkeit abgeneigt, langweilte es sie, zu lügen. Es schien ihr eine umwegige Art und Weise, an die Dinge heranzugehen. Und doch, überlegte sie, wenn die geblümte Paduaseide – das Vergnügen, von einer Blaujacke gerettet zu werden –, wenn dies alles nur auf umwegige Weise zu erreichen war, mußte man, so vermutete sie, eben umwegig vorgehen. Sie erinnerte sich daran, wie sie, als junger Mann, darauf bestanden hatte, daß Frauen gehorsam, keusch, parfümiert und exquisit gekleidet sein müßten. »Nun werde ich am eigenen Leib für jene Wünsche zahlen müssen«, überlegte sie; »denn Frauen sind nicht (nach meiner eigenen, kurzen Erfahrung mit diesem Geschlecht zu urteilen) von Natur aus gehorsam, keusch, parfümiert und exquisit gekleidet. Sie können diese Reize, ohne die sie keiner der Freuden des Lebens genießen dürfen, nur durch die mühevollste Disziplin erlangen. Da haben wir das Frisieren«, dachte sie, »das allein nimmt eine Stunde meines Vormittags in Anspruch; das in den Spiegel Sehen, noch eine Stunde; das Schnüren; das Waschen und Pudern; das Umziehen von Seide zu Spitze und von Spitze zu Paduaseide; das Keuschsein, jahrein, jahraus . . .« Hier stieß sie ungeduldig mit dem Fuß und zeigte dabei einen oder zwei Zoll Bein. Ein Seemann auf dem Mast, der in diesem Augenblick zufällig nach unten sah, fuhr so heftig zusammen, daß er den Tritt verfehlte und sich nur mit knapper Not retten konnte. »Wenn der Anblick meiner Knöchel für einen ehrlichen Burschen, der zweifellos eine Frau und eine Familie zu ernähren hat, den Tod bedeutet, muß ich sie, im Namen der Menschlichkeit, bedeckt halten«, dachte Orlando. Und doch zählten ihre Beine zu ihren vorzüglichsten Schönheiten. Und sie fing an, darüber nachzudenken, in was für eine komische Situation wir uns gebracht haben, wenn die ganze Schönheit einer Frau bedeckt gehalten werden muß, auf daß kein Seemann vom Masttopp fällt. »Die Pest über sie!« sagte sie, zum erstenmal begreifend, was man sie unter anderen Umständen schon als Kind gelehrt hätte, nämlich die heiligen Verpflichtungen des Frauseins.

»Und das ist der letzte Fluch, den ich je werde ausstoßen dürfen«, dachte sie; »sobald ich den Fuß auf englischen Boden gesetzt habe. Und ich werde nie wieder einem Mann eins über den Schädel geben dürfen oder ihm ins Gesicht sagen, daß er lügt, oder meinen Degen ziehen und ihn ihm durch den Leib rennen oder unter meinesgleichen sitzen oder eine Herzogskrone tragen oder in einer Parade marschieren oder einen Mann zum Tode verurteilen oder eine Armee befehligen oder auf einem Schlachtroß über Whitehall tänzeln oder zweiundsiebzig verschiedene Orden auf der Brust tragen. Alles, was ich tun kann, sobald ich den Fuß auf englischen Boden gesetzt habe, ist Tee ausschenken und meine Lords fragen, wie sie ihn möchten. Nehmen Sie Zucker? Nehmen Sie Sahne?« Und als sie diese Worte hervorflötete, ging ihr mit Entsetzen auf, eine wie niedrige Meinung sie sich über das andere Geschlecht zu bilden begann, das männliche, dem anzugehören einst ihr Stolz gewesen war. »Vom Masttopp zu fallen«, dachte sie, »weil man die Knöchel einer Frau erblickt; sich herauszuputzen wie Guy Fawkes[9] und durch die Straßen zu paradieren, damit die Frauen einen bewundern; einer Frau die Bildung zu verweigern, damit sie nicht über einen lachen kann; der Sklave des zerbrechlichsten Dings in Unterröcken zu sein und dennoch herumzustolzieren, als wäre man der Herr der Schöpfung – Himmel!« dachte sie, »was für Narren sie aus uns machen – was für Narren wir sind!« Und hier könnte man, einer gewissen Zwiespältigkeit ihrer Ausdrucksweise

Orlando nach ihrer Rückkehr nach England

zufolge, meinen, sie kritisiere beide Geschlechter gleichermaßen, als gehöre sie zu keinem von beiden; und in der Tat schien sie für den Augenblick zu schwanken; sie war Mann; sie war Frau; sie kannte die Geheimnisse, teilte die Schwächen beider. Es war ein höchst verwirrender und verworrener Zustand, in dem sie sich befand. Die Tröstungen der Unwissenheit schienen ihr gänzlich versagt. Sie war wie eine Feder, die vom Sturm dahingerissen wird. So ist es kein großes Wunder, daß sie, als sie die beiden Geschlechter miteinander verglich und beide abwechselnd voll der bedauerlichsten Mängel fand und sich nicht sicher war, zu welchem sie gehörte – es war kein großes Wunder, daß sie gerade aufschreien wollte, sie werde in die Türkei zurückkehren und wieder eine Zigeunerin werden, als der Anker mit einem gewaltigen Klatschen ins Meer fiel; die Segel rauschten auf Deck herunter, und sie bemerkte (so sehr war sie in ihre Gedanken versunken gewesen, daß sie mehrere Tage lang nichts gesehen hatte), daß das Schiff vor der Küste Italiens vor Anker lag. Der Kapitän ließ sogleich nach ihr schicken, um sie zu bitten, ihm die Ehre ihrer Begleitung im Langboot zu einem Ausflug an Land zu gewähren.

Als sie am nächsten Morgen zurückkehrte, streckte sie sich auf ihrem Diwan unter dem Sonnensegel aus und ordnete mit größter Schicklichkeit ihre Gewänder um ihre Knöchel.

»So unwissend und arm wir im Vergleich zum anderen Geschlecht auch sind«, dachte sie, den Satz fortsetzend, den sie am Tag zuvor unbeendet gelassen hatte, »mit allen Waffen gerüstet, wie sie es sind, und uns sogar die Kenntnis des Alphabets verweigern« (und aus diesen Anfangsworten geht deutlich hervor, daß in der Nacht etwas geschehen war, was ihr einen Stoß in Richtung auf das weibliche Geschlecht versetzt hatte, denn sie sprach mehr, wie eine Frau spricht, als wie ein Mann, aber dennoch mit einer gewissen Zufriedenheit), »fallen sie – trotzdem – vom Masttopp.« Hier gähnte sie ausgiebig und schlief ein. Als sie erwachte, segelte das Schiff vor einer leichten Brise so dicht vor der Küste, daß die Städte am Rand der Klippen nur durch das Dazwischentreten eines großen Felsens oder der knorrigen Wurzeln eines uralten Ölbaums davor bewahrt schienen, ins Wasser zu rutschen. Der Duft von Orangen, herbeigeweht von einer Million von Bäumen, die schwer waren vor Früchten, erreichte sie an Deck. Ein Schwarm blauer, mit den Schwänzen schlagender Delphine sprang hier und da hoch durch die Luft. Sie reckte die Arme (Arme, das hatte sie bereits gelernt, besitzen keine so lebensgefährliche Wirkung wie Beine) und dankte dem Himmel, daß sie nicht auf einem Schlachtroß Whitehall hinuntertänzelte und auch keinen Mann zum Tode verurteilte. »Besser ist es«, dachte sie, »in Armut und Unwissenheit gekleidet zu sein, welches die dunklen Gewänder des weiblichen Geschlechts sind; besser, die Beherrschung und Zucht der Welt anderen zu überlassen; besser, frei zu sein von kriegerischem Ehrgeiz, von der Liebe zur Macht und von all den anderen männlichen Begierden, wenn man so die höchsten Verzückungen, die der menschliche Geist kennt, voller auskosten kann, nämlich«, sagte sie laut, wie es ihre Gewohnheit war, wenn sie tief bewegt war, »Beschaulichkeit, Einsamkeit, Liebe.«

»Dem Himmel sei Dank, daß ich eine Frau bin!« rief sie und stand im Begriff, sich in die größte Narretei zu verrennen – deren es weder bei Mann noch Frau eine unglückseligere gibt –, nämlich stolz zu sein auf ihr Geschlecht, als sie über dem einzigartigen Wort zögerte, welches sich, ungeachtet all dessen, was wir tun möchten, um es an seinen Platz zu verweisen, am Schluß des letzten Satzes eingeschlichen hat: Liebe. »Liebe«, sagte Orlando. Und unverzüglich – dergestalt ist ihr Ungestüm – nahm die Liebe menschliche Gestalt an – dergestalt ist ihr Stolz. Denn wo andere Gedanken sich damit begnügen, abstrakt zu bleiben, kann diesen einen nichts zufriedenstellen, als Fleisch und Blut anzunehmen, Mantilla und Unterröcke anzulegen, Kniehose und Wams. Und da Orlandos Geliebte allesamt Frauen gewesen waren, war es jetzt, durch die sträfliche Trägheit der Menschennatur, sich den Konventionen anzupassen, obwohl sie selbst eine Frau war, noch immer eine Frau, die sie liebte; und wenn das Bewußtsein, vom selben Geschlecht zu sein, überhaupt eine Wirkung hatte, dann die, die Gefühle, die sie als Mann gehabt hatte, zu beleben. Denn nun wurden ihr tausend Andeutungen und Geheimnisse verständlich, die damals dunkel gewesen waren. Jetzt lichtete sich das Dunkel, das die Geschlechter trennt und in seinem Dämmer zahllose Unlauterkeiten verharren läßt, und wenn etwas ist an dem, was der Dichter über Wahrheit und Schönheit sagt, so gewann diese Zuneigung an Schönheit, was sie an Verfälschung verlor. Endlich, rief sie, kenne sie Sascha so wie sie gewesen, und in der Inbrunst dieser Entdeckkung und in der Verfolgung all jener Schätze, die sich jetzt enthüllten, war sie so hingerissen und verzaubert, daß es war, als explodierte eine Kanonenkugel an ihrem Ohr, als die Stimme eines Mannes sagte: »Gestatten Sie, Madam«, eine Männerhand sie hochzog; und die Finger eines Mannes, mit einem auf dem Mittelfinger tätowierten Dreimaster, auf den Horizont deuteten.

»Die Klippen von England, Madam«, sagte der Kapitän, und er hob die Hand, die gedeutet hatte, zum Salut gen Himmel. Orlando erschrak zum zweiten Mal, heftiger noch als beim ersten Mal.

»Herr Jesses!« rief sie.

Zum Glück entschuldigte der Anblick ihres Heimatlandes nach langer Abwesenheit sowohl Erschrecken als auch Ausruf, sonst hätte sie Mühe gehabt, Kapitän Bartolus die stürmischen und widerstreitenden Gefühle zu erklären, die jetzt in ihr brodelten. Wie ihm sagen, daß sie, die jetzt an seinem Arm erbebte, ein Herzog und ein Gesandter gewesen war? Wie ihm erklären, daß sie, die sich wie eine Lilie in Falten aus Paduaseide schmiegt, Köpfe abgeschlagen und mit losen Frauen zwischen Säkken mit Schätzen in den Laderäumen von Piratenschiffen gelegen hatte, in Sommernächten, wenn die Tulpen blühten und die Bienen an Wapping Old Stairs summten? Nicht einmal sich selbst gegenüber konnte sie das gewaltige Erschrecken erklären, das sie durchfuhr, als die resolute rechte Hand des Schiffskapitäns auf die Klippen der Britischen Inseln deutete.

»Ablehnen und nachgeben«, murmelte sie, »wie hinreißend; verfolgen und erobern, wie hehr; wahrnehmen und durchdenken, wie erhaben.« Kein einziges dieser so gepaarten Worte schien ihr falsch; trotzdem fühlte sie sich, als die Kreideklippen immer näher kamen, schuldig; entehrt; unkeusch, was für jemanden, der nie auch nur einen Gedanken an diese Sache gewendet hatte, seltsam war. Immer näher kamen sie, bis die Meerfenchel-Sammler, die auf halber Höhe an den Klippen hingen, für das bloße Auge sichtbar waren. Und während sie sie beobachtete, fühlte sie, in ihrem Inneren, auf und nieder hüpfend wie ein spöttischer Kobold, der im nächsten Augenblick seine Röcke heben und auf und davon schweben wird, Sascha, die Verlorene, Sascha, die Erinnerung, deren Wirklichkeit sie eben erst so überraschend erfahren hatte – Sascha fühlte sie, die Gesichter und Grimassen schnitt und alle Arten von unehrerbietigen Gesten in Richtung auf die Klippen und die Meerfenchel-Sammler machte; und als die Matrosen anfingen, ihr »Adieu, Adieu, ihr Damen von Spanien« zu singen, hallten die Worte in Orlandos traurigem Herzen wider, und sie fühlte, daß sie, und wenn die Landung dort drüben auch noch sosehr Bequemlichkeit bedeutete, Opulenz bedeutete, Wichtigkeit und Rang bedeutete (denn sie würde zweifellos einen vornehmen Fürsten finden und als seine Gemahlin über halb Yorkshire herrschen), dennoch, wenn sie Konventionen bedeutete, Sklaverei bedeutete, Verstellung bedeutete, bedeutete, daß man ihr die Liebe verwehren, ihre Glieder fesseln, sie zwingen würde, die Lippen niedlich zu spitzen und die Zunge im Zaum zu halten, daß sie dann mit dem Schiff umkehren und wieder zu den Zigeunern zurücksegeln würde.

Aus dem Wirrwarr jener Gedanken erhob sich jetzt jedoch, wie eine Kuppel aus glattem, weißem Marmor, etwas, das – gleich ob Wirklichkeit oder Phantasie – auf ihre fiebrige Vorstellungskraft einen so großen Eindruck machte, daß sie sich darauf niederließ, wie man einen Schwarm sirrender Libellen mit sichtlicher Befriedigung auf der Glasglocke hat landen sehen, die eine zarte Pflanze schützt. Seine Form rief ihr, einer Laune der Phantasie folgend, jene früheste, beharrlichste Erinnerung ins Gedächtnis – den Mann mit der hohen Stirn in Twitchetts Zimmer, den Mann, der saß und schrieb oder vielmehr schaute, aber gewiß nicht zu ihr, denn er schien sie nicht zu sehen, die wie gebannt in all ihrem Staat dort stand, so bezaubernd sie als Knabe auch gewesen sein mußte, wie sie nicht leugnen konnte –, und wann immer sie an ihn dachte, legte der Gedanke ein Laken silberner Ruhe darum wie der aufgegangene Mond über reißenden Wassern. Ihre Hand hob sich jetzt an ihre Brust (die andere Hand befand sich noch in der Verwahrung des Kapitäns), wo die Seiten ihres Poems sicher verborgen waren. Es hätte ein Talisman sein können, den sie dort verwahrte. Die Ablenkung des Geschlechts, welches das ihre war, und was dies bedeutete, verblaßte; sie dachte jetzt nur noch an die Glorie der Poesie, und die großen Zeilen von Marlowe, Shakespeare, Ben Jonson, Milton begannen zu dröhnen und widerzuhallen, als schlüge ein goldener Klöppel gegen eine goldene Glocke im Turm der Kathedrale, die ihr Geist war. Die Wahrheit war, daß das Bild der Marmorkuppel, welches ihren Augen zunächst so verschwommen erschienen war, daß es an die Stirn eines Dichters denken ließ und daher eine Flut unpassender Vorstellungen ausgelöst hatte, keine Einbildung war, sondern Wirklichkeit; und als das Schiff vor einem günstigen Wind die Themse hinauflief, machte das Bild mit all seinen Assoziationen der Wahrheit Platz und enthüllte sich als nicht mehr und nicht weniger denn die Kuppel einer gewaltigen Kathedrale, die zwischen einem Gitterwerk weißer Spitztürme aufragte.

»Die St. Paul's Kathedrale«, sagte Kapitän Bartolus, der neben ihr stand. »Der Londoner Tower«, fuhr er fort. »Das Greenwich Hospital, erbaut zum Gedenken Königin Marys von ihrem Gemahl, Seiner Majestät dem verewigten William III. Die Westminster Abbey. Das Parlament.« Während er sprach, schob sich jedes dieser berühmten Gebäude ins Blickfeld. Es war ein schöner Septembermorgen. Eine Myriade kleiner Wasserfahrzeuge huschte von Ufer zu Ufer. Selten hat sich den Blicken eines heimgekehrten Reisenden ein fröhlicheres oder interessanteres Spektakel geboten. Orlando lehnte über dem Bug, versunken in Bewunderung. Ihre Augen waren zu lange an Wilde und an die Natur gewöhnt gewesen, um nicht von diesen städtischen Herrlichkeiten bezaubert zu sein. Das also war die Kuppel der St. Paul's Kathedrale, die Mr Wren[10] während ihrer Abwesenheit erbaut hatte. In der Nähe barst ein Schopf goldener Haare aus einer Säule – Kapitän Bartolus war an ihrer Seite, um sie darüber zu informieren, daß dies das *Monument* sei; während ihrer Abwesenheit habe es die Pest und eine Feuersbrunst gegeben, sagte er. Sosehr sie sich auch mühte, sie zurückzuhalten, füllten ihre Augen sich doch mit Tränen, bis sie sich daran erinnerte, daß Tränen einer Frau gut zu Gesichte stehen, und sie fließen ließ. Hier, dachte sie, hatte der große Karneval stattgefunden. Hier, wo die Wellen munter schwappten, hatte der königliche Pavillon gestanden. Hier hatte sie Sascha zum ersten Mal gesehen. Ungefähr hier (sie blickte hinab in die glitzernden Wasser) war man daran gewöhnt gewesen, die eingefrorene Bumbootsfrau mit den Äpfeln im Schoß zu sehen. All diese Pracht und Verderblichkeit waren verschwunden. Verschwunden war auch die dunkle Nacht, der ungeheuerliche Regenschauer, die gewaltigen Wogen der Flut. Hier, wo die gelben Eisberge, sich im Kreis drehend, vorbeigerast waren, eine Gruppe entsetzengeschüttelter elender Kreaturen obenauf, trieb eine Brut junger Schwäne, stolz, sich wiegend, prachtvoll. London selbst hatte sich völlig verändert, seit sie es das letzte Mal gesehen hatte. Damals, erinnerte sie sich, war es ein Gewirr kleiner, schwarzer, mürrisch geduckter Häuser gewesen. Die Köpfe von Rebellen hatten auf den Staketen von Temple Bar gegrinst. Die kopfsteingepflasterten Gassen hatten nach Abfall und Unrat gestunken. Jetzt, als das Schiff an Wapping vorbeisegelte, entdeckte sie breite und ordentliche Durchfahrten. Stattliche Kutschen, von Gespannen gutgefütterter Pferde gezogen, standen vor den Türen von Häusern, deren Erkerfenster, deren Spiegelglas, deren polierte Türklopfer vom Wohlstand und der bescheidenen Würde der Bewohner im Inneren zeugten. Damen in geblümter Seide (sie hob das Glas des Kapitäns an ihr Auge) spazierten auf erhöhten Gehsteigen. Bürger im bestickten Rock nahmen an Straßenecken unter Laternenmasten eine Prise. Ihr Blick fiel auf eine Vielzahl gemalter Aushängeschilder, die im Wind schwangen, und nach dem, was auf ihnen dargestellt war, konnte sie sich einen schnellen Begriff machen von dem Tabak, dem Tuch, der Seide, dem Gold, den Silberwaren, den Handschuhen, den Duftwässern und den tausend anderen Artikeln, die drinnen verkauft wurden. Noch konnte sie, während das Schiff zu seinem Ankerplatz in der Nähe der London Bridge segelte, mehr als einen Blick werfen auf die Fenster der Kaffeehäuser, wo auf den Balkonen, da das Wetter schön war, eine große Zahl ehrbarer Bürger behaglich saß, Porzellangeschirr vor sich, Tonpfeifen neben sich, während einer von ihnen aus einer Gazette las und häufig vom Gelächter oder den Kommentaren der anderen unterbrochen wurde. Waren dies Tavernen, waren dies Männer von Geist, waren dies Dichter? wollte sie von Kapitän Bartolus wissen, der sie zuvorkommend darüber informierte, daß sie in ebendiesem Augenblick – wenn sie den Kopf nur ein wenig nach links drehen und genau der Richtung seines Zeigefingers folgen wollte – so – gerade am Cocoa Tree vorbeikämen, wo man – ja, da war er – Mr Addison sehen konnte, wie er seinen Kaffee nahm; die beiden anderen Herren – »dort, Madam, ein Stück rechts vom Laternenmast, der eine bucklig, der andere nicht anders als Sie oder ich« – seien

Mr Dryden und Mr Pope.*¹¹ »Trauerklöße«, sagte der Kapitän, womit er sagen wollte, daß sie Papisten seien, »aber nichtsdestoweniger Männer von einiger Begabung«, fügte er hinzu und eilte nach achtern, um die Vorbereitungen zur Landung zu überwachen.

»Addison, Dryden, Pope«, wiederholte Orlando, als wären die Worte eine Beschwörung. Einen Augenblick lang sah sie die hohen Berge über Brussa, im nächsten hatte sie den Fuß auf das heimische Ufer gesetzt.

Jetzt jedoch sollte Orlando lernen, wie wenig selbst das ungestümste Flattern der Erregung gegen das eherne Antlitz des Gesetzes auszurichten vermag; daß es härter ist als die Steine der London Bridge und unerbittlicher als die Mündung einer Kanone. Kaum war sie in ihr Haus in Blackfriars zurückgekehrt, als ihr auch schon von einer Prozession von Polizeidienern aus der Bow Street und anderen gewichtigen Emissären der Gerichtshöfe bewußt gemacht wurde, daß sie Gegenstand dreier größerer Gerichtsverfahren sei, die während ihrer Abwesenheit gegen sie angestrengt worden seien, wie auch unzähliger kleinerer Rechtsstreitigkeiten, von denen einige sich aus ersteren ergaben, andere wiederum von diesen abhängig seien. Die Hauptanklagepunkte gegen sie lauteten, (1) daß sie tot sei und von daher kein wie auch immer geartetes Eigentum besitzen könne; (2) daß sie eine Frau sei, was ungefähr auf dasselbe hinausläuft; (3) daß sie ein englischer Herzog sei, der eine gewisse Rosina Pepita geehelicht habe, eine Tänzerin; und von ihr drei Söhne habe, welche nun mit der Erklärung, ihr Vater sei verstorben, den Anspruch erhoben, sein gesamter Besitz sei auf sie übergegangen. Derart schwere Anschuldigungen aus der Welt zu schaffen, würde natürlich Zeit und Geld brauchen. Ihr gesamter Besitz war für die Dauer der Verfahren der Zwangsverwaltung des Gerichts unterstellt und ihre Titel für suspendiert erklärt. Daher war sie in einer überaus zweideutigen Lage, nicht wissend, ob sie lebte oder tot war, Mann oder Frau, Herzog oder unbedeutendes Nichts, so daß sie per Postkutsche auf ihren Landsitz reiste, wo

* Der Kapitän muß sich geirrt haben, wie ein Blick in jedes Handbuch der Literatur zeigen wird; aber der Irrtum war ein gut gemeinter, und so wollen wir ihn stehenlassen.

sie, solange das Urteil des Gerichts ausstand, die gesetzliche Erlaubnis hatte, sich incognito oder incognita, je nachdem, wie der Fall sich erweisen würde, aufzuhalten.

Es war ein schöner Abend im Dezember, an dem sie ankam, und der Schnee fiel, und die violetten Schatten neigten sich schräg, fast so, wie sie sie von dem Gipfel bei Brussa gesehen hatte. Das große Haus lag mehr wie eine Stadt denn wie ein Haus da, braun und blau, rosig und purpurn, im Schnee, und all seine Schornsteine rauchten geschäftig, als wären sie beseelt von einem eigenen Leben. Sie konnte einen Aufschrei nicht unterdrücken, als sie es dort sah, ruhig und behäbig, hingelagert auf den Wiesen. Als die gelbe Kutsche in den Park einfuhr und über die Auffahrt zwischen den Bäumen rollte, hoben die Rothirsche wie erwartungsvoll die Köpfe, und es wurde beobachtet, daß sie, statt die Scheu an den Tag zu legen, die ihrer Art eigen ist, der Kutsche folgten und beim Hof stehenblieben, als sie vorfuhr. Einige schüttelten ihre Geweihe, andere scharrten über den Boden, als das Trittbrett herabgelassen wurde und Orlando ausstieg. Einer, so heißt es, kniete tatsächlich im Schnee vor ihr nieder. Sie hatte nicht die Zeit, die Hand nach dem Klopfer auszustrekken, als die beiden Flügel des großen Tors auch schon aufgerissen wurden, und dort, mit Lichtern und Fackeln, die sie hoch über ihre Köpfe hielten, waren Mrs Grimsditch, Mr Dupper und ein ganzes Gefolge von Dienstboten gekommen, sie zu begrüßen. Die geordnete Prozession wurde jedoch als erstes durch das Ungestüm Canuts, des Elchhundes, gestört, der seine Herrin mit solcher Inbrunst ansprang, daß er sie fast zu Boden warf; als nächstes durch die Aufregung Mrs Grimsditchs, die, als sie gerade einen Knicks machen wollte, von ihren Gefühlen überwältigt wurde und nur noch Milord! Milady! Milady! Milord! stammeln konnte, bis Orlando sie mit einem herzhaften Kuß auf beide Wangen tröstete. Anschließend fing Mr Dupper an, von einem Pergament zu lesen, doch da die Hunde bellten, die Jäger in ihre Hörner stießen und die Hirsche, die in dem ganzen Durcheinander in den Hof gekommen waren, den Mond anröhrten, kam er nicht recht voran, und die Versammlung zerstreute sich ins Haus, nachdem sie sich um ihre Herrin geschart und in jeder Weise ihre große Freude über deren Rückkehr kundgetan hatte.

Niemand zeigte auch nur den geringsten Argwohn, daß Orlando nicht der Orlando sei, den sie gekannt hatten. Falls es im menschlichen Geist einen Zweifel gegeben hätte, hätte das Verhalten der Hirsche und der Hunde ausgereicht, ihn zu zerstreuen, denn die stumme Kreatur ist, wie jeder weiß, ein weit besserer Beurteiler von Identität und Charakter, als wir es sind. Überdies, sagte Mrs Grimsditch an jenem Abend über ihrer Schale chinesischen Tees zu Mr Dupper, wenn ihr Lord nun auch eine Lady sei, so habe sie nie eine lieblichere gesehen, noch stehe eins dem andern auch nur für einen Penny nach; die eine sei genauso schön wie der andere; sie seien sich so ähnlich wie zwei Pfirsiche von einem Ast; in welcher Hinsicht sie, sagte Mrs Grimsditch, vertraulich werdend, schon immer ihre Vermutungen gehabt habe (hier nickte sie sehr geheimnisvoll mit dem Kopf), welches also für sie keine Überraschung sei (hier nickte sie sehr wissend mit dem Kopf) und, was sie persönlich anlange, ein sehr großer Trost; denn wo die Handtücher dringend gestopft werden müßten und die Vorhänge im Wohnzimmer des Kaplans am Saum von den Motten zerfressen seien, sei es Zeit, daß sie eine Herrin im Haus hätten.

»Und ein paar kleine Herren und Herrinnen, die ihr nachfolgen«, fügte Mr Dupper hinzu, der kraft seines heiligen Amtes privilegiert war, seine Meinung über delikate Angelegenheiten wie diese offen auszusprechen.

Und während die alten Dienstboten in der Gesindestube schwatzten, nahm Orlando ein silbernes Licht in die Hand und durchstreifte aufs neue die Hallen, die Galerien, die Höfe, die Schlafzimmer; sah wieder das dunkle Gesicht dieses Lord-Kanzlers, jenes Lord-Haushofmeisters unter ihren Vorfahren finster auf sie herabblicken; saß jetzt in diesem Prunksessel, lagerte jetzt auf jenem Himmelbett; betrachtete den Wandteppich, wie er sich bewegte; sah die reitenden Jäger und die fliehende Daphne; badete ihre Hand, so wie sie es als Kind so gerne getan hatte, in dem gelben Lichttümpel, den das Mondlicht bildete, wenn es durch den heraldischen Leoparden im Fenster fiel; schlitterte über die gewachsten Dielen der Galerie, deren andere Seite rohe Bohlen waren; berührte diese Seide, jenen Satin; stellte sich vor, die geschnitzten Delphine schwämmen; bürstete sich die Haare mit König James' silberner Bürste; vergrub ihr Gesicht in dem Potpourri, das genauso gemacht war, wie Wilhelm der Eroberer es sie vor vielen Hunderten von Jahren gelehrt hatte, und aus denselben Rosen; sah auf den Garten und stellte sich die schlafenden Krokusse vor, die schlummernden Dahlien; sah die zierlichen Nymphen weiß im Schnee schimmern, und die großen Eibenhecken, dick wie ein Haus, schwarz hinter ihnen; sah die Orangerien und die riesigen Mispelbäume – all dies sah sie, und jedes Bild und jedes Geräusch, so ungeschlacht wir es auch niederschreiben, erfüllte ihr Herz mit solcher Lust und einem solchen Balsam der Freude, daß sie am Ende, völlig erschöpft, die Kapelle betrat und in den alten, roten Armsessel sank, in dem ihre Vorfahren die Messe gehört hatten. Dort zündete sie sich eine Manila-Zigarre an (es war dies eine Gewohnheit, die sie aus dem Orient mitgebracht hatte) und schlug das Gebetbuch auf.

Es war ein kleines, in Samt gebundenes und mit Gold besticktes Buch, das Mary, die Königin der Schotten, auf dem Schafott in den Händen gehalten hatte, und das gläubige Auge konnte einen bräunlichen Fleck entdecken, von dem es hieß, er stamme von einem Tropfen des königlichen Blutes. Aber welch fromme Gedanken dies in Orlando weckte, welch böse Leidenschaften es in den Schlaf wiegte, wer wagte das zu sagen eingedenk der Tatsache, daß von allem Umgang der mit der Gottheit der unerforschlichste ist? Schriftsteller, Poeten, Historiker, sie alle zaudern mit der Hand an dieser Tür; noch gibt der Gläubige selbst uns Aufklärung, denn ist er etwa mehr als andere Menschen zum Sterben bereit oder williger, seine irdischen Güter zu teilen? Hält er sich nicht ebenso viele Mägde und Zugpferde wie die anderen? Und vertritt trotz alledem einen Glauben, so sagt er, der irdische Güter eitel und den Tod wünschenswert machen sollte. Im Gebetbuch der Königin befand sich neben dem Blutfleck auch eine Haarlocke und ein Krümel Gebäck; Orlando fügte diesen Andenken nun einen Tabakkrümel hinzu und wurde so, lesend und rauchend, von dem menschlichen Durcheinander des Ganzen – des Haars, des Gebäcks, des Blutflecks, des Tabaks – in eine derart besinnliche Stimmung versetzt, daß es ihr einen ehrfurchtsvollen Anhauch verlieh, welcher den Umständen angemessen war, obwohl sie, so heißt es, keinen Verkehr mit dem üblichen Gott pflog. Nichts kann jedoch anmaßender sein, obwohl nichts verbreiteter ist, als anzunehmen, daß es an Göttern nur einen gibt, und an Religionen nur die des Sprechers. Orlando, so schien es, hatte ihren eigenen Glauben. Mit aller religiösen Inbrunst der Welt dachte sie nun über ihre Sünden und die Unvollkommenheiten nach, die sich in ihren Seelenzustand eingeschlichen hatten. Der Buchstabe S, überlegte sie, ist die Schlange im Garten Eden des Dichters. Sosehr sie sich auch mühte, es waren immer noch zu viele dieser sündhaften Reptilien in den ersten Strophen des »Eich-Baums«. Aber das S war, ihrer Meinung nach, nichts im Vergleich zur Endung »end«. Das Partizip Präsens ist der Teufel persönlich, dachte sie (nun, da wir am passenden Ort sind, an Teufel zu glauben). Solchen Versuchungen auszuweichen ist die erste Pflicht des Dichters, schlußfolgerte sie, denn da das Ohr das Vorzimmer der Seele ist, kann Dichtung mit größerer Gewißheit zum Ehebruch verführen und vernichten als Wollust oder Schießpulver. Des Dichters Amt ist denn also das höchste von allen, fuhr sie fort. Seine Worte treffen, wo andere zu kurz greifen. Ein schlichtes Liedchen Shakespeares hat mehr für die Armen und die Sünder getan als alle Prediger und Philanthropen der Welt. Keine Zeit, keine Hingabe kann daher zu groß sein, die dafür sorgt, daß das Gefäß unserer Botschaft weniger verzerrend ist. Wir müssen unsere Worte formen, bis sie die dünnste Hülle für unsere Gedanken sind. Gedanken sind göttlich etc. So ist es offensichtlich, daß sie zurückgekehrt war in die engen Grenzen ihrer eigenen Religion, die die Zeit während ihrer Abwesenheit nur gestärkt hatte, und daß sie sehr schnell die Intoleranz des Glaubens annahm.

»Ich werde erwachsen«, dachte sie, endlich ihre Kerze nehmend. »Ich verliere einige Illusionen«, sagte sie, das Buch Königin Marys schließend, »vielleicht um andere zu erwerben«, und sie stieg hinab zu den Gräbern, wo die Gebeine ihrer Ahnen lagen.

Aber selbst die Gebeine ihrer Ahnen, von Sir Miles, Sir Gervase und den anderen, hatten etwas von ihrer Heiligkeit verloren, seit Rustum el Sadi in jener Nacht in den asiatischen Bergen mit der Hand abgewunken hatte. Die Tatsache, daß erst vor drei- oder vierhundert Jahren diese Gerippe Männer gewesen waren, die ihren Weg in der Welt zu machen hatten wie jeder moderne Emporkömmling, und daß sie ihn gemacht hatten, indem sie Häuser und Ämter erwarben, Hosenbänder und andere Orden, wie jeder andere Emporkömmling auch, während Dichter, vielleicht, und Männer von großem Geist und großer Bildung die Stille des Landes vorgezogen hatten, für welche Wahl sie die Strafe bitterster Armut zahlten und jetzt auf der Strand Flugschriften feilboten oder Schafe auf den Weiden hüteten, erfüllte sie irgendwie mit Gewissensbissen. Sie dachte an die ägyptischen Pyramiden und welche Gebeine unter ihnen lägen, wie sie da in der Gruft stand; und die weiten, leeren Berge, die über dem Marmarameer liegen, schienen ihr, für den Augenblick, ein schönerer Aufenthaltsort als dieser vielräumige Herrschaftssitz, in dem kein Bett ohne seine Steppdecke und keine Silberschüssel ohne ihren Silberdeckel war.

»Ich werde erwachsen«, dachte sie, ihre Kerze nehmend. »Ich verliere meine Illusionen, vielleicht um neue zu erwerben«, und sie ging durch die lange Galerie zu ihrem Schlafzimmer. Es war ein mißlicher Prozeß und ein mühevoller. Aber er war interessant, erstaunlicherweise, dachte sie, als sie die Beine vor dem Holzfeuer ausstreckte (denn kein Seemann war anwesend), und sie überschaute, als sei es eine Avenue mit großen Gebäuden, den Weg ihres eigenen Ichs durch die eigene Vergangenheit.

Wie sie Laute geliebt hatte, als sie ein Knabe war, und die Salve sich überstürzender Silben von den Lippen für die herrlichste aller Dichtung gehalten hatte. Dann – vielleicht war es die Wirkung Saschas und ihrer Enttäuschung – war in diesen hehren Wahn ein schwarzer Tropfen gefallen, der ihre Rhapsodie in Stumpfheit verwandelte. Langsam hatte sich in ihr etwas Verwobenes und Vielkammriges geöffnet, das zu erforschen, in Prosa, nicht in Versen, man eine Fackel nehmen mußte; und sie erinnerte sich, wie leidenschaftlich sie jenen Doktor aus Norwich studiert hatte, diesen Browne, dessen Buch hier vor ihr lag. Sie hatte hier in Einsamkeit, nach der Affäre mit Greene, einen Geist geformt oder zu formen versucht, denn der Himmel weiß, daß solche Gewächse Ewigkeiten brauchen, bis sie hervorkommen, der zum Widerstand fähig wäre. »Ich will schreiben«, hatte sie gesagt, »was zu schreiben mir Freude macht«; und hatte so sechsundzwanzig Bände heruntergeschrieben. Dennoch stand sie, trotz all ihrer Reisen und Abenteuer und ihrer tiefsinnigen Überlegungen und ihrem sich hierhin und dorthin Wenden, erst noch im Prozeß des Werdens. Was die Zukunft bringen mochte, wußte allein der Himmel. Der Wechsel war etwas Unaufhörliches, und vielleicht hörte der Wechsel nie auf. Hohe Zinnen aus Gedanken, Gewohnheiten, die so dauerhaft geschienen hatten wie Stein, fielen bei der geringsten Berührung mit einem anderen Geist wie Schatten in sich zusammen und hinterließen einen nackten Himmel und neue Sterne, die in ihm funkelten. Hier trat sie ans Fenster und konnte trotz der Kälte nicht umhin, es zu entriegeln. Sie lehnte sich hinaus in die klamme Nachtluft. Sie hörte einen Fuchs in den Wäldern bellen, und das Rascheln eines Fasans, der durch die Zweige streifte. Sie hörte den Schnee rutschen und vom Dach zu Boden poltern. »Bei meinem Leben«, rief sie aus, »dies ist tausendmal besser als die Türkei. Rustum«, rief sie, als argumentiere sie mit dem Zigeuner (und in dieser neuen Fähigkeit, ein Argument im Kopf zu behalten und mit jemandem fortzusetzen, der nicht anwesend war, um zu widersprechen, zeigte sich abermals die Entwicklung ihrer Seele), »du hattest unrecht. Dies ist besser als die Türkei. Haar, Gebäck, Tabak – aus was für Kraut und Rüben sind wir zusammengesetzt«, sagte sie (an das Gebetbuch Königin Marys denkend). »Was für eine Phantasmagorie von Trugbildern der Geist ist, und was für ein Versammlungsort von Ungleichem! Im einen Augenblick beklagen wir unsere Geburt und unseren Stand und streben nach asketischer Ekstase; im nächsten sind wir überwältigt vom Geruch eines alten Gartenpfads und weinen, weil wir die Drosseln singen hören.« Und so wie üblich verwirrt über die Vielzahl der Dinge, die nach einer Erklärung verlangen und uns ihre Botschaft aufprägen, ohne einen Hinweis auf ihren Sinn zu hinterlassen, warf sie ihre Manila-Zigarre aus dem Fenster und ging zu Bett.

Am nächsten Morgen holte sie infolge dieser Gedanken Feder und Papier hervor und machte sich von neuem an die Arbeit am »Eich-Baum«, denn Tinte und Papier im Überfluß zu haben, wenn man sich mit Beeren und Seitenrändern begnügen mußte, ist ein geradezu unvorstellbares Entzücken. So strich sie bald hier in tiefster Verzweiflung eine Wendung durch, fügte jetzt in höchster Ekstase eine neue ein, als ein Schatten die Seite verdunkelte. Hastig verbarg sie ihr Manuskript.

Da ihr Fenster auf den innersten der Höfe hinausging, da sie Anweisung gegeben hatte, daß sie niemanden empfangen würde, da sie niemanden kannte und selbst rechtlich gesehen unbekannt war, war sie zuerst überrascht über den Schatten, dann entrüstet, dann (als sie den Kopf hob und sah, was ihn verursachte) von Heiterkeit überwältigt. Denn es war ein vertrauter Schatten, ein grotesker Schatten, der Schatten von keiner geringeren Persönlichkeit als der der Erzherzogin Harriet Griselda von Finster-Aarhorn und Scand-op-Boom in rumänischen Landen. Sie hoppelte wie ehedem in ihrem alten schwarzen Reitkostüm und Umhang über den Hof. Nicht ein Haar auf ihrem Kopf war verändert. Dies also war die Frau, die sie aus England vertrieben hatte! Dies war die Brut jenes unzüchtigen Geiers – dies das verderbenbringende Geflügel in eigener Person! Beim Gedanken daran, daß sie bis in die Türkei geflüchtet war, um ihren Verführungskünsten zu entgehen (die nun über die Maßen schal geworden waren), lachte Orlando laut auf. Es lag etwas unaussprechlich Komisches im Anblick der Erzherzogin. Sie glich, wie Orlando damals schon gedacht hatte, nichts so sehr wie einem monströsen Hasen. Sie hatte die glotzenden Augen, die langen Backen, den hohen Kopfputz dieses Tieres. Jetzt hielt sie an, so wie ein Hase aufrecht im Korn sitzt, wenn er sich unbeobachtet glaubt, und starrte Orlando an, die vom Fenster zurückstarrte. Nachdem sie eine geraume Zeit derart gestarrt hatten, blieb nichts anderes zu tun, als sie hereinzubitten, und bald tauschten die beiden Damen Höflichkeiten aus, während die Erzherzogin den Schnee von ihrem Umhang klopfte.

»Die Pest über die Frauen«, sagte Orlando zu sich selbst, während sie zur Kredenz ging, um ein Glas Wein zu holen, »sie lassen einen keinen Augenblick in Frieden. Ein zudringlicheres, vorwitzigeres, neugierigeres Volk als sie gibt es nicht. Um diesem Maibaum zu entkommen, habe ich England verlassen, und jetzt« – hier drehte sie sich zur Erzherzogin, um ihr den Präsentierteller zu kredenzen, und siehe da – an ihrer Stelle stand ein hochgewachsener Gentleman in Schwarz. Ein Häufchen Kleider lag im Kamin. Sie war allein mit einem Mann.

Derart jäh in ein Bewußtsein ihres Geschlechts zurückgerufen, das sie völlig vergessen hatte, und des seinen, das dem ihren nun fern genug war, um gleichermaßen verwirrend zu sein, fühlte Orlando sich einer Ohnmacht nahe.

»Herrje!« rief sie und drückte die Hand an ihre Seite, »wie Ihr mich erschreckt!«

»Holdes Wesen«, rief die Erzherzogin, wobei sie einen Kniefall tat und Orlando gleichzeitig ein Cordial an die Lippen hielt, »verzeiht mir die Täuschung, die ich an Euch verübt.«

Orlando nippte den Wein, und der Erzherzog kniete und küßte ihre Hand.

Kurzum, zehn Minuten lang spielten sie mit großem Eifer die Rollen von Mann und Frau und gingen dann zu einer normalen Unterhaltung über. Die Erzherzogin (die jedoch in Zukunft als der Erzherzog bezeichnet werden muß) erzählte seine Geschichte – daß er ein Mann sei und immer gewesen sei; daß er ein Porträt Orlandos gesehen und sich auf der Stelle hoffnungslos in ihn verliebt habe; daß er sich, um sein Ziel zu erreichen, als Frau verkleidet und im Bäckerladen Logis genommen habe; daß er untröstlich gewesen sei, als Orlando in die Türkei flüchtete; daß er von ihrer Verwandlung gehört habe und herbeigeeilt sei, ihr seine Dienste anzubieten (hier gickerte und gackerte er unerträglich). Für ihn, sagte der Erzherzog Harry, sei sie die Personifikation, die Perle, die Perfektion ihres Geschlechts und werde es immer sein. Die drei Ps wären überzeugender gewesen, wären sie nicht durchsetzt gewesen mit Gegikker und Gegacker der merkwürdigsten Art. »Wenn das Liebe ist«, sagte sich Orlando, den Erzherzog auf der anderen Seite des Kamins betrachtend, und zwar jetzt aus dem Blickwinkel einer Frau, »dann ist etwas hochgradig Lächerliches daran.«

Der Erzherzog Harry fiel auf die Knie und brachte eine höchst leidenschaftliche Erklärung seines Heiratsbegehrens zum Ausdruck. Er sagte, er habe an die zwanzig Millionen Dukaten in einer Kassette in seinem Schloß. Er habe mehr Morgen Land als jeder Edelmann in England. Die Jagd sei ausgezeichnet: Er könne ihr eine gemischte Strecke von Schnee- und Haselhühnern bieten, mit der kein englisches Moor, und auch kein schottisches, es aufnehmen könne. Die Fasane hätten während seiner Abwesenheit zwar unter der Schnabelkrankheit gelitten, und die Rehe hätten vor der Zeit geworfen, aber das ließe sich in Ordnung bringen, und das würde auch geschehen, mit ihrer Hilfe, wenn sie zusammen in Rumänien lebten.

Während er sprach, formten sich riesige Tränen in seinen ziemlich stark vorquellenden Augen und liefen die sandigen Flächen seiner langen, schmalen Wangen hinunter.

Daß Männer ebenso häufig und grundlos weinen wie Frauen, wußte Orlando aus ihrer eigenen Erfahrung als Mann; aber sie fing an, sich bewußt zu werden, daß Frauen schockiert sein müssen, wenn Männer in ihrer Gegenwart Gefühle zeigen, und so war sie denn schockiert.

Der Erzherzog entschuldigte sich. Er beherrschte sich genügend, um sagen zu können, daß er sie jetzt verlassen, jedoch am nächsten Tag wiederkommen werde, um seine Antwort einzuholen.

Das war am Dienstag. Er kam am Mittwoch; er kam am Donnerstag; er kam am Freitag; und er kam am Samstag. Es ist richtig, daß jeder Besuch mit einer Liebeserklärung begann, dahinging oder endete, aber dazwischen gab es viel Raum für Schweigen. Sie saßen zu beiden Seiten des Kamins, und manchmal stieß der Erzherzog die Schüreisen um, und Orlando hob sie wieder auf. Dann besann der Erzherzog sich darauf, wie er in Schweden einen Elch geschossen hatte, und Orlando fragte, sei es ein sehr großer Elch gewesen, und der Erzherzog sagte, nicht so groß wie das Rentier, das er in Norwegen geschossen habe; und Orlando fragte, habe er je einen Tiger geschossen, und der Erzherzog sagte, er habe einen Albatros geschossen, und Orlando sagte (ein Gähnen halb unterdrückend), sei ein Albatros so groß wie ein Elefant, und der Erzherzog sagte – etwas sehr Vernünftiges, ohne Zweifel, aber Orlando hörte es nicht, denn sie sah auf ihren Schreibtisch, aus dem Fenster, zur Tür. Woraufhin der Erzherzog sagte, »Ich bete Euch an«, genau in dem Augenblick, in dem Orlando sagte; »Seht, es fängt an zu regnen«, worüber sie beide sehr verlegen waren und dunkelrot wurden und keinem von ihnen einfallen wollte, was sie als nächstes sagen könnten. In der Tat wußte Orlando sich keinen Rat mehr, worüber sie sprechen könnten, und hätte sie sich nicht auf ein Spiel namens Fliegen-Luh besonnen, bei dem sehr große Summen Geldes bei sehr geringem geistigen Einsatz verloren werden können, hätte sie ihn vermutlich heiraten müssen; denn wie sie ihn sonst hätte loswerden sollen, wußte sie nicht. Mit diesem Hilfsmittel jedoch, und es war ein sehr einfaches, für welches man nur drei Würfel Zucker und eine hinlängliche Anzahl Fliegen brauchte, wurde die Peinlichkeit einer Unterhaltung überwunden und die Notwendigkeit einer Heirat umgangen. Denn nun wettete der Erzherzog fünfhundert Pfund gegen ihren halben Schilling, daß eine Fliege sich auf diesem Würfel Zucker niederlassen würde und nicht auf jenem. So waren sie einen ganzen Vormittag lang vollauf damit beschäftigt, Fliegen zu beobachten (die um diese Jahreszeit verständlicherweise träge waren und oftmals eine runde Stunde damit verbrachten, an der Decke zu kreisen), bis schließlich eine prachtvolle Schmeißfliege ihre Wahl traf und das Spiel gewonnen war. Viele hundert Pfund wechselten die Hand bei diesem Spiel, von dem der Erzherzog, der ein geborener Spieler war, schwor, es sei in jedweder Hinsicht so gut wie Pferderennen, und von dem er beteuerte, es immerdar spielen zu können. Orlando aber wurde seiner bald überdrüssig.

»Was habe ich davon, eine schöne junge Frau in der Blüte meiner Jahre zu sein«, fragte sie, »wenn ich all meine Vormittage damit verbringen muß, Schmeißfliegen mit einem Erzherzog zu beobachten?«

Sie begann den Anblick von Zucker zu verabscheuen; Fliegen machten sie schwindlig. Irgendeinen Ausweg aus der Schwierigkeit mußte es geben, nahm sie an, aber sie war in den Künsten ihres Geschlechts noch nicht sehr bewandert, und da sie einem Mann keins mehr über den Schädel geben oder ihm mit dem Degen den Leib durchbohren konnte, fiel ihr kein besseres Mittel ein als dieses. Sie fing eine Schmeißfliege, quetschte ihr sanft das Leben aus dem Leib (sie war bereits halb tot, sonst hätte ihr Mitgefühl für die stumme Kreatur dies nicht zugelassen) und klebte sie mit einem Tropfen Gummiarabikum auf einen Würfel Zucker. Während der Erzherzog zur Decke hinaufsah, vertauschte sie diesen Würfel behende mit demjenigen, auf den sie ihr Geld gesetzt hatte, rief »Luh Luh!« und behauptete, sie habe die Wette gewonnen. Ihre Rechnung ging dahin, daß der Erzherzog, mit all seinen Kenntnissen über Sport und Pferderennen, den Betrug entdecken würde, und da Schummeln beim Luh das abscheulichste aller Verbrechen ist und Männer deswegen auf alle Zeiten aus der Gesellschaft der Menschen in die der Affen in den Tropen verbannt worden sind, rechnete sie darauf, daß er Manns genug sein würde, sich zu weigern, hinfort auch nur das Geringste mit ihr zu schaffen zu haben. Aber sie unterschätzte die Arglosigkeit des liebenswerten Edelmannes. Er war kein Fliegenkenner. Er sah keinen großen Unterschied zwischen einer toten Fliege und einer lebendigen. Sie probierte den Trick zwanzigmal, und er zahlte an sie über 17 250 Pfund (was in unserem Geld ungefähr 40 885 Pfund, 6 Schilling und 8 Pence sind), bis Orlando so auffällig schummelte, daß selbst er nicht länger zu täuschen war. Als ihm die Wahrheit endlich aufging, folgte eine schmerzliche Szene. Der Erzherzog erhob sich zu seiner vollen Höhe. Er wurde scharlachrot. Die Tränen liefen ihm, eine nach der anderen, über die Wangen. Daß sie ihm ein Vermögen abgewonnen habe, sei nichts – es sei ihr gegönnt; daß sie ihn getäuscht habe, sei etwas – es schmerze ihn zu denken, daß sie dessen fähig sei; aber daß sie beim Luh geschummelt habe, sei alles. Eine Frau zu lieben, die beim Spiel schummelte, sei, so sagte er, unmöglich. Hier brach er gänzlich zusammen. Zum Glück, sagte er, seine Fassung einigermaßen wiedergewinnend, gebe es keine Zeugen. Sie sei schließlich und endlich nur eine Frau, sagte er. Kurzum, er bereitete sich in der Ritterlichkeit seines Herzens darauf vor, ihr zu verzeihen, und hatte sich schon verbeugt, um ihre Verzeihung für die Heftigkeit seiner Worte zu erbitten, als sie der Sache, da er das stolze Haupt neigte, ein für allemal ein Ende bereitete, indem sie eine kleine Kröte zwischen seine Haut und sein Hemd gleiten ließ.

Der Gerechtigkeit halber muß gesagt werden, daß ihr ein Degen unendlich viel lieber gewesen wäre. Kröten sind glitschige Dinger, um sie einen ganzen Vormittag lang am eigenen Leib zu verbergen. Aber wenn Degen verboten sind, muß man zu Kröten Zuflucht nehmen. Überdies bewirken Kröten und Gelächter gemeinsam manchmal, was kalter Stahl nicht bewirken kann. Sie lachte. Der Erzherzog wurde rot. Sie lachte. Der Erzherzog fluchte. Sie lachte. Der Erzherzog knallte die Tür zu.

»Dem Himmel sei Dank!« rief Orlando, immer noch lachend. Sie hörte das Geräusch von Kutschenrädern, die in wütendem Tempo über den Hof gejagt wurden. Sie hörte sie über die Straße rattern. Immer schwächer wurde das Geräusch. Jetzt verhallte es ganz.

»Ich bin allein«, sagte Orlando, laut, da niemand da war, sie zu hören.

Daß Stille nach Geräuschen tiefer ist, bedarf noch der Bestätigung durch die Wissenschaft. Aber daß Einsamkeit spürbarer ist, unmittelbar nachdem man geliebt wurde, das würden viele Frauen unter Eid bezeugen. Als das Geräusch der Kutschenräder des Erzherzogs verhallte, fühlte Orlando, daß sich von ihr immer weiter und weiter ein Erzherzog entfernte (das war ihr gleich), ein Vermögen (das war ihr gleich), ein Titel (das war ihr gleich), die Sicherheit und der Stand der Ehe (das war ihr gleich), aber das Leben hörte sie von sich fortgehen, und einen Liebhaber. »Das Leben und ein Liebhaber«, murmelte sie; und sie ging zu ihrem Schreibtisch, tauchte die Feder in die Tinte und schrieb:

»Das Leben und ein Liebhaber« – eine Zeile, die sich nicht skandieren ließ und keinen Sinn ergab mit dem, was ihr vorausging – irgend etwas über die korrekte Art und Weise, Schafe gegen die Räude zu baden. Als sie die Zeile noch einmal las, errötete sie und wiederholte;

»Das Leben und ein Liebhaber.« Dann legte sie die Feder beiseite, ging in ihr Schlafzimmer, stellte sich vor den Spiegel und legte sich ihre Perlen um den Hals. Dann, da Perlen vor einem Vormittagskleid aus geblümtem Kattun nicht vorteilhaft zur Geltung kommen, wechselte sie zu taubengrauem Taft; dann zu pfirsichblütenfarbenem; dann zu weinrotem Brokat. Vielleicht war ein Hauch Puder vonnöten, und wenn ihr Haar – so – in die Stirn frisiert wäre, würde das ihr vielleicht stehen. Dann schlüpfte sie mit den Füßen in spitz zulaufende Schuhe und steckte sich einen Smaragdring an den Finger. »Jetzt«, sagte sie, als alles fertig war, und zündete die silbernen Wandleuchter zu beiden Seiten des Spiegels an. Welche Frau wäre nicht hellauf entflammt beim Anblick dessen, was Orlando nun im Schnee brennen sah – denn rings um den Spiegel herum waren schneebedeckte Rasenflächen, und sie selbst war wie ein Feuer, ein brennender Busch, und die Kerzenflammen um ihren Kopf waren silberne Blätter; oder dann wieder war der Spiegel grünes Wasser, und sie eine Meerjungfrau, von Perlen umschlungen, eine Sirene in einer Grotte, die sang, so daß Ruderer sich aus ihren Booten lehnten und hinabfielen, hinab, sie zu umarmen; so dunkel, so hell, so hart, so weich war sie, so erstaunlich verführerisch, daß es eine tausendfache Schande war, daß niemand da war, kurz und bündig und offen heraus zu sagen, »Verdammt noch mal, Madam, Sie sind die Lieblichkeit in Person«, was die reine Wahrheit war. Selbst Orlando (die sich nichts auf ihre eigene Person einbildete) wußte es, denn sie lächelte das unwillkürliche Lächeln, das Frauen lächeln, wenn ihre Schönheit, die nicht ihre eigene zu sein scheint, sich bildet wie ein fallender Tropfen oder eine hoch aufsteigende Fontäne und ihnen urplötzlich im Spiegel gegenübersteht – dieses Lächeln lächelte sie, und dann lauschte sie einen Augenblick und hörte nur die Blätter rascheln und die Spatzen zwitschern, und dann seufzte sie, »Das Leben, ein Liebhaber«, und dann wirbelte sie mit außerordentlicher Schnelligkeit auf dem Absatz herum; riß sich die Perlen vom Hals, streifte den Satin vom Rücken, stand hoch aufgerichtet in der eleganten, schwarzseidenen Kniehose eines gewöhnlichen Edelmannes und klingelte. Als der Diener kam, sagte sie ihm, er solle unverzüglich einen Sechsspänner bereitstellen lassen. Dringende Angelegenheiten riefen sie nach London. Eine Stunde nach dem Fortgang des Erzherzogs reiste sie ab.

Und während sie fuhr, dürfen wir, da die Landschaft von der einfachen englischen Art war, die keiner Beschreibung bedarf, die Gelegenheit ergreifen, um die Aufmerksamkeit des Lesers ausdrücklicher, als wir es zum gegebenen Zeitpunkt konnten, auf die eine oder andere Bemerkung zu lenken, die sich hier und da im Verlauf der Erzählung eingeschlichen hat. Zum Beispiel mag aufgefallen sein, daß Orlando ihre Manuskripte verbarg, wenn sie unterbrochen wurde. Weiterhin, daß sie lange und aufmerksam in den Spiegel sah; und jetzt, als sie nach London fuhr, mag man vielleicht bemerken, daß sie zu einem Schrei ansetzte und ihn unterdrückte, wenn die Pferde schneller galoppierten, als ihr lieb war. Ihre Bescheidenheit in bezug auf ihr Schreiben, ihre Eitelkeit in bezug auf ihre Person, ihre Ängste um ihre Sicherheit, dies alles scheint darauf hinzudeuten, daß das, was noch vor kurzer Zeit darüber gesagt worden ist, daß es keine Veränderung in Orlando, dem Mann, und Orlando, der Frau, gebe, aufhörte, ganz wahr zu sein. Sie wurde etwas bescheidener, wie Frauen es sind, was ihren Verstand anging, und etwas eitler, wie Frauen es sind, was ihre Person anging. Gewisse Empfänglichkeiten behaupteten, andere verringerten sich. Der Wechsel der Kleidung hatte, so werden manche Philosophen sagen, viel damit zu tun. Eitle Nebensächlichkeiten, die sie zu sein scheinen, haben Kleider, so sagen sie, wichtigere Aufgaben als nur die, uns warmzuhalten. Sie verändern unser Bild der Welt und das Bild der Welt von uns. Zum Beispiel, als Kapitän Bartolus Orlandos Rock sah, ließ er unverzüglich ein Sonnensegel für sie spannen, drängte sie, noch eine Scheibe Pökelfleisch zu nehmen, und lud sie ein, mit ihm im Langboot an Land zu fahren. Diese Komplimente wären ihr sicherlich nicht erwiesen worden, wären ihre Röcke, statt weit zu fließen, in der Art von Kniehosen eng um die Beine geschnitten gewesen. Und wenn uns Komplimente gemacht werden, geziemt es uns, sie zu erwidern. Orlando knickste; sie schickte sich drein; sie schmeichelte den Launen des guten Mannes, wie sie es nicht getan hätte, wäre seine schmucke Kniehose ein Frauenrock gewesen und sein betreßter Rock das Satinmieder einer Frau. So gibt es vieles, was die Ansicht unterstützt, daß es die Kleider sind, die uns tragen, und nicht wir sie; wir mögen sie dazu bringen, die Form von Arm oder Brust anzunehmen, sie aber formen unsere Herzen, unseren Verstand, unsere Zungen nach ihrem Belieben. Und so war, nachdem sie jetzt eine geraume Zeit Röcke getragen hatte, eine gewisse Veränderung in Orlando sichtbar, die sich, wenn der Leser sich Seite 112 ansehen will, sogar in ihrem Gesicht finden läßt. Wenn wir das Bild von Orlando als Mann mit dem von Orlando als Frau vergleichen, werden wir sehen, daß es, obwohl beide ohne jeden Zweifel ein und dieselbe Person sind, gewisse Veränderungen gibt. Der Mann hat die Hand frei, das Schwert zu ergreifen, die Frau muß die ihre benutzen, um zu verhindern, daß der Satin von ihren Schultern rutscht. Der Mann blickt der Welt offen ins Gesicht, als sei sie für seinen Gebrauch gemacht und nach seinem Geschmack gestaltet. Die Frau sieht sie von der Seite her kurz an, verstohlen, sogar voller Argwohn. Hätten beide dieselben Kleider getragen, ist es möglich, daß auch ihre Auffassungen dieselben gewesen wären.

Dies ist die Ansicht einiger Philosophen und kluger Köpfe, aber im großen und ganzen neigen wir einer anderen zu. Der Unterschied zwischen den Geschlechtern ist, zum Glück, von großer Tiefgründigkeit. Kleider sind nichts weiter als ein Symbol für etwas, das tief darunter verborgen liegt. Es war eine Veränderung in Orlando selbst, die ihr die Wahl eines Frauenkleides und eines Frauengeschlechts diktierte. Und vielleicht drückte sie damit nur mit größerer Offenheit als üblich – in der Tat war Offenheit die Seele ihrer Natur – etwas aus, das den meisten Menschen widerfährt, ohne derart deutlich ausgedrückt zu werden. Denn hier stehen wir wieder vor einem Dilemma. So unterschiedlich die Geschlechter auch sind, so überkreuzen sie sich doch. In jedem menschlichen Wesen gibt es ein Schwanken von einem Geschlecht zum anderen, und oft sind es nur die Kleider, die das männliche oder weibliche Aussehen aufrechterhalten, während darunter das Geschlecht das genaue Gegenteil dessen ist, als was es oben erscheint. Mit den Verwicklungen und Verwirrungen, die sich daraus ergeben, hat jeder seine Erfahrungen gemacht; hier aber verlassen wir die allgemeine Frage und verzeichnen nur die seltsame Wirkung, die das alles im besonderen Fall Orlandos hatte.

Denn es war diese Mischung in ihr von Mann und Frau, wobei einmal das eine die Oberhand hatte und dann das andere, die ihrem Verhalten oft eine unerwartete Wendung gab. Die Neugierigen ihres eigenen Geschlechts argumentierten zum Beispiel, wieso Orlando, wenn sie denn eine Frau sei, nie mehr als zehn Minuten brauche, um sich anzukleiden? Und wurden ihre Kleider nicht eher zufällig ausgewählt, und wurden sie nicht manchmal eher nachlässig getragen? Und dann sagten sie, nichtsdestoweniger habe sie nichts von der Förmlichkeit eines Mannes oder von der Liebe eines Mannes zur Macht. Sie habe ein überaus sanftes Herz. Sie könne es nicht ertragen zu sehen, wie ein Esel geschlagen oder ein Kätzchen ertränkt werde. Und dennoch, bemerkten sie, verabscheue sie Haushaltsangelegenheiten und sei mit der Morgendämmerung auf den Beinen und im Sommer draußen auf den Feldern, bevor die Sonne aufging. Kein Bauer wüßte mehr über Ernten als sie. Sie könne trinken wie die Besten von ihnen und liebe Glücksspiele. Sie sei eine ausgezeichnete Reiterin und lenke sechs Pferde im Galopp über die London Bridge. Und dennoch, wenn sie auch kühn und aktiv war wie ein Mann, es wurde bemerkt, daß der Anblick eines in Gefahr befindlichen Menschen bei ihr das weiblichste Herzklopfen auslöste. Sie brach beim geringsten Anlaß in Tränen aus. Sie war unbewandert in Geographie, fand Mathematik unerträglich und vertrat einige absonderliche Ansichten, die unter Frauen weiter verbreitet sind als unter Männern, wie zum Beispiel, daß nach Süden reisen nach unten reisen heißt. Ob also Orlando eher Mann oder eher Frau war, ist schwer zu sagen und kann jetzt nicht entschieden werden. Denn ihre Kutsche ratterte jetzt über das Kopfsteinpflaster. Sie hatte ihr Stadthaus erreicht. Das Trittbrett wurde heruntergelassen; die Eisentore wurden geöffnet. Sie betrat ihr Vaterhaus in Blackfriars, das, obwohl die elegante Welt jenen Teil der Stadt rapide verließ, immer noch ein angenehmes, geräumiges Herrenhaus war, mit Gärten, die sich bis hinunter zum Fluß erstreckten, und einem hübschen Nußbaumhain zum Lustwandeln.

Hier bezog sie ihr Quartier und fing unverzüglich an, sich nach dem umzusehen, was zu suchen sie gekommen war – nämlich das Leben und einen Liebhaber. Über ersteres mag es gewisse Zweifel geben; das zweite fand sie ohne die geringste Schwierigkeit zwei Tage nach ihrer Ankunft.

Es war ein Dienstag, da sie in die Stadt kam. Am Donnerstag unternahm sie einen Spaziergang auf der Mall, wie es damals die Gewohnheit von Personen von Stand war. Sie war den Boulevard noch keine zweimal auf und ab gegangen, als sie von einem kleinen Grüppchen gemeinen Volks bemerkt wurde, das dorthin geht, um die bessergestellten Menschen zu beobachten. Als sie an ihnen vorbeikam, trat eine gewöhnliche Frau mit einem Kind an der Brust vor, starrte Orlando vertraulich ins Gesicht und rief, »Der Herr steh' uns bei, wenn das nicht die Lady Orlando ist!« Ihre Kumpane drängten sich um sie herum, und Orlando fand sich im Augenblick im Mittelpunkt eines Mobs glotzender Bürger und Händlersfrauen, allesamt begierig, die Heldin des berühmten Prozesses zu begaffen. Derart war das Interesse, das die Streitsache in den Gemütern der gewöhnlichen Leute erregte. Sie hätte sich in der Tat ernstlich inkommodiert fühlen können durch das Gedränge der Menge – sie hatte vergessen, daß es sich für eine Dame nicht schickt, in aller Öffentlichkeit allein spazierenzugehen –, wäre nicht unverzüglich ein hochgewachsener Herr herbeigeeilt und hätte ihr den Schutz seines Arms angeboten. Es war der Erzherzog. Sie wurde bei seinem Anblick von Trübsinn, doch auch von einer gewissen Belustigung ergriffen. Nicht nur hatte dieser großmütige Edelmann ihr vergeben, sondern auch, um ihr zu zeigen, daß er ihren Streich mit der Kröte nicht übel aufgenommen hatte, überdies ein Schmuckstück in der Form jenes Reptils anfertigen lassen, welches er ihr zusammen mit einer Wiederholung seines Antrages aufdrängte, als er ihr in die Kutsche half.

Teils wegen der Menschenmenge, teils wegen des Herzogs, teils wegen des Schmuckstücks fuhr sie in der denkbar übelsten Laune nach Hause. War es denn unmöglich, einen Spaziergang zu unternehmen, ohne halb erstickt, von einem Erzherzog mit einer von Smaragden eingefaßten Kröte beschenkt und um die Hand gebeten zu werden? Sie sah den Fall in einem freundlicheren Licht, als sie am nächsten Tag auf ihrem Frühstückstisch ein halbes Dutzend Billetts von einigen der vornehmsten Damen des Landes vorfand – von Lady Suffolk, Lady Salisbury, Lady Chesterfield, Lady Tavistock und anderen, die sie auf die denkbar höflichste Weise an alte Bande zwischen ihren Familien und ihrer eigenen erinnerten und um die Ehre ihrer Bekanntschaft ersuchten. Am nächsten Tag, welcher ein Samstag war, machten viele dieser vornehmen Damen ihr höchstselbst ihre Aufwartung. Am Dienstag, gegen Mittag, überbrachten ihre Lakaien Einladungskarten zu verschiedenen Gesellschaften, Diners und Festlichkeiten in der nahen Zukunft; so daß Orlando ohne Verzug, und dazu mit einigem Wirbel und Getöse, in die Gewässer der Londoner Gesellschaft vom Stapel gelassen wurde.

Eine wahrheitsgetreue Beschreibung der Londoner Gesellschaft zu jener oder in der Tat zu irgendeiner anderen Zeit zu geben, übersteigt die Fähigkeiten des Biographen oder Historikers. Dies ist nur jenen zuzutrauen, die wenig Bedürfnis nach Wahrheit haben und keinen Respekt vor ihr – den Dichtern und Romanschreibern –, denn dies ist einer der Fälle, in denen es Wahrheit nicht gibt. Nichts gibt es. Das Ganze ist ein Miasma – eine Fata Morgana. Um deutlich zu machen, was wir meinen – Orlando kam für gewöhnlich um drei oder vier Uhr morgens von einer dieser Gesellschaften nach Hause, mit Wangen wie ein Weihnachtsbaum und Augen wie Sternen. Sie schnürte ein Band auf, ging zwanzigmal im Zimmer auf und ab, schnürte ein weiteres Band auf, blieb stehen und ging wieder im Zimmer auf und ab. Oft strahlte die Sonne über den Schornsteinen von Southwark, bevor sie sich entschließen konnte, zu Bett zu gehen, und da lag sie denn, sich eine Stunde oder länger hin und her werfend, lachend und seufzend, bis sie endlich einschlief. Und weswegen diese ganze Aufregung? Wegen der Gesellschaft. Und was hatte die Gesellschaft gesagt oder getan, um eine verständige junge Dame in eine derartige Erregung zu versetzen? Kurz und bündig, gar nichts. Sosehr sie sich auch den Kopf zermarterte, am nächsten Tage konnte Orlando sich nie an ein einziges Wort erinnern, das sich zu einem Etwas hätte vergrößern lassen. Lord O. war galant gewesen. Lord A. artig. Der Marquis von C. charmant. Mr M. amüsant. Aber wenn sie sich zu erinnern suchte, worin ihre Galanterie, ihre Artigkeit, ihr Charme oder ihr Witz bestanden hatten, mußte sie annehmen, ihr Gedächtnis lasse sie im Stich, denn sie konnte nichts davon benennen. Es war immer dasselbe. Nichts blieb am nächsten Tag übrig, und doch war die Erregung des Augenblicks ganz heftig. So sind wir denn zu dem Schluß gezwungen, daß die Gesellschaft ein Gebräu ist, wie es von geschickten Hausfrauen zur Weihnachtszeit heiß kredenzt wird, ein Gebräu, dessen Arom vom richtigen Mischen und Rühren eines Dutzends verschiedener Zutaten abhängt. Nimmt man eine davon heraus, ist sie für sich genommen geschmacklos. Nimmt man Lord O., Lord A., Lord C. oder Mr M. weg, ist jeder für sich genommen nichts. Rührt man sie jedoch alle zusammen, so verbinden sie sich, um das berauschendste Arom, den verführerischsten Duft zu verströmen. Dennoch entzieht sich dieser Rausch, dieses Verführerische, gänzlich unserer Analyse. In ein und demselben Augenblick ist die Gesellschaft daher alles und ist sie nichts. Die Gesellschaft ist das stärkste Elixier der Welt, und die Gesellschaft hat keine wie auch immer geartete Existenz. Solchen Ungeheuern sind höchstens Dichter und Romanschreiber gewachsen; mit derartigen Etwas-Nichtsen sind ihre Werke bis zu ungeheuerlicher Größe aufgeplustert; und mit dem besten Willen von der Welt sind wir es zufrieden, sie ihnen zu überlassen.

Dem Beispiel unserer Vorgänger folgend, wollen wir daher nur sagen, daß die Gesellschaft zur Regierungszeit Königin Annes[12] von nie dagewesenem Glanz war. Zutritt zu ihr zu haben war das Ziel jeder hochwohlgeborenen Person. Die Fertigkeiten waren unübertroffen. Väter unterwiesen ihre Söhne, Mütter ihre Töchter. Keine Erziehung für keins der Geschlechter war vollständig, wenn sie nicht die Wissenschaft des Betragens einschloß, die Kunst des sich Verbeugens und des Knicksens, die Handhabung von Degen und Fächer, die Pflege der Zähne, die Haltung des Beins, die Geschmeidigkeit des Knies, die richtige Art und Weise, ein Zimmer zu betreten und zu verlassen, und dazu tausend Etceteras, wie sie jedem, der sich selbst in der Gesellschaft bewegt hat, unverzüglich in den Sinn kommen. Da Orlando sich das Lob Königin Elizabeths erworben hatte für die Art und Weise, wie sie als Knabe eine Schale Rosenwasser darreichte, ist anzunehmen, daß sie gewandt genug war, die Probe zu bestehen. Dennoch ist es wahr, daß sie etwas Gedankenverlorenes an sich hatte, das sie manchmal ungeschickt sein ließ; sie war imstande, an Poesie zu denken, wenn sie an Taft hätte denken sollen; ihr Gang war vielleicht eine Spur zu ausgreifend für eine Frau, und ihre Gesten, die abrupt waren, mochten bei Gelegenheit eine Tasse Tee in Gefahr bringen.

Ob nun dieses leise Unvermögen ausreichend war, den Glanz ihrer Erscheinung zu konterkarieren, oder ob sie einen Tropfen zuviel von jenem schwarzen Saft geerbt hatte, der in den Adern aller aus ihrem Hause floß, sicher ist, daß sie noch keine zwanzigmal in der vornehmen Welt gewesen war, als man schon hätte hören können – wäre außer ihrem Spaniel Pippin jemand dagewesen, sie zu hören –, wie sie sich selbst fragte: »Was, zum Teufel, ist mit mir los?« Dies geschah am Dienstag, dem 16. Juni 1712; sie war eben erst von einem großen Ball im Arlington House zurückgekommen; die Dämmerung stand am Himmel, und sie zog gerade die Strümpfe aus. »Es ist mir gleich, wenn ich, solange ich lebe, keiner Menschenseele mehr begegne«, rief Orlando und brach in Tränen aus. Liebhaber hatte sie im Überfluß, aber das Leben, das schließlich und endlich auf seine Art von einiger Wichtigkeit ist, entzog sich ihr. »Ist dies«, fragte sie – aber es war niemand da, ihr zu antworten –, »ist dies«, beendete sie ihren Satz nichtsdestoweniger, »was die Leute Leben nennen?« Der Spaniel hob zum Zeichen des Mitgefühls die Vorderpfote. Der Spaniel leckte Orlando mit der Zunge. Orlando streichelte den Spaniel mit der Hand. Orlando küßte den Spaniel mit den Lippen. Kurzum, es herrschte zwischen ihnen die echteste Sympathie, die es zwischen einem Hund und seiner Herrin geben kann, und dennoch läßt sich nicht leugnen, daß die Stummheit der Tiere ein großes Hindernis für die Feinheiten des Umgangs ist. Sie wedeln mit dem Schwanz; sie ducken den vorderen Teil ihres Körpers und heben den hinteren; sie wälzen sich, sie springen, sie scharren, sie winseln, sie bellen, sie schlabbern, sie haben alle Arten von eigenen Zeremonien und Kunstkniffen, aber das alles nutzt nichts, da sie des Sprechens unkundig sind. Ebendies, dachte sie, als sie den Hund sacht auf den Boden setzte, war ihr Hader mit den großen Persönlichkeiten von Arlington House. Auch sie wedeln mit dem Schwanz, ducken sich, wälzen sich, springen, scharren und schlabbern, aber sprechen können sie nicht. »All die Monate, die ich mich in der Welt bewegt habe«, sagte Orlando, einen Strumpf quer durch das Zimmer schleudernd, »habe ich nichts gehört, was Pippin nicht auch hätte sagen können. Mir ist kalt. Ich bin glücklich. Ich habe Hunger. Ich habe eine Maus gefangen. Ich habe einen Knochen vergraben. Bitte, küß mich auf die Nase.« Und das war nicht genug.

Wie sie innerhalb so kurzer Zeit vom Rausch zum Abscheu gelangte, können wir nur durch die Vermutung zu erklären versuchen, daß diese geheimnisvolle Mixtur, die wir Gesellschaft nennen, an und für sich nichts absolut Gutes oder Schlechtes ist, aber einen Geist enthält, der flüchtig, aber wirksam ist und einen entweder trunken macht, wenn man ihn, wie Orlando es tat, für wundervoll hält, oder einem Kopfschmerzen verursacht, wenn man ihn, wie Orlando es tat, für widerwärtig hält. Daß die Fähigkeit zu sprechen auf die eine oder andere Weise viel damit zu tun hat, erlauben wir uns zu bezweifeln. Oft ist eine stumme Stunde die hinreißendste von allen; brillanter Geist kann unbeschreiblich öde sein. Aber überlassen wir das den Dichtern, und damit weiter in unserer Geschichte.

Orlando warf den zweiten Strumpf hinter dem ersten her und ging recht niedergeschlagen zu Bett, fest entschlossen, der Gesellschaft für immer abzuschwören. Aber wieder einmal war sie, wie sich herausstellte, zu hastig zu ihrer Schlußfolgerung gelangt. Denn gleich am nächsten Morgen wachte sie auf, um unter den üblichen Einladungskarten auf ihrem Tisch eine von einer gewissen großen Lady zu finden, der Gräfin von R. Nachdem sie in der Nacht beschlossen hatte, nie wieder in der Gesellschaft zu erscheinen, können wir Orlandos Verhalten – sie schickte stehenden Fußes einen Boten nach R—— House, um sagen zu lassen, daß sie Ihrer Ladyschaft mit dem größten Vergnügen von der Welt ihre Aufwartung machen werde – nur durch die Tatsache erklären, daß sie noch immer unter der Wirkung dreier honigsüßer Wörter stand, die Kapitän Nicholas Benedict Bartolus ihr an Deck der *Enamoured Lady* ins Ohr geträufelt hatte, als sie die Themse hinaufsegelten. Addison, Dryden, Pope, hatte er gesagt, auf den Cocoa Tree deutend, und Addison, Dryden, Pope hatten seitdem unaufhörlich in ihrem Kopf geklingelt wie eine Zauberformel. Wer kann solche Narrheit begreifen, aber so war es. All ihre Erfahrung mit Nick Greene hatte sie nichts gelehrt. Solche Namen übten noch immer die machtvollste Faszination auf sie aus. An irgend etwas müssen wir vielleicht glauben, und da Orlando, wie wir sagten, keinen Glauben an die üblichen Gottheiten besaß, richtete sie ihre Gläubigkeit auf große Männer – jedoch mit einem Unterschied. Admiräle, Soldaten, Staatsmänner bewegten sie in keiner Weise. Aber der bloße Gedanke an einen großen Schriftsteller peitschte sie zu solchen Höhen der Gläubigkeit auf, daß sie ihn fast für unsichtbar hielt. Ihr Instinkt war ein gesunder. Vielleicht kann man nur voll und ganz an das glauben, was man nicht sehen kann. Der flüchtige Blick, den sie vom Deck des Schiffs auf jene großen Männer erhascht hatte, war von der Art einer Vision gewesen. Daß die Tasse aus Porzellan gewesen oder die Gazette aus Papier, bezweifelte sie. Als Lord O. eines Tages sagte, er habe am Abend zuvor mit Dryden gespeist, glaubte sie ihm schlicht und einfach kein Wort. Nun besaß Lady R.s Salon den Ruf, das Vorzimmer zum Audienzsaal des Genies zu sein; er war der Ort, an dem Männer und Frauen sich trafen, um vor der Büste des Genies in einer Wandnische Weihrauchfässer zu schwingen und Hymnen zu singen. Manchmal gewährte der Gott höchstpersönlich einen Augenblick lang die Gnade seiner Gegenwart. Einzig der Intellekt verschaffte dem Supplikanten Zutritt, und nichts (so ging das Gerücht) werde drinnen gesagt, was nicht geistreich sei.

Daher war es mit großem Zittern und Zagen, daß Orlando den Salon betrat. Sie fand eine Gesellschaft vor, die bereits im Halbkreis um den Kamin versammelt war. Lady R., eine ältliche Dame, von dunklem Teint, mit einer schwarzen Spitzenmantilla um den Kopf, saß in einem großen Armsessel in der Mitte. Auf diese Weise konnte sie, die etwas schwerhörig war, die Unterhaltung zu ihren beiden Seiten verfolgen. Zu ihren beiden Seiten saßen Männer und Frauen von höchstem Rang und Namen. Jeder Mann, so hieß es, sei ein Premierminister gewesen, und jede Frau, so wurde geflüstert, die Mätresse eines Königs. Sicher ist, daß alle brillant waren, und alle berühmt. Orlando nahm ihren Platz in tiefster Ehrerbietung schweigend ein ... Nach drei Stunden knickste sie tief und ging.

Aber was, mag der Leser mit einiger Erbitterung fragen, geschah in der Zwischenzeit? In drei Stunden mußte eine solche Gesellschaft doch die geistreichsten, die tiefgründigsten, die interessantesten Dinge von der Welt gesagt haben. So möchte man in der Tat meinen. Tatsache scheint jedoch zu sein, daß sie nichts sagte. Es ist ein seltsamer Charakterzug, den sie mit den brillantesten Gesellschaften teilt, die die Welt je gesehen hat. Die alte Madame du Deffand[13] und ihre Freunde redeten fünfzig Jahre lang ununterbrochen. Und was ist von alldem geblieben? Vielleicht drei geistreiche Bemerkungen. So daß es uns freisteht zu vermuten, daß entweder nichts gesagt wurde oder daß nichts Geistreiches gesagt wurde oder daß der Bruchteil dreier geistreicher Bemerkungen über achtzehntausendzweihundertundfünfzig Nächte zu strecken wäre, womit keine der Nächte eine großzügige Portion an Geist zu verbuchen gehabt hätte.

Die Wahrheit – wenn wir ein solches Wort in einem solchen Zusammenhang zu benutzen wagen – scheint zu sein, daß alle derartigen Gruppen von Menschen unter einem Zauber stehen. Die Gastgeberin ist unsere moderne Sibylle. Sie ist eine Hexe, die ihre Gäste mit einem Bann belegt. In diesem Haus halten sie sich für glücklich; in jenem für geistreich; in einem dritten für tiefgründig. Es ist alles eine Illusion (womit nichts dagegen gesagt sein soll, denn Illusionen sind die wertvollsten und notwendigsten aller Dinge, und sie, die eine zu erschaffen vermag, gehört zu den größten Wohltäterinnen der Welt), aber da allseits bekannt ist, daß Illusionen im Konflikt mit der Wirklichkeit zerbrechen, wird kein wahres Glück, kein wahrer Geist, keine wahre Tiefgründigkeit dort toleriert, wo die Illusion vorherrscht. Dies dient als Erklärung dafür, weshalb Madame du Deffand im Verlauf von fünfzig Jahren nicht mehr als drei geistreiche Dinge sagte. Hätte sie mehr gesagt, wäre ihr Zirkel vernichtet gewesen. Als die geistreiche Bemerkung ihre Lippen verließ, schmetterte sie die gegenwärtige Unterhaltung ebenso nieder, wie eine Kanonenkugel die Veilchen und die Maßliebchen plattwalzt. Als sie ihr berühmtes »mot de Saint Denis« von sich gab, verdorrte sogar das Gras! Ernüchterung und Verzweiflung folgten. Kein Wort wurde gesprochen. »Ersparen Sie uns um Himmels willen ein weiteres solches, Madame!« riefen ihre Freunde wie aus einem Munde. Und sie gehorchte. Fast siebzehn Jahre lang sagte sie nichts Denkwürdiges mehr, und alles ging gut. Die schöne Steppdecke der Illusion lag unzerrissen über ihrem Zirkel, wie sie unzerrissen über dem Zirkel von Lady R. lag. Die Gäste dachten, sie wären glücklich, dachten, sie wären witzig, dachten, sie wären tiefgründig, und da sie dies dachten, dachten andere Leute es noch stärker; und so sprach sich herum, daß es nichts Hinreißenderes gebe als eine von Lady R.s Assembleen; alle beneideten jene, die zugelassen waren; jene, die zugelassen waren, beneideten sich selbst, weil andere sie beneideten; und so schien kein Ende abzusehen – bis auf das, welches wir nun erzählen müssen.

Denn als Orlando zum ungefähr dritten Mal hinging, ereignete sich ein gewisser Vorfall. Sie stand noch immer unter der Illusion, den brillantesten Epigrammen von der Welt zu lauschen, obwohl der alte General C. in Wirklichkeit nur sagte, und zwar in einiger Ausführlichkeit, wie die Gicht von seinem linken Bein auf das rechte übergegangen sei, während Mr L., sobald irgendein Name genannt wurde, unterbrach, »R.? Oh! Ich kenne Billy R. so gut wie meine Westentasche. S.? Mein bester Freund. T.?

Habe ihn zwei Wochen in Yorkshire besucht« – was, derart ist die Macht der Illusion, wie die geistreichste aller Entgegnungen klang, der tiefsinnigste Kommentar über das menschliche Leben, und die Gesellschaft pausenlos lautstark lachen ließ; als die Tür aufging und ein kleingewachsener Herr eintrat, dessen Namen Orlando nicht verstand. Bald überkam sie ein merkwürdig unangenehmes Gefühl. Den Gesichtern der anderen nach zu urteilen, fingen auch sie an es zu verspüren. Einer der Herren sagte, es ziehe. Die Marquise von C. fürchtete, unter dem Sofa müsse eine Katze sein. Es war, als würden ihre Augen nach einem schönen Traum langsam geöffnet und als begegne ihnen nichts als ein billiger Waschtisch und eine schmutzige Steppdecke. Es war, als entziehe sich ihnen langsam das Bukett eines köstlichen Weines. Immer noch redete der General, und immer noch erinnerte sich Mr L. Aber es wurde immer offensichtlicher, wie rot der Hals des Generals war und wie kahl der Kopf von Mr L. Und was nun ihre Worte anlangte – so ließ sich nichts Öderes und Trivialeres vorstellen. Alle rutschten unruhig hin und her, und diejenigen, die Fächer besaßen, gähnten dahinter. Zu guter Letzt klopfte Lady R. mit dem ihren auf die Lehne ihres großen Sessels. Beide Herren hörten auf zu sprechen.

Dann sagte der kleine Herr,

Als nächstes sagte er,

Zum Schluß sagte er,*

Hier, das läßt sich nicht leugnen, war echter Witz, echte Weisheit, echte Tiefgründigkeit. Die Gesellschaft wurde in abgrundtiefe Verzweiflung gestürzt. *Ein* derartiger Ausspruch war schlimm genug; aber drei, einer nach dem anderen, an ein und demselben Abend! Keine Gesellschaft konnte das überleben.

»Mr Pope«, sagte die alte Lady R. mit einer Stimme, die vor sarkastischem Zorn bebte, »Sie belieben witzig zu sein.« Mr Pope wurde rot. Niemand sagte ein Wort. Sie saßen rund zwanzig Minuten in tödlichem Schweigen. Dann erhoben sie sich einer nach dem anderen und schlichen aus dem Zimmer. Daß sie nach einem solchen Erlebnis je wiederkommen würden, war zweifelhaft. In der ganzen South Audley Street konnte man die Fackeljungen nach ihren Kutschen rufen hören. Türen wurden zuge-

---

* Diese Aussprüche sind zu bekannt, als daß sie wiederholt werden müßten; und außerdem finden sich alle in seinen veröffentlichten Werken.

schlagen, und Wagen fuhren davon. Orlando fand sich auf der Treppe in der Nähe von Mr Pope wieder. Sein schmächtiger, mißgestalter Körper wurde von einer Vielzahl von Gefühlen geschüttelt. Pfeile von Boshaftigkeit, Wut, Triumph, Witz und Entsetzen (er zitterte wie Espenlaub) schossen aus seinen Augen. Er sah aus wie ein gedrungenes Reptil mit einem brennenden Topas in der Stirn. Zur gleichen Zeit wurde die unglückliche Orlando vom seltsamsten Sturm der Gefühle ergriffen. Eine so vollständige Ernüchterung wie die, die ihrem Geist vor nicht einmal einer Stunde beigebracht worden war, läßt diesen von einer Seite zu anderen schwanken. Alles erscheint zehnmal kahler und nackter denn zuvor. Es ist ein Augenblick voll der höchsten Gefahr für das menschliche Gemüt. Frauen werden in solchen Augenblicken zu Nonnen und Männer zu Priestern. In solchen Augenblicken verschenken Reiche all ihren Besitz; und Glückliche schneiden sich die Kehle mit dem Tranchiermesser durch. Orlando hätte all dies willig getan, aber es gab noch etwas Unbesonneneres, was sie tun konnte, und dies tat sie. Sie lud Mr Pope ein, mit ihr nach Hause zu kommen.

Denn wenn es unbesonnen ist, unbewaffnet in die Höhle des Löwen zu gehen, unbesonnen, den Atlantik in einem Ruderboot zu überqueren, unbesonnen, auf einem Bein auf der Spitze der St. Paul's Kathedrale zu stehen, dann ist es noch unbesonnener, mit einem Dichter allein nach Hause zu gehen. Ein Dichter ist Atlantik und Löwe in einem. Während der eine uns ertränkt, zerfleischt uns der andere. Wenn wir die Zähne überleben, erliegen wir den Wellen. Ein Mann, der Illusionen zerstören kann, ist beides, Bestie und Flut. Illusionen sind für die Seele, was die Atmosphäre für die Erde ist. Nimmt man diese zärtliche Luft fort, stirbt die Pflanze, verblaßt die Farbe. Die Erde, auf der wir gehen, ist ausgeglühte Asche. Wir treten über Mergel, und feurige Kohlen verbrennen uns die Füße. Durch die Wahrheit werden wir zunichte gemacht. Das Leben ist ein Traum. Das Aufwachen ist's, das uns tötet. Er, der uns unserer Träume beraubt, beraubt uns unseres Lebens – (und sechs Seiten lang so weiter und so weiter, wenn Sie unbedingt wollen, aber der Stil ist öde, und wir lassen ihn lieber fallen).

Demzufolge hätte Orlando zu dem Zeitpunkt, an dem die Kutsche vor ihrem Haus in Blackfriars anlangte, ein Häufchen Asche sein müssen.

Daß sie noch immer Fleisch und Blut war, wenn auch ohne Zweifel erschöpft, ist einzig und allein auf eine Tatsache zurückzuführen, auf die wir die Aufmerksamkeit bereits an früherer Stelle der Erzählung lenkten. Je weniger wir sehen, desto mehr glauben wir. Nun waren die Straßen, die zwischen Mayfair und Blackfriars liegen, zu jener Zeit sehr unvollkommen beleuchtet. Gewiß, die Beleuchtung stellte gegenüber der der elisabethanischen Zeit eine große Verbesserung dar. Damals mußte der nächtliche Reisende auf die Sterne oder die rote Flamme eines Nachtwächters vertrauen, ihn vor den Kiesgruben der Park Lane oder den Eichenwäldern der Tottenham Court Road zu retten, in denen die Schweine wühlten. Aber dennoch mangelte ihr viel unserer modernen Zweckmäßigkeit. Laternenpfähle mit Öllampen gab es etwa alle zweihundert Schritt, aber dazwischen lag eine beträchtliche Strecke pechschwarzer Dunkelheit. So befanden sich Orlando und Mr Pope zehn Minuten lang in Finsternis; und dann ungefähr eine halbe Minute wieder im Licht. Ein sehr seltsamer Gemütszustand wurde so in Orlando hervorgerufen. Wenn das Licht nachließ, begann sie zu fühlen, wie der betörendste Balsam sich über sie stahl. »Es ist in der Tat eine sehr große Ehre für eine junge Frau, mit Mr Pope zu fahren«, begann sie zu denken, auf die Konturen seiner Nase blickend. »Ich bin die Glücklichste meines Geschlechts. Einen halben Zoll weit von mir – in der Tat fühle ich den Knoten seiner Kniebänder an meinen Schenkel drücken – sitzt der geistvollste Kopf im ganzen Reich Ihrer Majestät. Künftige Zeitalter werden unser mit Neugier gedenken und mich rasend beneiden.« Hier kam wieder der Laternenpfahl. »Was bin ich für eine närrische Gans«, dachte sie. »So etwas wie Ruhm und Ehre gibt es nicht. Kommende Zeitalter werden nie auch nur einen Gedanken an mich oder auch an Mr Pope verschwenden. Was ist überhaupt ein ›Zeitalter‹? Was sind ›wir‹?«, und ihre Fahrt über den Berkeley Square schien wie das Tasten zweier blinder Ameisen, die ohne ein gemeinsames Anliegen oder Interesse nur für den Augenblick zusammengeworfen sind, durch eine schwarze Wüste. Sie erzitterte. Aber hier war wieder die Dunkelheit. Ihre Illusion erwachte zu neuem Leben. »Wie edel seine Stirn ist«, dachte sie (einen Buckel des Polsters in der Dunkelheit irrtümlich für Mr Popes Stirn haltend). »Welch geniale Bürde in ihr wohnt! Welcher Witz, welche Weisheit und welche Wahrheit – welch eine Fülle, wahrlich, an all jenen

Juwelen, für die Menschen bereit wären, ihr Leben einzutauschen! Eures, Mr Pope, ist das einzige Licht, das für immer brennt. Wenn Ihr nicht wäret, müßte die menschliche Pilgerfahrt in völliger Dunkelheit vonstatten gehen« (hier ruckte die Kutsche ganz gewaltig, da sie in eine Spurrinne der Park Lane sackte); »ohne Genie würden wir umstürzen und wären verloren. Erhabenster, hellster aller Lichtstrahlen« – so schwärmte sie den Buckel im Polster an, als sie unter einer der Straßenlampen des Berkeley Square vorbeikamen und sie ihren Irrtum bemerkte. Mr Pope hatte eine Stirn, die nicht größer war als die jedes anderen Mannes. »Elender«, dachte sie, »wie habt Ihr mich getäuscht! Ich habe diesen Buckel für Eure Stirn gehalten. Wenn man Euch deutlich sieht, wie unedel, wie verachtenswert Ihr dann seid! Mißgestalt und schwächlich wie Ihr seid, gibt es an Euch nichts zu verehren, viel zu bemitleiden, vor allem aber zu verabscheuen.«

Wieder befanden sie sich in Dunkelheit, und ihr Zorn mäßigte sich, sobald sie außer den Knien des Dichters nichts mehr sehen konnte.

»Aber ich bin es, die elend ist«, überlegte sie, sobald sie wieder in völliger Finsternis waren, »denn so niedrig Ihr auch sein mögt, bin ich nicht noch niedriger? Ihr seid es, der mich nährt und schützt, die wilden Tiere verscheucht, den Heiden Furcht einjagt, mir Kleider aus der Wolle der Seidenraupe macht und Teppiche aus der des Schafs. Wenn ich anbeten will, habt Ihr mir da nicht ein Bildnis Eurer selbst gegeben und es in den Himmel gesetzt? Sind die Beweise Eurer Fürsorge nicht überall? Wie demütig, wie dankbar, wie fügsam sollte ich deswegen sein. Laßt es meine ganze Freude sein, Euch zu dienen, Euch zu ehren und Euch zu gehorchen.«

Hier erreichten sie den großen Laternenpfahl an der Ecke dessen, was heute Piccadilly Circus ist. Das Licht schien ihr grell in die Augen, und sie sah, außer einigen verderbten Geschöpfen ihres eigenen Geschlechts, zwei elende Pygmäen in einem trostlosen Wüstenland. Beide waren nackt, einsam und schutzlos. Jeder war machtlos, dem anderen zu helfen. Beide hatten genug damit zu tun, sich um sich selbst zu kümmern. Sie sah Mr Pope voll ins Gesicht und dachte, »Es ist für Euch ebenso vergeblich zu glauben, daß Ihr mich beschützen könnt, wie für mich, daß ich Euch anbeten kann. Das Licht der Wahrheit brennt ohne Schatten auf uns herab, und das Licht der Wahrheit steht uns beiden verdammt schlecht zu Gesicht.«

Die ganze Zeit über fuhren sie natürlich fort, sich liebenswürdig zu unterhalten, wie Menschen von Geburt und Erziehung es tun, über die Launen der Königin und die Gicht des Premierministers, während die Kutsche vom Licht ins Dunkel fuhr, den Haymarket hinunter, die Strand entlang, die Fleet Street hinauf und zum Schluß an ihrem Haus in Blackfriars anlangte. Seit einiger Zeit waren die dunklen Strecken zwischen den Lampen heller und die Lampen selbst weniger hell geworden – will sagen, daß die Sonne aufging, und es war im ruhigen, aber diffusen Licht eines Sommermorgens, in dem alles zu sehen ist, aber nichts deutlich, daß sie ausstiegen, wobei Mr Pope Orlando aus der Kutsche half und Orlando Mr Pope in minutiöser Beobachtung der Riten von Schicklichkeit und Anstand knicksend aufforderte, ihr ins Palais voranzugehen.

Aus dem vorhergehenden Absatz darf jedoch nicht geschlossen werden, daß Genialität (aber die Krankheit ist inzwischen auf den Britischen Inseln ausgerottet, der verewigte Lord Tennyson soll der letzte gewesen sein, der an ihr litt) unablässig leuchtet, denn dann würden wir alles deutlich sehen und im Verlauf des Prozesses vielleicht zu Tode versengt werden. Sie ähnelt in der Vorgehensweise eher einem Leuchtturm, der einen Lichtstrahl aussendet und dann für eine gewisse Zeit nichts mehr; nur daß Genialität in ihren Äußerungen viel unberechenbarer ist und sechs oder sieben Strahlen in schneller Folge aussenden mag (wie Mr Pope es an jenem Abend tat), um dann für ein Jahr oder für immer in Dunkelheit zu versinken. Sich nach ihren Strahlen zu richten ist daher unmöglich, und wenn der dunkle Bann auf ihnen liegt, sind Männer von Genie, so heißt es, nicht anders als andere Leute.

Es war ein Glück für Orlando, wenn auch zunächst eine Enttäuschung, daß dies so war, denn sie begann jetzt, viel in der Gesellschaft genialer Männer zu leben. Auch waren sie vom Rest von uns so verschieden nicht, wie man hätte meinen können. Addison, Pope, Swift[14] besaßen, wie sie herausfand, eine Vorliebe für Tee. Sie liebten Lauben. Sie sammelten Stückchen bunten Glases. Sie schwärmten für Grotten. Ein hoher Rang war ihnen nicht zuwider. Lob entzückte sie. Sie trugen den einen Tag pflaumenfarbene Anzüge und den anderen graue. Mr Swift besaß einen prächtigen Malakka-Stock. Mr Addison parfümierte seine Taschentücher. Mr Pope litt unter Kopfschmerzen. Ein bißchen Tratsch war ihnen nicht unlieb. Noch waren sie frei von Eifersüchteleien. (Wir schreiben ein paar Überlegungen nieder, die Orlando kreuz und quer durch den Kopf gingen.) Zuerst war sie ärgerlich über sich, weil ihr derartige Nichtigkeiten auffielen, und sie führte ein Buch, um ihre denkwürdigen Aussprüche aufzuschreiben, aber die Seite blieb leer. Nichtsdestoweniger regten ihre Lebensgeister sich wieder, und sie begann, die Einladungskarten zu großen Gesellschaften zu zerreißen; hielt sich die Abende frei; fing an, sich auf Mr Popes Besuch zu freuen, auf Mr Addisons, auf Mr Swifts – und so weiter und so weiter. Wenn der Leser an dieser Stelle im *Rape of the Lock*[15] nachschlagen möchte, im *Spectator*, in *Gulliver's Travels*, wird er genau verstehen, was diese geheimnisvollen Worte bedeuten könnten. In der Tat könnten Biographen und Kritiker sich all ihre Mühen sparen, wenn die Leser diesem Rat folgen wollten. Denn wenn wir lesen:

> Whether the Nymph shall break Diana's Law,
> Or some frail China Jar receive a Flaw,
> Or stain her Honour, or her new Brocade,
> Forget her Pray'rs or miss a Masquerade,
> Or lose her Heart, or Necklace, at a Ball[16]

– wissen wir, als hätten wir ihn gehört, wie Mr Popes Zunge zuckte wie die einer Eidechse, wie seine Augen blitzten, wie seine Hand zitterte, wie er liebte, wie er log, wie er litt. Kurzum, jedes Geheimnis der Seele eines Schriftstellers, jede Erfahrung seines Lebens, jede Eigenheit seines Geistes steht groß und deutlich in seinen Werken geschrieben, und dennoch bedürfen wir der Kritiker, uns das eine zu erklären, und der Biographen, uns das andere zu erläutern. Daß den Menschen die Zeit zu lang wird, ist die einzige Erklärung für diese monströsen Wucherungen.

Nachdem wir nun ein oder zwei Seiten aus dem *Rape of the Lock* gelesen haben, wissen wir genau, wieso Orlando an jenem Nachmittag so amüsiert war, und so geängstigt, und so glühende Wangen und so leuchtende Augen hatte.

Mrs Nelly klopfte dann an die Tür, um zu sagen, daß Mr Addison Ihrer Ladyschaft seine Aufwartung zu machen wünsche. Daraufhin erhob sich Mr Pope mit einem schiefen Lächeln, entschuldigte sich und hinkte davon. Herein kam Mr Addison. Lassen Sie uns, während er Platz nimmt, die folgende Passage aus dem *Spectator* lesen:

»Ich betrachte die Frau als ein wunderschönes romantisches Lebewesen, das mit Pelzen und Federn, Perlen und Diamanten, Erzen und Seiden geschmückt werden kann. Der Luchs soll ihr seine Haut zu Füßen legen für ihre Pelerine; Pfau, Papagei und Schwan sollen für ihren Muff Tribut leisten; die Meere sollen nach Muscheln, die Felsen nach edlen Steinen durchforscht werden; und jeder Teil der Natur soll das Seine erbringen, um ein Geschöpf zu schmücken, das ihr vollkommenstes Werk ist. All dies will ich ihnen gönnen; doch was den Unterrock angeht, von dem ich gesprochen habe, weder kann ich ihn noch will ich ihn erlauben.«[17]

Wir halten diesen Herrn, samt Dreispitz und allem, in der hohlen Hand. Blicken wir noch einmal in die Kristallkugel. Ist er nicht klar zu sehen, bis hin zur Falte in seinem Strumpf? Liegt nicht jedes Kräuseln und Wellen seines Geistes offen vor uns, und seine Güte und seine Schüchternheit und seine Urbanität und die Tatsache, daß er am Ende eine Gräfin heiraten und als hochgeachteter Mann sterben wird? Alles ist klar. Und wenn Mr Addison gesagt hat, was er zu sagen hat, ist ein gewaltiges Pochen an der Tür zu hören, und Mr Swift, der diese eigenwillige Art an sich hatte, spaziert unangekündigt herein. Einen Augenblick, wo haben wir *Gulliver's Travels*? Ach ja, hier! Lesen wir einen Abschnitt aus der Reise zu den Houyhnhnms[18]:

»Ich erfreute mich vollkommener Gesundheit des Leibes und Ruhe des Gemütes; ich fand weder den Verrat noch die Unbeständigkeit eines Freundes, noch die Ungerechtigkeiten eines geheimen oder offenen Feindes. Ich hatte keine Gelegenheit zu Bestechung, Schmeichelei oder Kuppelei, um mir die Gunst eines großen Mannes oder seines Günstlings zu verschaffen. Ich brauchte keinen Schutz gegen Betrug oder Unterdrückkung; Hier war weder Arzt, meinen Körper zu zerstören, noch Anwalt, mein Vermögen zu ruinieren; Kein Spion, meine Worte zu beobachten, und Taten, oder gegen Geld Anschuldigungen gegen mich zu schmieden. Hier waren keine Spötter, Zensoren, Verleumder, Taschendiebe, Straßenräuber, Einbrecher, Anwälte, Kuppler, Possenreißer, Spieler, Politiker, kluge Köpfe, schwermütige, öde Schwätzer ...«

Doch haltet ein, haltet ein mit Eurem eisernen Wörterhagel, auf daß Ihr uns, und Euch selbst, nicht bei lebendigem Leibe schindet! Nichts kann deutlicher sein als dieser heftige Mann. Er ist so roh und doch so rein; so brutal, doch so gütig; verachtet die ganze Welt, redet jedoch Babysprache mit einem jungen Mädchen und wird – können wir daran zweifeln? – in einem Irrenhaus sterben.

So schenkte Orlando ihnen allen Tee ein; und manchmal, wenn das Wetter schön war, nahm sie sie mit hinaus aufs Land und bewirtete sie königlich im Runden Saal, den sie mit ihren Porträts im Kreis behängt hatte, so daß Mr Pope nicht sagen konnte, Mr Addison komme vor ihm, oder umgekehrt. Sie waren sehr geistreich (aber ihr Geist steckt ganz und gar in ihren Büchern), und lehrten sie das wichtigste Merkmal des Stils, welches der natürliche Lauf der Stimme beim Reden ist – eine Qualität, die niemand, der sie nicht gehört hat, nachahmen kann, nicht einmal Greene mit all seinen Fertigkeiten; denn sie ist aus der Luft geboren und bricht sich wie eine Welle an den Möbeln und wogt und vergeht und läßt sich nie wieder einfangen, am wenigsten von jenen, die ein halbes Jahrhundert später die Ohren spitzen und es versuchen. Sie lehrten sie dies, allein durch den Tonfall ihrer Stimmen beim Reden; so daß ihr Stil sich um einiges änderte und sie einige sehr vergnügliche, witzige Verse und Charakterbilder in Prosa schrieb. Und so versorgte sie sie verschwenderisch mit ihrem Wein und legte Geldscheine, die sie gütigst annahmen, beim Essen unter ihre Teller und nahm dafür ihre Widmungen entgegen und fühlte sich hoch geehrt durch den Austausch.

So verging die Zeit, und oft konnte man Orlando zu sich selbst sagen hören, mit einem Nachdruck, der den Hörer vielleicht ein wenig mißtrauisch hätte machen können, »Bei meiner Seele, was für ein Leben dies ist!« (Denn sie befand sich noch immer auf der Suche nach jenem Artikel.) Aber die Umstände zwangen sie bald, die Angelegenheit etwas genauer zu betrachten.

Eines Tages schenkte sie Tee für Mr Pope ein, während dieser, wie jeder aus den oben zitierten Versen ersehen kann, mit sehr leuchtenden Augen, sehr aufmerksam beobachtend und ganz zusammengesunken in einem Sessel neben ihr saß.

»Herrgott«, dachte sie, als sie die Zuckerzange hob, »wie die Frauen künftiger Zeiten mich beneiden werden! Dennoch –«, sie hielt inne; denn

Mr Pope erforderte ihre Aufmerksamkeit. Dennoch – wollen wir den Gedanken für sie zu Ende führen – kann man, wenn jemand sagt »Wie künftige Zeiten mich beneiden werden«, mit Sicherheit sagen, daß die betreffende Person sich im gegenwärtigen Augenblick überaus unwohl fühlt. War dieses Leben ganz so aufregend, ganz so schmeichelhaft, ganz so glorreich, wie es sich anhört, wenn der Memoirenschreiber seine Arbeit darüber beendet hat? Zum einen verspürte Orlando einen ausgesprochenen Haß gegen Tee; zum anderen besitzt der Intellekt, göttlich und durchaus anbetungswürdig wie er ist, die Angewohnheit, in den schäbigsten Kadavern zu hausen, und spielt, leider Gottes, oftmals den Kannibalen unter den anderen Fähigkeiten, so daß oftmals dort, wo der Geist am größten ist, das Herz, die Sinne, Großmut, Barmherzigkeit, Toleranz, Güte und alles übrige kaum Platz zum Atmen haben. Dann die hohe Meinung, die Dichter von sich selbst haben; dann die niedrige, die sie von anderen haben; dann die Feindseligkeiten, Schmähungen, Neidereien und Schlagabtausche, in die sie ständig verwickelt sind; dann die Geläufigkeit, mit der sie sie austeilen; dann die Raubgier, mit der sie Verständnis für sich erheischen; all dies, mögen wir flüstern, damit die geistreichen Köpfe uns nicht hören, macht das Einschenken von Tee zu einer prekäreren und in der Tat mühseligeren Beschäftigung, als man gemeinhin annimmt. Wozu (flüstern wir abermals, damit die Frauen uns nicht hören) ein kleines Geheimnis kommt, in das die Männer sich teilen; Lord Chesterfield[19] flüsterte es seinem Sohn mit strikten Anweisungen der Geheimhaltung zu, »Frauen sind nichts als Kinder von größerem Wuchs ... Ein Mann von Verstand tändelt nur mit ihnen, spielt mit ihnen, hält sie bei Laune und schmeichelt ihnen«, was, da Kinder immer hören, was sie nicht hören sollen, und manchmal sogar erwachsen werden, irgendwie durchgesickert sein muß, so daß die ganze Zeremonie des Tee-Einschenkens eine seltsame ist. Eine Frau weiß sehr wohl, daß ein großer Geist ihr zwar seine Gedichte schikken, ihr Urteilsvermögen loben, ihre Kritik erbitten und ihren Tee trinken mag, daß dies jedoch keineswegs bedeutet, daß er ihre Meinungen respektiert, ihr Verständnis bewundert oder sich weigern würde, da der Degen ihm versagt ist, sie mit seiner Feder zu durchbohren. All dies, sagen wir, flüstern wir so leise wir können, mag inzwischen durchgesikkert sein; so daß die Damen, selbst wenn sie das Sahnekännchen in der

Schwebe und die Zuckerzange ausgestreckt halten, vielleicht ein wenig unruhig herumrutschen, ein wenig aus dem Fenster sehen, ein wenig gähnen und den Zucker mit einem lauten Platsch – wie Orlando es jetzt tat – in Mr Popes Tee fallen lassen. Nie war ein Sterblicher so bereit, eine Beleidigung zu vermuten, oder so schnell bei der Hand, eine solche zu rächen, wie Mr Pope. Er drehte sich zu Orlando um und bedachte sie unverzüglich mit der Rohfassung einer gewissen berühmten Zeile aus den »Characters of Women«[20]. Viel Polieren wurde ihr im nachhinein zuteil, aber selbst im Original war sie treffend genug. Orlando nahm sie mit einem Knicks entgegen. Mr Pope verließ sie mit einer Verbeugung. Um ihre Wangen zu kühlen, denn sie hatte wirklich das Gefühl, der kleine Mann habe sie geschlagen, spazierte Orlando durch den Nußbaumhain am Ende des Gartens. Bald tat die kühle Brise ihr Werk. Zu ihrer Verblüffung stellte sie fest, daß sie ungeheuer erleichtert war, allein zu sein. Sie sah die fröhlichen Bootsladungen, die den Fluß hinaufruderten. Zweifellos rief der Anblick Erinnerungen wach an das eine oder andere Erlebnis aus ihrem vergangenen Leben. Sie setzte sich in tiefem Nachdenken unter einen schönen Weidenbaum. Dort saß sie, bis die Sterne am Himmel standen. Dann erhob sie sich, drehte sich um und ging ins Haus, wo sie ihr Schlafzimmer aufsuchte und die Tür verschloß. Jetzt öffnete sie einen Schrank, in dem noch immer viele der Kleidungsstücke hingen, die sie als junger Mann von Welt getragen hatte, und unter ihnen wählte sie einen schwarzen Samtanzug, der reich mit venezianischer Spitze besetzt war. Er war in der Tat ein wenig aus der Mode, paßte ihr jedoch wie angegossen, und sie sah darin aus wie die Verkörperung eines edlen Lords. Sie schritt ein- oder zweimal vor dem Spiegel auf und ab, um sicher zu gehen, daß die Unterröcke sie nicht um die Bewegungsfreiheit ihrer Beine gebracht hatten, und schlüpfte dann heimlich zur Tür hinaus.

Es war ein schöner Abend zu Anfang April. Myriaden von Sternen, die sich mit dem Licht eines Sichelmonds mischten, welches wiederum durch die Straßenlaternen verstärkt wurde, ergaben ein Licht, das dem menschlichen Antlitz, und der Architektur Mr Wrens, unendlich gut zu Gesicht stand. Alles erschien in seiner zartesten Form, doch gerade als es im Begriff schien, sich aufzulösen, schärfte ein Tropfen Silber es zu neuem Leben. So sollten Gespräche sein, dachte Orlando (in närrischen Träumereien schwelgend); so sollte die Gesellschaft sein, so sollte Freundschaft sein, so sollte die Liebe sein. Denn, der Himmel allein weiß, warum, gerade wenn wir den Glauben an den Umgang mit Menschen verloren haben, schenkt uns eine zufällige Anordnung von Scheunen und Bäumen oder ein Heuhaufen und ein Heuwagen ein so vollkommenes Symbol dessen, was unerreichbar ist, daß wir die Suche von neuem aufnehmen.

Sie betrat Leicester Square, als sie diese Beobachtungen anstellte. Die Gebäude hatten eine luftige und doch formale Symmetrie, die sie bei Tage nicht besaßen. Der Baldachin des Himmels schien mit größtem Geschick so hineingetuscht, daß er die Umrisse von Dach und Schornstein ausfüllte. Eine junge Frau, die betrübt, einen Arm schlaff herabhängen lassend, den anderen im Schoß, auf einer Bank unter einer Platane in der Mitte des Platzes saß, erschien wie das Inbild von Anmut, Schlichtheit und Verlassenheit. Orlando zog den Hut vor ihr in der Art eines Galans, der einer Dame von Welt an einem öffentlichen Ort seine Aufwartung macht. Die junge Frau hob den Kopf. Er war von erlesenster Form. Die junge Frau hob die Augen. Orlando sah in ihnen einen Glanz, wie man ihn manchmal auf Teekannen sieht, aber selten in einem menschlichen Gesicht. Durch diese silberne Patina sah die junge Frau zu ihm auf (denn für sie war er ein Mann), flehend, hoffend, zitternd, bangend. Sie erhob sich; sie nahm seinen Arm. Denn – müssen wir es betonen? – sie gehörte zum Stamm derer, die allnächtlich ihre Waren aufpolieren und wohlgeordnet auf dem Ladentisch aufreihen, wo sie auf den Meistbietenden warten. Sie führte Orlando zu dem Zimmer in der Gerrard Street, darin sie logierte. Zu spüren, wie sie leicht und doch wie eine Bittstellerin an ihrem Arm hing, weckte in Orlando all die Gefühle, die einem Mann anstehen. Sie sah aus, sie fühlte, sie sprach wie einer. Dennoch, da sie erst kürzlich selbst eine Frau gewesen war, vermutete sie, daß die Schüchternheit des Mädchens und ihre zögernden Antworten und selbst das Ungeschick mit dem Schlüssel im Schloß und der Wurf ihres Umhangs und das Hängen ihres Handgelenks alle nur aufgesetzt waren, um ihrer Männlichkeit zu Gefallen zu sein. Sie gingen hinauf, und die Mühe, die das arme Ding darauf verwandt hatte, sein Zimmer zu verschönern und die Tatsache zu verbergen, daß es kein anderes hatte, täuschte Orlando keinen Augenblick. Die Täuschung weckte ihre Verachtung; die Wahrheit ihr Mitleid. Daß das eine sich durch das andere hindurch zeigte, rief die seltsamste Mischung von Gefühlen wach, so daß sie nicht wußte, ob sie lachen oder weinen sollte. Inzwischen knöpfte Nell, wie das Mädchen sich nannte, ihre Handschuhe auf; verbarg sorgfältig den linken Daumen, der geflickt werden mußte; trat dann hinter einen Wandschirm, wo sie, vielleicht, Rouge auf ihre Wangen auftrug, ihre Kleider richtete, ein neues Tuch um den Hals schlang – die ganze Zeit über schwatzend, wie Frauen es tun, um ihren Liebhaber zu ergötzen, obwohl Orlando dem Ton ihrer Stimme nach hätte schwören können, daß ihre Gedanken ganz woanders waren. Als alles fertig war, kam sie hervor, bereit – aber hier ertrug Orlando es nicht länger. Im seltsamsten Gepeinigtsein von Zorn, Belustigung und Mitleid warf sie alle Verkleidung ab und gab sich als Frau zu erkennen.

Daraufhin brach Nell in ein derart schallendes Gelächter aus, daß man es auf der anderen Straßenseite hätte hören können.

»Nun, meine Liebe«, sagte sie, als sie sich ein wenig erholt hatte, »es tut mir ganz und gar nicht leid, das zu hören. Denn der springende Punkt von der Sache ist« (und es war bemerkenswert, wie schnell sich, nachdem sie entdeckt hatte, daß sie vom gleichen Geschlecht waren, ihr Verhalten änderte und sie ihr klagendes, flehendes Gebaren fallenließ), »der springende Punkt von der Sache ist, daß ich heute nacht nicht in der Stimmung bin für die Gesellschaft des anderen Geschlechts. In Wahrheit sitze ich ganz verteufelt in der Klemme.« Woraufhin sie, das Feuer schürend und eine Terrine Punsch rührend, Orlando die ganze Geschichte ihres Lebens erzählte. Da es Orlandos Leben ist, das uns zum gegenwärtigen Zeitpunkt beschäftigt, erübrigt es sich, die Abenteuer der anderen Dame wiederzugeben, es ist jedoch sicher, daß Orlando die Stunden nie schneller oder fröhlicher hatte vergehen sehen, obwohl Mistress Nell über keinen Funken Geist verfügte und sie, als der Name Mr Popes im Gespräch fiel, unschuldig fragte, ob er etwas mit dem Perückenmacher desselben Namens in der Jermyn Street zu tun hätte. Aber für Orlando, derart ist der Zauber der Ungezwungenheit und die verführerische Kraft der Schönheit, schmeckte das Geplapper dieses armen Mädchens, so gespickt es auch mit den gewöhnlichsten Ausdrücken der Straßenecken war, nach all den schönen Phrasen, an die sie gewöhnt gewesen war, wie Wein, und sie war zu der Schlußfolgerung gezwungen, daß im Hohnlächeln Mr. Popes, in der

Herablassung Mr Addisons und in der Geheimniskrämerei Lord Chesterfields etwas lag, das ihr den Geschmack an der Gesellschaft witziger Köpfe nahm, sosehr sie ihre Werke auch weiterhin zu respektieren hätte.

Diese armen Dinger, fand sie heraus, denn Nell brachte Prue, und Prue brachte Kitty, und Kitty brachte Rose, hatten ihre eigene Gesellschaft, zu deren Mitglied sie sie nun ernannten. Jede von ihnen erzählte die Geschichte der Abenteuer, durch die sie auf ihre derzeitige Lebensbahn geraten war. Einige waren die natürlichen Töchter von Earls, und eine stand der Person des Königs ein gutes Stück näher, als sie es eigentlich sollte. Keine war zu heruntergekommen oder zu arm, um nicht einen Ring oder ein Tuch in der Tasche zu haben, das die Stelle eines Stammbaums vertrat. So saßen sie im Kreis um die Punschterrine, die großzügig zu bestücken Orlando sich angelegen sein ließ, und zahlreich waren die feinen Geschichten, die sie erzählten, und zahlreich die amüsanten Betrachtungen, die sie anstellten, denn es läßt sich nicht leugnen, daß, wenn Frauen zusammenkommen – doch still – sie achten immer sorgfältig darauf, daß die Türen geschlossen sind und kein Wort davon zum Druck gelangt. Alles, was sie sich ersehnen, ist – doch wieder still – ist das nicht ein Männerschritt auf der Treppe? Alles, was sie sich ersehnen, wollten wir gerade sagen, als der Herr uns die Worte aus dem Mund nahm. Frauen haben keine Sehnsüchte, sagt dieser Herr, der in Nells Zimmer kommt; nur Affektiertheiten. Ohne Sehnsüchte (sie hat ihn bedient, und er ist fort) kann ihr Gespräch für niemanden auch nur von dem geringsten Interesse sein. »Es ist allgemein bekannt«, sagt Mr S. W., »daß Frauen, wenn ihnen die Anregung des anderen Geschlechts fehlt, nichts finden, worüber sie miteinander reden könnten. Wenn sie allein sind, reden sie nicht, sie kratzen sich.« Und da sie nicht miteinander reden können und man sich nicht ununterbrochen kratzen kann und allgemein bekannt ist (Mr T. R. hat es bewiesen), »daß Frauen jeglichen Gefühls der Zuneigung zu ihrem eigenen Geschlecht unfähig sind und den größten Abscheu voreinander empfinden«, was können Frauen dann wohl tun, wenn sie die Gesellschaft anderer Frauen suchen?

Da dies keine Frage ist, die die Aufmerksamkeit eines vernünftigen Mannes fesseln könnte, wollen wir, die wir die Immunität aller Biographen und Historiker gleich welchen Geschlechts genießen, über sie hinweggehen und nur vermerken, daß Orlando großes Vergnügen an der Gesellschaft ihres eigenen Geschlechts an den Tag legte, und es den Herren überlassen, zu beweisen, wie sie es so gerne tun, daß dies unmöglich sei.

Doch eine genaue und ausführliche Darstellung von Orlandos Leben zu dieser Zeit zu geben kommt immer weniger in Frage. Während wir in den schlecht beleuchteten, schlecht gepflasterten, schlecht belüfteten Höfen herumspähen und herumtappen, die zur damaligen Zeit rund um Gerrard Street und Drury Lane lagen, scheinen wir sie im einen Augenblick zu Gesicht zu bekommen und im nächsten aus den Augen zu verlieren. Die Aufgabe wird dadurch noch schwieriger, daß es ihr zu dieser Zeit zu gefallen schien, häufig von einer Art der Bekleidung zur anderen zu wechseln. So taucht sie in zeitgenössischen Memoiren oft als »Lord« Soundso auf, der in Wahrheit ihr Cousin war; ihre Freigiebigkeit wird ihm zugeschrieben, und er ist es, von dem es heißt, er habe die Gedichte geschrieben, die in Wahrheit die ihren waren. Sie hatte, wie es scheint, keine Probleme, die verschiedenen Rollen anzunehmen, denn ihr Geschlecht wechselte weit häufiger, als jene, die nur eine Art von Bekleidung getragen haben, es sich vorstellen können; noch kann es einen Zweifel daran geben, daß sie durch dieses Vorgehen eine zweifache Ernte einbrachte; die Freuden des Lebens mehrten und seine Erfahrungen vervielfachten sich. Für die Rechtschaffenheit von Kniehosen tauschte sie das Verführerische von Unterröcken ein und erfreute sich gleichermaßen der Liebe beider Geschlechter.

So mag man sie denn skizzieren, wie sie ihren Vormittag in einem chinesischen Gewand unbestimmten Geschlechts zwischen ihren Büchern verbrachte; dann den einen oder anderen Klienten (denn sie hatte viele Dutzende von Bittstellern) im selben Gewand empfing; dann machte sie eine Runde durch den Garten und schnitt die Nußbäume – wofür Kniehosen bequem waren; dann wechselte sie über zu geblümtem Taft, der für eine Fahrt nach Richmond und einen Heiratsantrag von einem großen Edelmann am angemessensten war; und so wieder zurück in die Stadt, wo sie eine schnupftabakbraune Robe wie die eines Anwalts anlegte und die Gerichtshöfe aufsuchte, um zu hören, wie es um ihre Prozesse stehe – denn ihr Vermögen verringerte sich stündlich, und die Verfahren schienen ihrem Abschluß nicht näher, als sie es vor hundert Jahren gewesen waren; und so wurde sie schließlich, wenn die Nacht kam, des öfteren zu einem

Edelmann, komplett von Kopf bis Fuß, und durchstreifte die Straßen auf der Suche nach Abenteuern.

Von einigen dieser Streifzüge zurückkehrend – über die damals viele Geschichten erzählt wurden, wie die, daß sie ein Duell ausfocht, auf einem Schiff des Königs als Kapitän diente, dabei gesehen wurde, wie sie nackt auf einem Balkon tanzte, und mit einer gewissen Dame in die Niederlande floh, wohin der Ehemann der Dame ihnen folgte – aber über den Wahrheits- oder sonstigen Gehalt dieser Geschichten äußern wir keine Meinung –, zurückkehrend also von was immer ihre Beschäftigung gewesen sein mochte, ließ sie es sich manchmal angelegen sein, unter den Fenstern eines Kaffeehauses vorbeizugehen, wo sie die witzigen Köpfe sehen konnte, ohne selbst gesehen zu werden, und sich so nach ihren Gesten vorstellen konnte, was für geistreiche, witzige oder gehässige Dinge sie gerade sagten, ohne ein Wort davon zu hören; was vielleicht ein Vorteil war; und einmal stand sie eine halbe Stunde lang und beobachtete drei Schatten auf der Jalousie, wie sie in einem Haus im Bolt Court Tee tranken.

Kein Theaterstück war je so fesselnd. Sie hätte am liebsten Bravo! Bravo! gerufen. Denn wirklich, was war das für ein herrliches Drama – was für eine aus dem dicksten Band des menschlichen Lebens herausgerissene Seite! Da war der kleine Schatten mit den gespitzten Lippen, der auf seinem Stuhl hin und her rutschte, unbehaglich, gereizt, dienstbeflissen; da war der gebeugte weibliche Schatten, einen Finger in die Tasse steckend, um zu fühlen, wie tief der Tee wäre, denn sie war blind; und da war der römisch aussehende, im großen Armsessel wogende Schatten – er, der seine Finger so merkwürdig verdrehte und den Kopf von einer Seite zur anderen warf und den Tee in solch gewaltigen Schlucken hinunterschüttete. Dr. Johnson, Mr Boswell und Mrs Williams[21] – das waren die Namen der Schatten. So vertieft war sie in den Anblick, daß sie ganz vergaß zu denken, wie andere Zeitalter sie beneidet hätten, obwohl es wahrscheinlich ist, daß sie es bei dieser Gelegenheit tatsächlich getan hätten. Sie war es zufrieden, zu schauen und zu schauen. Schließlich erhob sich Mr Boswell. Er grüßte die alte Frau mit schroffer Bissigkeit. Doch mit welcher Demut erniedrigte er sich vor dem großen römischen Schatten, der sich jetzt zu seiner vollen Höhe erhob und, im Stehen leise wippend, die wundervollsten Sätze von sich gab, die je von Menschenlippen kamen; dafür jedenfalls hielt Orlando sie, obwohl sie nie auch nur ein Wort hörte, das einer der drei Schatten sagte, während sie da saßen und ihren Tee tranken.

Schließlich kam sie eines Nachts nach einem dieser Streifzüge nach Hause und stieg hinauf in ihr Schlafzimmer. Sie zog ihre spitzenbesetzte Jacke aus und stand da in Hemd und Kniehosen und sah aus dem Fenster. In der Luft regte sich etwas, das es ihr verbot, zu Bett zu gehen. Ein weißer Dunstschleier lag über der Stadt, denn es war eine frostige Nacht mitten im Winter, und ein großartiger Blick bot sich ihr ringsum. Sie konnte St. Paul's sehen, den Tower, Westminster Abbey, dazu all die Spitztürme und Kuppeln der Stadtkirchen, die glatte Massigkeit ihrer Banken, die reichen und ausladenden Wölbungen ihrer Hallen und Versammlungssäle. Im Norden erhoben sich die glatten, geschorenen Höhen von Hampstead, und im Westen strahlten die Straßen und Plätze von Mayfair in einem einzigen klaren Glanz. Auf dieses friedliche und geordnete Bild blickten die Sterne herab, funkelnd, absolut, hart, aus einem wolkenlosen Himmel. In der äußersten Klarheit der Atmosphäre war die Linie jedes Dachs, die Kappe jedes Schornsteins erkennbar; selbst die Pflastersteine auf der Straße unterschieden sich einer vom anderen, und Orlando konnte nicht umhin, diese ordentliche Szene mit den wirren, dichtgedrängten Vierteln zu vergleichen, aus denen die Stadt London unter der Herrschaft Königin Elizabeths bestanden hatte. Damals, erinnerte sie sich, lag die Stadt, wenn man sie eine solche nennen konnte, dicht gedrängt, nichts als ein Gewirr und Geknäuel von Häusern, unter ihren Fenstern in Blackfriars. Die Sterne spiegelten sich in tiefen Pfützen stehenden Wassers, die mitten auf den Straßen lagen. Ein schwarzer Schatten an der Ecke, an der früher die Weinschänke stand, hätte genausogut die Leiche eines Ermordeten sein können. Sie konnte sich an die Schreie von so manchen erinnern, die bei derartigen nächtlichen Raufereien verletzt wurden, als sie noch ein kleiner Knabe war und in den Armen der Kinderfrau hochgehalten wurde an das Fenster mit den Rautenscheiben. Horden ungehobelten Volks, Männer und Frauen, auf unaussprechliche Weise ineinander verhakt, torkelten durch die Straßen und grölten wilde Lieder, während die Juwelen in ihren Ohren gleißten und die Messer in ihren Fäusten blitzten. In einer Nacht wie dieser hätte sich das undurchdringliche Dickicht der Wälder von Highgate oder Hampstead abgezeichnet, wie es sich in verzerrter

Verwobenheit vor dem Himmel wand. Hier und dort, auf einem der Hügel, die sich über London erhoben, war ein nüchterner Galgenbaum mit einer an sein Kreuz genagelten Leiche, dort zu verrotten oder zu verdorren; denn Gefahr und Unsicherheit, Lust und Gewalt, Poesie und Dreck schwärmten über die gewundenen elisabethanischen Chausseen und summten und stanken – Orlando konnte sich selbst jetzt noch an die Gerüche in einer heißen Nacht erinnern – in den kleinen Kammern und engen Gassen der Stadt. Jetzt – sie beugte sich aus dem Fenster – war alles Licht, Ordnung und heitere Ruhe. Da war das leise Rattern einer Kutsche auf dem Pflaster. Sie hörte den fernen Ruf eines Nachtwächters – »Glock zwölf an einem frostigen Morgen«. Kaum waren die Worte über seine Lippen gedrungen, erklang der erste Schlag der Mitternacht. In diesem Augenblick bemerkte Orlando zum erstenmal eine kleine Wolke, die sich hinter der Kuppel von St. Paul's zusammengezogen hatte. Während die Schläge erklangen, wurde die Wolke größer, und sie sah sie dunkler werden und sich mit ungewöhnlicher Geschwindigkeit ausbreiten. Gleichzeitig erhob sich ein leiser Wind, und als der sechste Schlag der Mitternacht erklang, war der ganze östliche Himmel von einer unförmigen, bewegten Dunkelheit bedeckt, obwohl der Himmel im Westen und Norden so klar blieb wie zuvor. Dann breitete die Wolke sich nach Norden aus. Höhe um Höhe über der Stadt wurde von ihr eingenommen. Nur Mayfair mit all seinen schimmernden Lichtern brannte im Vergleich strahlender denn je. Mit dem achten Schlag breiteten sich einige hastende Wolkenfetzen über Piccadilly. Sie schienen sich zu ballen und mit außergewöhnlicher Geschwindigkeit auf das West End zuzujagen. Als der neunte, zehnte und elfte Schlag erklang, lagerte eine gewaltige Schwärze über ganz London. Mit dem zwölften Schlag der Mitternacht war die Dunkelheit vollkommen. Ein stürmisches Wolkengewaber bedeckte die Stadt. Alles war Dunkelheit; alles war Zweifel, alles war Verwirrung. Das achtzehnte Jahrhundert war vorbei; das neunzehnte Jahrhundert hatte begonnen.

Kapitel V

Die große Wolke, die am ersten Tag des neunzehnten Jahrhunderts nicht nur über London, sondern über der Gesamtheit der Britischen Inseln hing, verharrte, oder besser, verharrte nicht, denn sie wurde unaufhörlich von stürmischen Winden durcheinandergerüttelt, lange genug, um außerordentliche Auswirkungen auf jene zu haben, die unter ihrem Schatten lebten. Eine Veränderung schien das Klima Englands erfaßt zu haben. Regen fiel häufig, doch nur in launischen Schauern, die, kaum vorüber, von neuem begannen. Die Sonne schien, natürlich, aber sie war so von Wolken umgürtet, und die Luft war so von Wasser gesättigt, daß ihre Strahlen verfärbt waren und stumpfe Purpur-, Orange- und Rottöne an die Stelle der bestimmteren Landschaften des achtzehnten Jahrhunderts traten. Unter diesem geschundenen und finsteren Baldachin war das Grün der Kohlköpfe weniger intensiv, und das Weiß des Schnees war schmutzig. Schlimmer war jedoch, daß die Feuchtigkeit jetzt ihren Weg in jedes Haus nahm – die Feuchtigkeit, die der heimtückischste aller Feinde ist, denn während die Sonne mit Vorhängen ausgesperrt und der Frost mit einem heißen Feuer geröstet werden kann, stiehlt sich die Feuchtigkeit herein, während wir schlafen; Feuchtigkeit ist lautlos, unmerklich, allgegenwärtig. Feuchtigkeit quillt das Holz, schimmelt den Kessel, rostet das Eisen, modert den Stein. So allmählich ist der Prozeß, daß uns erst wenn wir eine Kommode heben oder einen Kohlenkasten, und das Ganze in unseren Händen in Stücke zerfällt, der Verdacht kommt, daß die Krankheit am Werke ist.

So wurde, heimlich und unmerklich, ohne daß jemand den genauen Tag oder die genaue Stunde der Veränderung verzeichnet hätte, das Wesen Englands verändert, und niemand wußte es. Die Wirkungen waren überall spürbar. Der abgehärtete Landedelmann, der glücklich und zufrieden zu einer Mahlzeit aus Bier und Fleisch in einem Zimmer Platz genommen hatte, das, vielleicht von den Gebrüdern Adam[22], in klassischer Würde entworfen worden war, fröstelte jetzt. Teppiche tauchten auf; Bärte wuchsen; Hosen wurden unter dem Rist festgeschnürt. Das Frösteln, das der Landedelmann in den Beinen spürte, übertrug er bald auf sein Haus; Möbel wurden verhüllt; Wände und Tische bedeckt; nichts blieb kahl. Dann wurde eine Änderung der Ernährung dringlich. Das Muffin wurde erfunden und der Teekuchen. Kaffee ersetzte den Portwein nach dem Essen, und da Kaffee zu einem Salon führte, in dem man ihn trinken konnte, und ein Salon zu Vitrinen, und Vitrinen zu künstlichen Blumen, und künstliche Blumen zu Kaminsimsen, und Kaminsimse zu Pianofortes, und Pianofortes zu Salon-Arien, und Salon-Arien (das eine oder andere Stadium überspringend) zu unzähligen kleinen Hunden, Deckchen und Nippes aus Porzellan, wurde das Heim – das ungeheuer wichtig geworden war – völlig verändert.

Draußen vor dem Haus – dies war eine weitere Auswirkung der Feuchtigkeit – wuchs Efeu in nie dagewesener Fülle. Häuser, die aus nacktem Stein gewesen waren, erstickten in Grünzeug. Kein Garten, so formstreng seine ursprüngliche Anlage auch gewesen sein mochte, blieb ohne ein Gesträuch, eine Wildnis, einen Irrgarten. Was an Licht in die Schlafzimmer drang, in denen Kinder geboren wurden, war von Natur aus von einem finsteren Grün, und was an Licht in die Salons drang, in denen erwachsene Männer und Frauen lebten, drang durch Vorhänge aus braunem und purpurnem Plüsch. Aber die Veränderung machte nicht bei Äußerlichkeiten halt. Die Feuchtigkeit drang nach innen. Die Menschen fühlten das Frösteln in ihren Herzen; die Feuchtigkeit in ihren Gemütern. In dem verzweifelten Versuch, ihre Gefühle in irgendeine Art von Wärme einzuschmiegen, wurde ein Vorwand nach dem anderen erprobt. Liebe, Geburt und Tod wurden in eine Vielzahl schöner Phrasen gewindelt. Die Geschlechter entfernten sich immer weiter voneinander. Keine offene Unterhaltung wurde toleriert. Ausflüchte und Heimlichkeiten wurden von beiden Seiten mit Fleiß praktiziert. Und so wie das Efeu und das Immergrün in der feuchten Erde draußen wucherten, zeigte dieselbe Fruchtbarkeit sich auch drinnen. Das Leben einer durchschnittlichen Frau bestand aus einer Folge von Geburten. Sie heiratete mit neunzehn und hatte, bevor sie dreißig war, fünfzehn oder achtzehn Kinder; denn es wimmelte von Zwillingen. So wurde das britische Empire ins Leben gerufen; und so – denn die Feuchtigkeit ist nicht aufzuhalten; sie kriecht ins Tintenfaß, wie sie ins

Holzwerk kriecht – schwollen die Sätze, vermehrten sich die Adjektive, verwandelte Lyrik sich in Epik, und kleine Nichtigkeiten, die ursprünglich Essays von vielleicht einer Spalte Länge gewesen waren, wurden jetzt zu Enzyklopädien in zehn oder zwanzig Bänden. Doch Eusebius Chubb soll unser Zeuge sein, welche Wirkung all dies auf den Geist eines empfindsamen Mannes hatte, der nichts tun konnte, es aufzuhalten. Gegen Ende seiner Memoiren gibt es einen Abschnitt, in dem er beschreibt, wie er, nachdem er eines Vormittags fünfunddreißig Folioseiten »alles über nichts« geschrieben hatte, den Deckel auf das Tintenfaß schraubte und einen Spaziergang durch den Garten machte. Bald fand er sich im »Gesträuch« verfangen. Unzählige Blätter rauschten und glitzerten über seinem Kopf. Er hatte das Gefühl, »den Moder von Millionen weiteren unter seinen Füßen zu zertreten«. Dichter Rauch stieg von einem feuchten Feuer am Ende des Gartens auf. Er sann darüber nach, daß kein Feuer der Welt je hoffen könne, jene gewaltige pflanzliche Masse zu verzehren. Wohin er auch blickte, wucherte die Vegetation. Gurken »kamen über das Gras bis vor meine Füße gekrochen«. Riesige Blumenkohlköpfe türmten sich Schicht auf Schicht, bis sie, wie es seiner aufgewühlten Phantasie schien, mit den Ulmen selbst wetteiferten. Hühner legten unaufhörlich Eier von keiner besonderen Färbung. Dann, sich mit einem Seufzer seiner eigenen Fruchtbarkeit und seiner armen Frau Jane erinnernd, die drinnen in den Wehen ihrer fünfzehnten Niederkunft lag, fragte er sich, wie er dem Federvieh Vorwürfe machen könne. Er sah hinauf in den Himmel. War nicht der Himmel selbst, oder dieses gewaltige Frontispiz des Himmels, das Firmament, Hinweis auf die Billigung, ja die Anstiftung seitens der himmlischen Hierarchie? Denn dort oben, winters wie sommers, jahrein, jahraus, drehten und wälzten sich die Wolken, wie Wale, sann er, oder eher wie Elefanten; doch nein, es gab kein Entrinnen vor dem Vergleich, den ihm tausend luftige Hektare aufdrängten; der ganze Himmel, wie er sich behäbig über die Britischen Inseln breitete, war nichts anderes als ein gewaltiges Federbett; und die wahllose Fruchtbarkeit des Gartens, des Schlafzimmers und des Hühnerstalls wurde dort nachgeahmt. Er ging ins Haus, schrieb die oben zitierte Stelle, steckte den Kopf in den Gasofen, und als sie ihn fanden, war alles Wiederbeleben zwecklos.

Während dies in allen Teilen Englands vor sich ging, war es für Orlando schön und gut, sich in ihrem Haus in Blackfriars zu verkriechen und so zu tun, als sei das Klima dasselbe geblieben; als könne man immer noch sagen, was man wolle und je nach Lust und Laune Kniehosen oder Röcke tragen. Aber selbst sie war schließlich gezwungen, einzusehen, daß die Zeiten sich geändert hatten. Eines Nachmittags in den frühen Jahren des Jahrhunderts fuhr sie in ihrer alten, holzverkleideten Kutsche durch den St. James's Park, als einer jener Sonnenstrahlen, denen es gelegentlich, wenn auch nicht oft, gelang, auf die Erde zu kommen, sich durch die Wolken hindurchkämpfte und sie im Vorbeiziehen mit merkwürdigen, prismatischen Farben marmorierte. Ein solcher Anblick war nach den klaren, einförmigen Himmeln des achtzehnten Jahrhunderts merkwürdig genug, sie dazu zu veranlassen, das Fenster herunterzuziehen und ihn zu betrachten. Die floh- und flamingofarbenen Wolken ließen sie mit einem lustvollen Erschauern, was beweist, daß sie unmerklich bereits von der Feuchtigkeit angesteckt war, an Delphine denken, die in ionischen Meeren sterben. Doch wie groß war ihre Überraschung, als der Sonnenstrahl beim Auftreffen auf die Erde eine Pyramide, Hekatombe oder Trophäe (denn es hatte etwas von einem Tafelaufsatz) hervorzurufen oder aufleuchten zu lassen schien – jedenfalls eine Anhäufung der unterschiedlichsten und unpassendsten Objekte, die wie Kraut und Rüben, dort wo die Statue Königin Victorias heute steht, zu einem gewaltigen Berg aufgetürmt waren! Über ein gewaltiges Kreuz aus durchbrochenem, blumengemustertem Gold waren Witwenkleider und Brautschleier drapiert; gehakt an andere Vorsprünge waren Kristallpaläste, Korbwiegen, Soldatenhelme, Gedenkkränze, Hosen, Backenbärte, Hochzeitskuchen, Kanonen, Weihnachtsbäume, Teleskope, ausgestorbene Ungeheuer, Erdkugeln, Landkarten, Elefanten und mathematische Instrumente – das Ganze wie ein gigantischer Wappenschild auf der rechten Seite von einer weiblichen Gestalt gestützt, die in fließendes Weiß gekleidet war; auf der linken von einem behäbigen Herrn, der einen Gehrock und sackige Hosen trug. Die Unvereinbarkeit der Objekte, die Zusammenstellung eines vollständig Bekleideten mit einer nur teilweise Verhüllten, das Schreiende der verschiedenen Farben und ihre plaidartige Nebeneinanderstellung erfüllten Orlando mit tiefstem Entsetzen. Nie, in ihrem ganzen Leben nicht, hatte sie etwas gesehen, das gleichzeitig so unanständig, so abscheulich und so monumental war. Vielleicht war es, nein, es mußte unweigerlich die Wirkung der Sonne auf die wassergesättigte Luft sein; es würde mit dem ersten Luftzug, der aufkam, verschwinden; aber trotzdem sah es, als sie vorbeifuhr, ganz so aus, als sei es dazu bestimmt, ewig zu währen. Nichts, so fühlte sie, als sie in die Ecke ihrer Kutsche zurücksank, nicht Wind, Regen, Sonne oder Donner, würde dieses schreiende Gebilde je zerstören können. Nur die Nasen würden fleckig werden, und die Trompeten würden rosten; aber sie würden bleiben, bis in alle Ewigkeit nach Osten, Westen, Süden und Norden zeigen. Sie blickte zurück, als ihre Kutsche Constitution Hill hinauffegte. Ja, dort war es, leuchtete immer noch gelassen in einem Licht, das – sie zog ihre Uhr aus ihrem Uhrtäschchen –, natürlich, das Licht von zwölf Uhr mittag war. Kein anderes konnte so prosaisch sein, so nüchtern, so unerreichbar für jede Andeutung von Morgendämmerung oder Sonnenuntergang, so allem Anschein nach darauf berechnet, ewig zu währen. Sie war entschlossen, nicht noch einmal hinzusehen. Schon jetzt fühlte sie die Gezeiten ihres Blutes träge fließen. Aber noch merkwürdiger war, daß eine Röte, heftig und ungewohnt, ihre Wangen überzog, als sie am Buckingham Palace vorbeifuhr, und es schien, als würden ihre Augen von einer höheren Macht auf ihre Knie hinunter gezwungen. Plötzlich sah sie in jähem Erschrecken, daß sie schwarze Kniehosen trug. Ihr Erröten hörte nicht auf, bis sie ihren Landsitz erreicht hatte, was, in Anbetracht der Zeit, die vier Pferde brauchen, um dreißig Meilen zu traben, wie wir hoffen, als strahlender Beweis für ihre Keuschheit verstanden werden wird.

Kaum angekommen, folgte sie dem, was nun zum zwingendsten Bedürfnis ihrer Natur geworden war, und wickelte sich so gut es ging in eine Steppdecke aus Damast, die sie von ihrem Bett riß. Der Witwe Bartholomew (die der guten alten Grimsditch als Haushälterin nachgefolgt war) erklärte sie, sie fröstele.

»So geht's uns allen, Mylady«, sagte die Witwe, einen tiefen Seufzer ausstoßend. »Die Wände tun schwitzen«, sagte sie, mit einer merkwürdigen, kummervollen Selbstgefälligkeit, und tatsächlich brauchte sie nur die Hand auf die Eichentäfelung zu legen, damit ihre Fingerabdrücke sich dort abzeichneten. Der Efeu war so üppig gewachsen, daß viele Fenster nun versiegelt waren. Die Küche war so dunkel, daß man Kessel kaum von

Seiher unterscheiden konnte. Eine arme schwarze Katze war aus Versehen für Kohle gehalten und ins Feuer geschaufelt worden. Die meisten Mägde trugen bereits drei oder vier rote Flanellunterröcke, obwohl es erst der Monat August war.

»Ist's denn wahr, Mylady«, fragte die gute Frau, die Arme um ihren Oberkörper geschlungen, während das goldene Kruzifix sich auf ihrem Busen hob und senkte, »daß die Königin, der Herr segne sie, eine, wie sagt man noch mal? – trägt, eine –?« die gute Frau zögerte und wurde rot.

»Eine Krinoline«, half Orlando ihr aus (denn das Wort hatte Blackfriars erreicht). Mrs Bartholomew nickte. Schon liefen ihr die Tränen über die Wangen, aber während des Weinens lächelte sie. Denn es war angenehm zu weinen. Waren sie nicht alle schwache Frauen? trugen sie nicht alle Krinolinen, um die Tatsache zu verbergen; die große Tatsache; die einzige Tatsache; aber, nichtsdestoweniger, die bedauerliche Tatsache; die zu leugnen jede anständige Frau ihr Bestes tat, bis Leugnen unmöglich war; die Tatsache, daß sie einem Kind das Leben schenken würde? in der Tat fünfzehn oder zwanzig Kindern das Leben schenken würde, so daß fast das ganze Leben einer anständigen Frau schließlich und endlich damit verging, zu leugnen, was wenigstens an einem Tag eines jeden Jahres offenkundig wurde.

»Die Muffins wär'n warmgestellt«, sagte Mrs Bartholomew, sich die Tränen wischend, »in der Bibloteck.«

Und eingehüllt in eine damastene Bettdecke setzte Orlando sich jetzt zu einem Teller Muffins.

»Die Muffins wär'n warmgestellt in der Bibloteck« – ahmte Orlando den gräßlichen Cockney-Satz in Mrs Bartholomews geziertem Cockney-Akzent nach, während sie – aber nein, sie verabscheute die milde Flüssigkeit – ihren Tee trank. In ebendiesem Zimmer, erinnerte sie sich, hatte Königin Elizabeth breitbeinig vor dem Kamin gestanden, einen Krug Bier in der Hand, den sie plötzlich auf den Tisch knallte, als Lord Burghley taktloserweise den Imperativ statt des Subjunktivs benutzte. »Kleiner Mann, kleiner Mann« – konnte Orlando sie sagen hören –, »ist ›müssen‹ ein Wort, das man Fürsten gegenüber gebraucht?« Und schon sauste der Krug auf den Tisch herunter: da war noch die Schramme zurückgeblieben.

Aber als Orlando auf die Füße sprang, wie der bloße Gedanke an jene große Königin es verlangte, verhedderte sie sich in der Bettdecke, und sie fiel mit einem Fluch in ihren Sessel zurück. Morgen würde sie zwanzig Ellen schwarzen Bombasin oder mehr, vermutete sie, kaufen müssen, um einen Rock daraus zu machen. Und dann (hier wurde sie rot) würde sie eine Krinoline kaufen müssen, und dann (hier wurde sie rot) eine Korbwiege, und dann noch eine Krinoline, und so weiter ... Die Röten kamen und gingen mit der lebhaftesten Aufeinanderfolge von Sittsamkeit und Schamhaftigkeit, die man sich vorstellen kann. Man hätte sehen können, wie der Geist der Zeit, einmal heiß, einmal kalt, über ihre Wangen wehte. Und wenn der Geist der Zeit ein wenig außer der Ordnung blies, wenn noch vor dem Ehemann wegen der Krinoline errötet wurde, muß ihre ambivalente Lage sie entschuldigen (sogar ihr Geschlecht war noch immer umstritten), und das ungeregelte Leben, das sie bisher geführt hatte.

Schließlich gewann die Farbe ihrer Wangen ihre Beständigkeit zurück, und es schien, als sei der Geist der Zeit – wenn es tatsächlich dieser war – für den Augenblick eingeschlummert. Da tastete Orlando im Busen ihrer Bluse wie nach einem Medaillon oder Relikt verlorener Zuneigung und zog nichts dergleichen hervor, sondern eine Papierrolle, seebefleckt, blutbefleckt, reisebefleckt – das Manuskript ihres Poems »Der Eich-Baum«. Sie hatte es nun so viele Jahre mit sich herumgetragen, und unter so gefährlichen Umständen, daß viele der Seiten fleckig waren, manche zerrissen, während der Mangel an Schreibpapier, unter dem sie litt, als sie bei den Zigeunern war, sie gezwungen hatte, die Ränder zu füllen und gar über die Zeilen zu schreiben, bis das Manuskript aussah wie eine mit größter Sorgfalt verfertigte Stopfarbeit. Sie blätterte zurück zur ersten Seite und las das Datum, 1586, in ihrer eigenen knabenhaften Hand geschrieben. Sie hatte nun seit fast dreihundert Jahren daran gearbeitet. Es war Zeit, zum Ende zu kommen. Unterdessen begann sie zu blättern und zu überfliegen und zu lesen und zu überspringen und zu denken, während sie las, wie wenig sie sich in all den Jahren verändert hatte. Sie war ein schwermütiger Knabe gewesen, verliebt in den Tod, wie Knaben es sind; und dann war sie auf Amouren und große Gesten aus gewesen; und dann quick und satirisch; und manchmal hatte sie es mit der Prosa versucht, und manchmal mit dem Drama. Dennoch war sie durch all diese Veränderungen hindurch, so überlegte sie, im Grunde dieselbe geblieben. Sie hatte noch immer dasselbe brütende, nachdenkliche Gemüt, dieselbe Liebe zu Tieren und der Natur, dieselbe Leidenschaft für das Land und die Jahreszeiten.

»Schließlich und endlich«, dachte sie, wobei sie sich erhob und zum Fenster ging, »hat nichts sich verändert. Das Haus, der Garten sind genau wie sie waren. Kein Stuhl ist verstellt, kein Stück Zierat verkauft. Dort sind dieselben Wege, dieselben Rasenflächen, dieselben Bäume und derselbe Teich, mit, wie ich behaupten möchte, immer noch denselben Karpfen darin. Gewiß, Königin Victoria sitzt auf dem Thron und nicht Königin Elizabeth, aber was für einen Unterschied ...«

Kaum hatte der Gedanke Gestalt angenommen, als, wie um ihn zurückzuweisen, die Tür weit aufgestoßen wurde, und herein marschierte Basket, der Butler, gefolgt von Bartholomew, der Haushälterin, um das Teegeschirr abzuräumen. Orlando, die ihre Feder eben erst in die Tinte getaucht hatte und im Begriff stand, eine Reflexion über die Ewigkeit aller Dinge niederzuschreiben, war sehr verärgert, von einem Klecks behindert zu werden, der sich rund um ihre Feder breitete und schlängelte. Ein Manko der Feder, nahm sie an; sie war eingerissen oder verschmutzt. Sie tauchte sie erneut ein. Der Klecks wurde größer. Sie versuchte, mit dem, was sie sagen wollte, fortzufahren; keine Wörter kamen. Als nächstes begann sie, den Klecks mit Flügeln und Backenbärten zu verzieren, bis er zu einem rundköpfigen Ungeheuer wurde, einem Ding zwischen einer Fledermaus und einem Beuteltier. Aber was das Schreiben von Gedichten anbelangte, während Basket und Bartholomew im Raum waren, so war es unmöglich. Kaum hatte sie »Unmöglich« gesagt, als zu ihrer Überraschung und Bestürzung die Feder anfing, mit der glattestmöglichen Behendigkeit zu schweifen und zu kurven. Ihre Seite wurde in säuberlichster italienischer Kursivschrift mit den geschmacklosesten Versen vollgeschrieben, die sie je im Leben gelesen hatte:

> I am myself but a vile link
>   Amid life's weary chain,
> But I have spoken hallow'd words,
>   Oh, do not say in vain!
>
> Will the young maiden, when her tears,
>   Alone in moonlight shine,

> Tears for the absent and the loved,
> Murmur —[23]

schrieb sie, ohne innezuhalten, während Bartholomew und Basket sich ächzend und stöhnend im Zimmer zu schaffen machten, das Feuer schürten, die Muffins einsammelten.

Wieder tauchte sie die Feder ein, und schon fuhr sie los –

> She was so changed, the soft carnation cloud
> Once mantling o'er her cheek like that which eve
> Hangs o'er the sky, glowing with roseate hue,
> Had faded into paleness, broken by
> Bright burning blushes, torches of the tomb,[24]

aber hier verschüttete sie mit einer heftigen Bewegung die Tinte über die Seite und entzog sie damit den menschlichen Blicken, wie sie hoffte, auf immer. Sie war ganz Zittern, ganz zornige Erregung. Nichts Abstoßenderes gab es, als die Tinte derart in Kaskaden unwillkürlicher Inspiration fließen zu fühlen. Was war mit ihr geschehen? War es die Feuchtigkeit, war es Bartholomew, war es Basket, was war es? verlangte sie zu wissen. Aber das Zimmer war leer. Niemand antwortete ihr, außer man wollte das Tröpfeln des Regens im Efeu als Antwort nehmen.

Unterdessen wurde sie sich, während sie am Fenster stand, eines ungewöhnlichen Kribbelns und Vibrierens in ihrem ganzen Leib bewußt, als bestünde sie aus tausend Drähten, auf denen ein Lufthauch oder wandernde Finger Tonleitern spielten. Jetzt kribbelten ihre Zehen; jetzt ihr Mark. Sie hatte die seltsamsten Empfindungen um die Schenkelknochen. Ihre Haare schienen sich zu sträuben. Ihre Arme sangen und schwirrten, wie die Telegraphendrähte in ungefähr zwanzig Jahren singen und schwirren würden. Aber diese ganze Erregung schien sich schließlich in ihren Händen zu konzentrieren; und dann in einer Hand, und dann in einem Finger dieser Hand, und sich dann zusammenzuziehen, so daß sie einen Ring prickelnder Empfindsamkeit um den vierten Finger der linken Hand legte. Und als sie sie hob, um zu sehen, was diese Erregung verursachte, sah sie nichts – nichts als den großen Smaragdsolitär, den Königin Elizabeth ihr geschenkt hatte. Und war der nicht genug? fragte sie? Er war von reinstem Wasser. Er war mindestens zehntausend Pfund wert. Das

Vibrieren schien, auf die merkwürdigste Weise (aber man vergesse nicht, daß wir es mit einer der dunkelsten Manifestationen der menschlichen Seele zu tun haben), Nein zu sagen, das ist nicht genug; und zudem einen fragenden Ton anzunehmen, als verlange es zu wissen, was das bedeute, dieser Hiatus, dieses seltsame Versehen? bis Orlando sich des vierten Fingers ihrer linken Hand richtiggehend schämte, ohne auch nur im geringsten zu wissen, weshalb. In diesem Augenblick kam Bartholomew herein, um zu fragen, welches Kleid sie zum Dinner bereitlegen solle, und Orlando, deren Sinne sehr geschärft waren, blickte sogleich auf Bartholomews linke Hand und bemerkte sogleich, was ihr nie zuvor aufgefallen war – einen breiten Ring aus ziemlich gelbsüchtigem Gelb, der den dritten Finger kreisförmig umschloß, wo ihr eigener leer war.

»Lassen Sie mich Ihren Ring sehen, Bartholomew«, sagte sie und streckte die Hand aus, um ihn entgegenzunehmen.

Daraufhin benahm sich Bartholomew, als hätte ein Spitzbube sie vor die Brust gestoßen. Sie fuhr ein oder zwei Schritt zurück, ballte die Hand zur Faust und schleuderte sie mit einer Geste von sich, die über die Maßen edel war. »Nein«, sagte sie mit entschlossener Würde, Ihre Ladyschaft dürfe ihn gerne ansehen, wenn es ihr gefalle, aber was das Abziehen ihres Eheringes anbelange, so könnten weder der Erzbischof noch der Papst, noch Königin Victoria auf ihrem Thron sie dazu zwingen. Ihr Thomas habe ihn ihr vor fünfundzwanzig Jahren, sechs Monaten und drei Wochen an den Finger gesteckt; sie habe mit ihm geschlafen; mit ihm gearbeitet; mit ihm gewaschen; mit ihm gebetet; und sei entschlossen, mit ihm begraben zu werden. In der Tat, glaubte Orlando sie sagen zu hören, aber ihre Stimme war vor lauter Gefühl zu sehr gebrochen, es sei nach dem Glanz ihres Eheringes, wonach man ihr ihren Platz unter den Engeln zuweisen werde, und sein Schimmer werde auf ewig einen Makel zurückbehalten, wenn sie ihn auch nur eine Sekunde lang aus ihrer Obhut entlasse.

»Der Himmel stehe uns bei«, sagte Orlando, am Fenster stehend und die Tauben bei ihren Possen beobachtend, »in was für einer Welt leben wir! In was für einer Welt, in der Tat!« Ihre Verwicklungen verblüfften sie. Es schien ihr jetzt, als sei die ganze Welt mit Gold beringt. Sie ging zum Dinner. Es wimmelte von Eheringen. Sie ging zur Kirche. Überall waren Eheringe. Sie fuhr aus. Gold oder Tombak, dünn, dick, schlicht, glatt, es glänzte matt an jeder Hand. Ringe füllten die Juweliergeschäfte, und zwar nicht die blitzenden Similisteine und Diamanten aus Orlandos Erinnerung, sondern schlichte Reifen ohne jeden Stein. Gleichzeitig begann sie eine neue Gewohnheit der Städter zu bemerken. In den alten Zeiten war man oft genug auf einen Burschen gestoßen, der unter einer Schlehenhecke mit einem Mädchen tändelte. Orlando hatte so manches Pärchen mit ihrer Peitsche angetippt und war lachend weitergeritten. Nun war das alles anders. Paare stapften und trotteten unauflöslich verbunden mitten auf der Straße. Die Rechte der Frau war unweigerlich durch die Linke des Mannes geschoben, und ihre Finger waren fest von den seinen umschlossen. Oft bewegten sie sich erst, wenn die Pferde sie schon mit der Nase berührten, und wenn sie sich dann bewegten, dann geschah das in einem Stück, schwerfällig, an den Straßenrand. Orlando konnte nur vermuten, daß eine neue Entdeckung über die menschliche Rasse gemacht worden war; daß sie irgendwie zusammengeklebt waren, Paar um Paar, aber wer die Entdeckung gemacht hatte, und wann, konnte sie nicht einmal erraten. Es schien nicht die Natur gewesen zu sein. Sie blickte auf die Tauben und die Kaninchen und die Elchhunde und konnte nicht sehen, daß die Natur sich geändert oder ihre Arten und Weisen verbessert hätte, wenigstens nicht seit der Zeit Elizabeths. Soweit sie sehen konnte, gab es keine unauflösliche Allianz unter den Tieren. Konnte es also Königin Victoria gewesen sein, oder Lord Melbourne? Waren sie es, von denen die große Entdeckung der Ehe ausging? Aber, überlegte sie, von der Königin hieß es doch, sie liebe Hunde, und von Lord Melbourne[25] hieß es – so hatte sie gehört –, er liebe Frauen. Es war seltsam – es war widerwärtig; in der Tat hatte diese Untrennbarkeit der Leiber etwas an sich, das ihrem Gefühl für Anstand und Hygiene widerstrebte. Ihre Überlegungen wurden jedoch von einem derartigen Kribbeln und Prickeln des befallenen Fingers begleitet, daß sie ihre Gedanken kaum in Ordnung halten konnte. Sie schmachteten und verdrehten die Augen wie die Phantasien eines Dienstmädchens. Sie ließen sie erröten. Es blieb ihr nichts anderes übrig, als einen dieser häßlichen Reifen zu kaufen und wie alle anderen zu tragen. Dies tat sie, steckte ihn sich, von Scham überwältigt, im Schatten eines Vorhangs an den Finger; aber es half nichts. Das Kribbeln hielt an, heftiger und entrüsteter denn je. In jener Nacht tat sie kein Auge zu. Am nächsten Morgen, als sie die Feder zur Hand nahm, um zu schreiben, fiel ihr entweder nichts ein, und die Feder machte einen großen, tränenreichen Klecks nach dem anderen, oder aber, was noch alarmierender war, sie schwelgte in honigsüßen Geläufigkeiten über frühen Tod und Verwesung, die schlimmer waren, als nichts zu denken. Denn es hatte den Anschein – ihr Fall bewies es –, daß wir nicht mit den Fingern schreiben, sondern mit der ganzen Person. Der Nerv, der die Feder führt, windet sich um jede Faser unseres Seins, fädelt das Herz auf, durchbohrt die Leber. Obwohl der Sitz ihrer Pein die linke Hand zu sein schien, fühlte sie sich durch und durch vergiftet und war schließlich gezwungen, das verzweifelteste aller Mittel in Erwägung zu ziehen, nämlich sich vollständig und ergeben dem Geist der Zeit zu unterwerfen und sich einen Gemahl zu nehmen.

Daß dies sehr gegen ihre natürliche Veranlagung ging, wurde zur Genüge deutlich gemacht. Als das Geräusch der Kutschenräder des Erzherzogs verhallte, lautete der Ruf auf ihren Lippen »Das Leben! Ein Liebhaber!« und nicht »Das Leben! Ein Gemahl!«, und es war in Verfolgung dieses Zieles, daß sie in die Stadt gegangen war und sich in der Welt herumgetrieben hatte, wie im vorhergehenden Kapitel gezeigt. Derart ist jedoch die unbezähmbare Natur des Geistes der Zeit, daß er jeden, der versucht, sich ihm entgegenzustellen, weit wirksamer niedermacht als jene, die sich ihm beugen. Orlando hatte sich ganz natürlich dem elisabethanischen Geist zugeneigt, dem Geist der Restauration, dem Geist des achtzehnten Jahrhunderts, und war sich der Veränderungen von einem Zeitalter zum anderen infolgedessen kaum bewußt gewesen. Aber der Geist des neunzehnten Jahrhunderts war mit ihrem Wesen gänzlich unvereinbar, und so packte er sie und zerbrach sie, und sie war sich der Niederlage, die ihr von seiner Hand zugefügt wurde, so bewußt, wie sie es nie zuvor gewesen war. Denn es ist wahrscheinlich, daß der Menschengeist seinen Platz in der Zeit zugewiesen bekommt; manche sind von diesem Zeitalter geboren, manche von jenem; und jetzt, da Orlando zur Frau herangereift war, in der Tat ein oder zwei Jahre über die Dreißig zählte, waren die Züge ihres Charakters festgelegt, und sie in die falsche Richtung zu biegen war unerträglich.

So stand sie kummervoll am Fenster des Salons (wie Bartholomew die Bibliothek getauft hatte), niedergezogen vom Gewicht der Krinoline, die sie ergeben angelegt hatte. Sie war schwerer und trübseliger als jedes andere Kleid, das sie bis jetzt getragen hatte. Keines hatte ihre Bewegungen je so behindert. Sie konnte nicht mehr mit den Hunden durch den Garten streifen oder leichtfüßig die Anhöhe hinauflaufen und sich unter der Eiche auf die Erde werfen. Ihre Röcke sammelten feuchte Blätter und Stroh ein. Der Hut mit dem Federbusch wurde vom Wind geschüttelt. Die dünnen Schuhe waren schnell durchweicht und schlammverkrustet. Ihre Muskeln hatten ihre Geschmeidigkeit verloren. Sie ängstigte sich vor Räubern hinter der Wandtäfelung und fürchtete sich, zum ersten Mal in ihrem Leben, vor Gespenstern in den Korridoren. All diese Dinge machten sie Schritt für Schritt immer geneigter, sich der neuen Entdeckung, gleich ob von Königin Victoria oder einem anderen herrührend, zu fügen, daß jeder Mann und jede Frau jemanden hat, der ihm fürs Leben bestimmt ist, den er stützt, von dem gestützt wird, bis daß der Tod sie scheidet. Es wäre ein Trost, fühlte sie, sich anzulehnen; sich zu setzen; ja, sich hinzulegen; um nie, nie, nie wieder aufzustehen. So wirkte der Geist auf sie ein, ungeachtet all ihres vergangenen Stolzes, und als sie die Skala der Gefühle heruntergeglitten kam zu diesem niederen und ungewohnten Aufenthaltsort, ging jenes Prickeln und Kribbeln, das so streitsüchtig und neugierig gewesen war, in die süßeste Melodie über, bis es schien, als zupften Engel mit weißen Fingern Harfensaiten, und bis ihr ganzes Wesen von einer seraphischen Harmonie durchdrungen war.

Aber an wen konnte sie sich anlehnen? Sie richtete diese Frage an die wilden Herbstwinde. Denn es war jetzt Oktober und naß wie gewöhnlich. Nicht an den Erzherzog; der hatte eine sehr große Lady geheiratet und ging nun schon seit vielen Jahren in Rumänien auf die Hasenjagd; auch nicht an Mr M.; der war Katholik geworden; auch nicht an den Marquis von C.; der stellte in der Botany Bay Säcke her; auch nicht an Lord O.; der war seit langem Futter für die Fische. Auf die eine oder andere Weise waren all ihre alten Bekannten nicht mehr da, und die Nells und die Kits aus der Drury Lane, so lieb sie ihr auch waren, eigneten sich kaum zum Anlehnen.

»An wen«, fragte sie, die Augen auf die wirbelnden Wolken richtend, die Hände ringend, während sie auf dem Fenstersims kniete und dabei aussah wie das Inbild flehender Weiblichkeit, »kann ich mich anlehnen?«

Ihre Worte formten sich selbst, ihre Hände rangen von selbst, unwillkürlich, so wie ihre Feder aus eigenen Stücken geschrieben hatte. Es war nicht Orlando, die sprach, sondern der Geist der Zeit. Aber gleich wer es war, niemand antwortete. Die Krähen taumelten kunterbunt zwischen den violetten Herbstwolken. Der Regen hatte endlich aufgehört, und am Himmel war ein Schillern, das sie verlockte, ihren Hut mit dem Federbusch und die kleinen Schnürschühchen anzuziehen und vor dem Abendessen einen Spaziergang zu machen.

»Jeder ist gepaart, nur ich nicht«, sann sie, während sie untröstlich über den Hof zog. Da waren die Krähen; sogar Canut und Pippin – so flüchtig ihre Verbindungen auch waren – schienen an diesem Abend dennoch jeder einen Partner zu haben. »Wohingegen ich, die ich die Herrin von allem bin«, dachte Orlando, im Vorbeigehen auf die zahllosen wappengezierten Fenster der Halle blickend, »allein bin, partnerlos bin, einsam bin.«

Solche Gedanken waren ihr früher nie in den Sinn gekommen. Jetzt drückten sie sie unentrinnbar nieder. Statt das Tor aufzustoßen, klopfte sie mit einer behandschuhten Hand, damit der Pförtner es für sie öffne. Man muß sich an jemanden anlehnen, dachte sie, und wenn es nur an einen Pförtner ist; und wünschte sich halb, dazubleiben und ihm zu helfen, sein Kotelett über einem Eimer glühender Kohlen zu braten, war jedoch zu schüchtern, darum zu bitten. So streifte sie allein in den Park hinaus, zaghaft zunächst und furchtsam, Wilderer oder Waldhüter oder sogar Botenjungen könnten sich darüber verwundern, daß eine große Lady allein spazierengehe.

Bei jedem Schritt sah sie sich nervös um, aus Furcht, eine männliche Gestalt könne sich hinter einem Ginsterbusch verborgen halten oder eine bösartige Kuh die Hörner senken, um sie aufzuspießen. Aber da waren nur die Krähen, die am Himmel dahinzogen. Eine stahlblaue Feder von einer von ihnen fiel in das Heidekraut. Sie liebte Federn von wilden Vögeln. Als Knabe hatte sie sie immer gesammelt. Sie hob sie auf und steckte sie an ihren Hut. Der Wind blies ein wenig auf ihr Gemüt und belebte es. Während die Krähen sich über ihrem Kopf drehten und wiegten und Feder um Feder schimmernd durch die purpurgetönte Luft fiel, folgte sie ihnen, während ihr langer Umhang hinter ihr herwehte, über das Moor, den Berg hinauf. Sie war seit Jahren nicht mehr so weit gegangen. Sechs Federn hatte sie aus dem Gras aufgehoben und zwischen ihren Fingerspitzen hindurchgezogen und an ihre Lippen gepreßt, um ihr glattes, schimmerndes Gefieder zu fühlen, als sie, an der Flanke des Berges schimmernd, einen silbernen Teich sah, geheimnisvoll wie der See, in den Sir Bedivere das Schwert König Arthurs[26] geschleudert hatte. Eine einzelne Feder bebte in der Luft und fiel mitten hinein. Da wurde sie von einer merkwürdigen Ekstase erfaßt. Sie hatte die wilde Vorstellung, den Vögeln an den Rand der Welt zu folgen und sich auf den weichen Rasen zu werfen und dort Vergessen zu trinken, während das heisere Gelächter der Krähen über ihr erklang. Sie beschleunigte ihren Schritt; sie rannte; sie stolperte; die zähen Wurzeln des Heidekrauts warfen sie zu Boden. Ihr Knöchel war gebrochen. Sie konnte nicht aufstehen. Aber dort lag sie zufrieden. Der Duft von Sumpfmyrte und Mädesüß war in ihrer Nase. Das heisere Gelächter der Krähen war in ihren Ohren. »Ich habe meinen Gemahl gefunden«, flüsterte sie. »Es ist das Moor. Ich bin die Braut der Natur«, flüsterte sie, sich voller Verzückung den kalten Umarmungen des Grases hingebend, während sie, in ihren Umhang gehüllt, in der Senke neben dem Teich lag. »Hier will ich liegen. (Eine Feder fiel auf ihre Stirn.) Ich habe einen grüneren Zweig als den des Lorbeers gefunden. Meine Stirn wird immer kühl sein. Dies sind die Federn wilder Vögel – von Eule und Ziegenmelker. Ich werde wilde Träume träumen. Meine Hände sollen keinen Ehering tragen«, fuhr sie fort und zog ihn sich vom Finger. »Die Wurzeln sollen sich um sie winden. Ah!« seufzte sie, den Kopf genüßlich in das weiche Kissen schmiegend, »ich habe durch viele Zeitalter das Glück gesucht und es nicht gefunden; den Ruhm und ihn verfehlt; die Liebe und sie nicht gekannt; das Leben – und siehe da, der Tod ist besser. Ich habe viele Männer und viele Frauen gekannt«, fuhr sie fort; »niemanden habe ich verstanden. Es ist besser, daß ich hier in Frieden liege, nur den Himmel über mir – wie der Zigeuner mir vor Jahren sagte. Das war in der Türkei.« Und sie sah gerade hinauf in den wundervollen goldenen Schaum, zu dem die Wolken sich geschlagen hatten, und sah im nächsten Augenblick eine Spur darin, und Kamele, die in Einerreihen durch die felsige Wüste unter Wolken aus rotem Staub schritten; und dann, als die Kamele vorbeigezogen waren, waren da nur Berge, sehr hoch und voll von Klüften und mit Zacken aus Felsen, und sie glaubte, die Ziegenglöckchen in ihren Pässen

Orlando etwa im Jahr 1840

läuten zu hören, und in ihren Falten wären Felder von Iris und Enzian. So veränderte sich der Himmel, und ihre Augen senkten sich langsam tiefer und tiefer, bis sie auf die regendunkle Erde trafen und den großen Buckel der South Downs sahen, die sich in einer einzigen Welle die Küste entlang hinzogen; und wo das Land sich teilte, war das Meer, das Meer mit vorbeiziehenden Schiffen; und sie glaubte weit draußen auf hoher See eine Kanone zu hören und dachte zuerst, »Das ist die Armada«, und dachte dann, »Nein, es ist Nelson«, und erinnerte sich dann, daß diese Kriege vorbei waren und daß die Schiffe emsige Handelsschiffe wären; und die Segel auf dem sich windenden Fluß waren die von Vergnügungsbooten. Sie sah auch Vieh die dunklen Felder sprenkeln, Schafe und Kühe, und sie sah die Lichter, die hier und da in den Fenstern der Bauernhäuser aufleuchteten, und Laternen, die zwischen dem Vieh hin und her gingen, wie der Schäfer seine Runde machte und der Rinderknecht; und dann gingen die Lichter aus, und die Sterne gingen auf und verzweigten sich über den Himmel. Sie war in der Tat dabei einzuschlafen, die nassen Federn auf ihrem Gesicht und das Ohr an die Erde gedrückt, als sie, tief im Inneren, einen Hammer auf einem Amboß hörte, oder war es ein pochendes Herz? Tick-tack, tick-tack, so hämmerte es, so pochte es, der Amboß oder das Herz, in der Mitte der Erde; bis sie lauschend glaubte, es verwandele sich in den Tritt eines Pferdehufs; eins, zwei, drei, vier, zählte sie; dann hörte sie ein Stolpern; dann, als es näher und näher kam, konnte sie das Knacken eines Zweiges und das Schmatzen des nassen Moors an den Hufen hören. Das Pferd war fast über ihr. Sie setzte sich auf. Dunkel vor dem gelb durchschlitzten Himmel der Dämmerung aufragend, während die Kiebitze um ihn her auf- und niederflogen, sah sie einen Mann zu Pferde. Er stutzte. Das Pferd blieb stehen.

»Madam«, rief der Mann, auf den Boden springend, »Sie sind verletzt!«

»Ich bin tot, Sir«, antwortete sie.

Ein paar Minuten später waren sie verlobt.

Am Morgen danach, als sie beim Frühstück saßen, nannte er ihr seinen Namen. Er lautete Marmaduke Bonthrop Shelmerdine, Esquire.

»Ich habe es gewußt!« sagte sie, denn es war etwas Romantisches und

Ritterliches, Leidenschaftliches, Melancholisches und doch Entschlossenes an ihm, das zu dem wilden, dunkelgefiederten Namen paßte – einem Namen, der, in ihrer Vorstellung, das stahlblaue Schimmern von Krähenfedern hatte, das heisere Gelächter ihres Krächzens, das schlangengleiche, kreiselnde Sinken ihrer Federn in einen silbernen Teich und tausenderlei anderes, das augenblicklich beschrieben werden wird.

»Ich heiße Orlando«, sagte sie. Er hatte es geahnt. Denn wenn man ein Schiff unter vollen Segeln von der Sonne beschienen, aus der Südsee kommend, stolz über das Mittelmeer ziehen sieht, sagt man sofort »Orlando«, erklärte er.

Tatsächlich hatten sie, obwohl sie einander erst so kurz kannten, ganz so, wie das bei Liebenden immer der Fall ist, innerhalb von höchstens zwei Sekunden alles erraten, was es an Wichtigem über den anderen zu wissen gab, und nun blieb nur, so unwichtige Kleinigkeiten nachzutragen wie die, wie sie hießen; wo sie lebten und ob sie Bettler oder begütert waren. Er habe ein Schloß auf den Hebriden, aber es sei eine Ruine, sagte er ihr. Seeraben feierten Feste in seiner Banketthalle. Er sei Soldat und Seemann gewesen und habe den Orient erforscht. Er sei jetzt auf dem Weg, sich auf seiner Brigg in Falmouth wieder einzuschiffen, aber der Wind habe sich gelegt, und erst wenn er steif aus Südwesten wehe, könne er in See gehen. Orlando sah hastig aus dem Fenster des Frühstückszimmers auf den goldenen Leoparden der Wetterfahne. Gnädigerweise zeigte sein Schwanz geradewegs nach Osten und war unbewegt wie ein Fels. »Oh! Shel, verlaß mich nicht!« rief sie. »Ich liebe dich leidenschaftlich«, sagte sie. Kaum waren die Worte über ihre Lippen, als ihnen beiden gleichzeitig ein schrecklicher Verdacht durch den Sinn schoß.

»Du bist eine Frau, Shel!« rief sie.

»Du bist ein Mann, Orlando!« rief er.

Seit Anbeginn der Welt hatte es keine derartige Szene der Beteuerungen und Beweise gegeben, wie sie nun stattfand. Als sie vorüber war und sie sich wieder gesetzt hatten, fragte sie ihn, was er mit der steifen Brise aus Südwest gemeint habe? Wohin sollte seine Reise gehen?

»Zum Hoorn«, sagte er kurz und errötete. (Denn ein Mann mußte erröten, wie eine Frau es mußte, nur über ziemlich verschiedene Dinge.) Nur indem sie ihn sehr unter Druck setzte und viel Intuition aufwandte, erriet sie, daß er sein Leben im verzweifeltsten und großartigsten aller Abenteuer hinbrachte – welches ist, im Angesicht eines Sturms Kap Hoorn zu umsegeln. Maste waren abgeknickt; Segel zu Fetzen zerrissen (sie mußte das Eingeständnis aus ihm herauslocken). Manchmal war das Schiff gesunken, und er war als einziger Überlebender auf einem Floß mit einem Zwieback übriggeblieben.

»Es ist so ziemlich alles, was einer heutzutage tun kann«, sagte er etwas dämlich und tat sich mehrere große Löffel Erdbeermarmelade auf. Die Vision, die sie daraufhin von diesem Knaben hatte (denn er war kaum mehr als das), wie er Pfefferminzbonbons lutschte, für die er eine Leidenschaft hatte, während die Masten knickten und die Sterne taumelten und er knappe Befehle brüllte, dies zu kappen, jenes über Bord zu hieven, brachte Tränen in ihre Augen, Tränen, wie sie bemerkte, von einem feineren Arom als alle, die sie bisher geweint hatte. »Ich bin eine Frau«, dachte sie, »endlich eine richtige Frau.« Sie dankte Bonthrop aus ganzem Herzen, daß er ihr dieses seltene und unerwartete Entzücken geschenkt hatte. Wäre ihr linker Fuß nicht lahm gewesen, hätte sie sich auf seinen Schoß gesetzt.

»Shel, mein Liebling«, fing sie wieder an, »erzähl mir ...« und so unterhielten sie sich zwei Stunden oder mehr, vielleicht über Kap Hoorn, vielleicht nicht, und es hätte wirklich wenig Sinn, niederzuschreiben, was sie sagten, denn sie kannten einander so gut, daß sie alles sagen konnten, was gleichbedeutend ist mit nichts zu sagen oder so dumme, prosaische Dinge zu sagen wie etwa, wie man ein Omelett brät oder wo man die besten Stiefel in London kauft, Dinge, die keinen Glanz haben, wenn man sie aus ihrer Fassung löst, in ihr jedoch von wahrhaft erstaunlicher Schönheit sind. Denn es ist durch die kluge Sparsamkeit der Natur so weit gekommen, daß unser moderner Geist fast ganz auf die Sprache verzichten kann; die gewöhnlichsten Ausdrücke genügen, da kein Ausdruck genügt; daher ist die gewöhnlichste Unterhaltung oft die poetischste, und die poetischste ist genau das, was sich nicht niederschreiben läßt. Aus welchem Grund wir an dieser Stelle eine große freie Stelle lassen, die als Hinweis darauf verstanden werden muß, daß die Lücke bis zum Rand gefüllt ist.

Nach ein paar weiteren Tagen derartiger Gespräche fing Shel gerade mit »Orlando, meine Liebste« an, als draußen ein Scharren zu hören war und Basket, der Butler, mit der Meldung eintrat, unten seien zwei Schutzmänner mit einem königlichen Gerichtsurteil.

»Schick sie rauf«, sagte Shelmerdine kurz, als befände er sich auf seinem eigenen Quarterdeck, und baute sich instinktiv mit auf dem Rücken verschränkten Händen vor dem Kamin auf. Zwei Beamte in flaschengrünen Uniformen und mit Knüppeln an der Hüfte betraten das Zimmer und nahmen Haltung an. Nachdem die Formalitäten erledigt waren, überreichten sie Orlando zu eigenen Händen, wie es ihr Auftrag war, ein offizielles Dokument von sehr eindrucksvoller Art, wenn man nach den Siegelwachsklumpen, den Bändern, den Eiden und den Unterschriften urteilen wollte, die alle von höchster Wichtigkeit waren.

Orlando überflog es kurz und las dann, den Zeigefinger ihrer rechten Hand als Weiser benutzend, die folgenden Fakten als die der Sache wesentlichsten laut vor.

»Die Verfahren sind entschieden«, las sie vor... »einige zu meinen Gunsten, wie zum Beispiel ... andere nicht. Türkische Heirat annulliert.« (Ich war Gesandter in Konstantinopel, Shel, erklärte sie.) »Kinder für unehelich erklärt (es heißt, ich hätte drei Söhne von Pepita, einer spanischen Tänzerin). Also erben sie nicht, was nur gut so ist... Geschlecht? Ah! was ist mit dem Geschlecht? Mein Geschlecht«, las sie mit einiger Feierlichkeit vor, »wird unbestreitbar und über jeden Schatten eines Zweifels erhaben (was habe ich dir eben erst gesagt, Shel?) für weiblich erklärt. Meine Güter, die hiermit aus der gerichtlichen Sequestration freigegeben werden, gehen für alle Zeiten als unveräußerliches Erbe auf meine männlichen Nachkommen und deren Nachkommen über, oder, im Falle der Nichtverehelichung« – aber hier verlor sie die Geduld mit diesen juristischen Wortschwällen und sagte, »aber es wird keine Nichtverehelichung geben, noch ein Nichtvorhandensein von Erben, also können wir den Rest für gelesen nehmen.« Woraufhin sie ihre eigene Unterschrift unter die von Lord Palmerston[27] setzte und von diesem Augenblick an den uneingeschränkten Besitz ihrer Titel antrat, ihres Hauses und ihrer Güter – die nun so sehr zusammengeschrumpft waren, denn die Kosten der Prozesse waren exorbitant gewesen, daß sie zwar wieder unendlich adlig, aber zugleich ebenso ungemein arm war.

Als der Ausgang des Prozesses bekannt gemacht war (und die Gerüchte flogen bedeutend schneller als der Telegraph, der sie ersetzt hat), war die ganze Stadt von Jubel erfüllt.

[Pferde wurden vor Kutschen gespannt, zu dem einzigen Zweck, ausgeführt zu werden. Leere Kaleschen und Landauer wurden unaufhörlich die High Street hinauf und hinunter gerollt. Ansprachen wurden im »Bull« verlesen. Gegenansprachen wurden im »Stag« gemacht. Die Stadt war illuminiert. Goldene Kästchen wurden sicher in Vitrinen versiegelt. Münzen wurden treu und gebührend unter Grundsteine gelegt. Hospitäler wurden gegründet. Ratten- und Spatzenclubs wurden ins Leben gerufen. Türkische Frauen wurden zu Dutzenden *in effigie* auf dem Marktplatz verbrannt, zusammen mit einer Unzahl von Bauernjungen, denen Zettel mit »Ich bin ein gemeiner Prätendent« aus dem Mund hingen. Bald sah man die beigefarbenen Ponies der Königin die Allee hinauftraben mit dem Befehl an Orlando, noch diesen Abend im Schloß zu speisen und zu nächtigen. Ihr Tisch war, wie bei einer früheren Gelegenheit, zugeschneit von Einladungen der Gräfin von R., Lady Q., Lady Palmerston, der Marquise von P.; Mrs W. E. Gladstone[28] und anderen, die sie um das Vergnügen ihrer Gesellschaft baten, sie an uralte Verbindungen zwischen ihren Familien und ihrer eigenen erinnerten etc.] – was alles ordentlich in eckige Klammern eingefaßt ist, wie oben ersichtlich, aus dem guten Grund, daß es eine Parenthese ohne jede Bedeutung in Orlandos Leben war. Sie übersprang sie, um im Text weiterzukommen. Denn als die Freudenfeuer auf dem Marktplatz loderten, war sie mit Shelmerdine allein in den dunklen Wäldern. So schön war das Wetter, daß die Bäume ihre Zweige reglos über sie ausbreiteten, und wenn ein Blatt fiel, fiel es, rot und golden gefleckt, so langsam, daß man eine halbe Stunde lang beobachten konnte, wie es flatterte und fiel, bis es schließlich auf Orlandos Fuß zur Ruhe kam.

»Erzähl mir, Mar«, sagte sie (und hier muß erklärt werden, daß sie, wenn sie ihn bei der ersten Silbe seines ersten Namens nannte, in einer verträumten, verliebten, willfährigen Stimmung war, häuslich, ein wenig träge, als brennten würzige Holzscheite und als wäre es Abend, aber noch nicht Zeit zum Umkleiden, und vielleicht eine Spur feucht draußen, genug, die Blätter glänzen zu machen, aber vielleicht sang nichtsdestoweniger eine Nachtigall in den Azaleen, vielleicht bellten zwei oder drei Hunde auf fernen Bauernhöfen, vielleicht krähte ein Hahn – was der Leser sich alles in ihrer Stimme vorstellen sollte) – »Erzähl mir, Mar«, sagte sie, »von Kap Hoorn.« Dann machte Shelmerdine auf dem Boden ein kleines Modell des Kaps aus Zweigen und toten Blättern und einem oder zwei leeren Schneckenhäusern.

»Hier ist der Norden«, sagte er. »Da ist der Süden. Der Wind kommt ungefähr von hier. Jetzt segelt die Brigg genau nach Westen; wir haben gerade das Gaffeltoppsegel gefiert; und siehst du – hier, wo dieses Stückchen Gras ist, kommt sie in die Strömung, die du markiert findest – wo sind meine Karte und mein Zirkel, Bootsmaat? – Ah! danke, das reicht schon, wo das Schneckenhaus ist. Die Strömung erwischt sie steuerbords, deshalb müssen wir den Klüverbaum aufriggen, sonst würden wir nach backbord abdriften, was da ist, wo das Buchenblatt liegt – denn du mußt verstehen, meine Liebe –« und so sprach er weiter, und sie lauschte auf jedes Wort; interpretierte sie richtig, damit sie – das soll heißen, ohne daß er es ihr sagen müßte – das phosphoreszierende Leuchten der Wellen sah; die Eiszapfen, die in den Wanten klirrten; wie er mitten im Sturm in den Mastkorb kletterte; dort über das Schicksal des Menschen nachdachte; wieder herunterkam; einen Whisky mit Soda trank; an Land ging; sich von einer schwarzen Frau bezirzen ließ; bereute; darüber nachdachte; Pascal las; beschloß, etwas Philosophisches zu schreiben; einen Affen kaufte; über das wahre Ziel des Lebens räsonnierte; sich für Kap Hoorn entschied, und so weiter. All dies und tausenderlei anderes hörte sie aus seinen Worten heraus, und als sie antwortete, Ja, Negerinnen sind verführerisch, nicht wahr? Nachdem er ihr erzählt hatte, daß der Vorrat an Schiffszwieback nun knapp wurde, war er überrascht und entzückt, festzustellen, wie gut sie verstanden hatte, was er meinte.

»Bist du sicher, daß du kein Mann bist?« fragte er beunruhigt, und sie echote,

»Kann es möglich sein, daß du keine Frau bist?« und dann mußten sie ohne weitere Umschweife die Probe darauf machen. Denn jeder von ihnen war so überrascht darüber, wie schnell der andere verstand, und es war für jeden von ihnen eine solche Offenbarung, daß eine Frau so tolerant und freimütig sein konnte wie ein Mann, und ein Mann so seltsam und empfindsam wie eine Frau, daß sie sofort die Probe darauf machen mußten.

Und so fuhren sie fort zu reden oder besser, zu verstehen, welches die höchste Kunst der Rede in einer Zeit geworden ist, in der Worte im Vergleich mit Ideen täglich karger werden, so daß »der Schiffszwieback wurde knapp« dafür stehen muß, eine Negerin im Dunkeln zu küssen, wenn man gerade zum zehnten Male Bischof Berkeleys[29] Philosophie gelesen hat. (Und daraus folgt, daß nur die größten Meister des Stils die Wahrheit sagen können, und wenn man auf einen schlichten einsilbigen Schriftsteller trifft, darf man ohne den geringsten Zweifel schließen, daß der arme Mann lügt.)

So redeten sie; und dann, wenn ihre Füße ziemlich bedeckt waren von getupften Herbstblättern, stand Orlando wohl auf und wanderte in Einsamkeit hinein ins Herz der Wälder und ließ Bonthrop dort zwischen den Schneckenhäusern sitzen und Modelle von Kap Hoorn machen. »Bonthrop«, sagte sie, »ich gehe«, und wenn sie ihn bei seinem zweiten Namen nannte, »Bonthrop«, sollte dies dem Leser bedeuten, daß sie in einsamer Stimmung war, sie beide als Punkte in einer Wüste empfand, sich nur danach sehnte, dem Tod allein zu begegnen, denn die Menschen sterben täglich, sterben am Essenstisch oder auf diese Art im Freien, in den Herbstwäldern; und wo die Freudenfeuer loderten und Lady Palmerston oder Lady Derby sie jeden Abend zum Essen luden, kam die Sehnsucht nach dem Tod über sie, und wenn sie sagte »Bonthrop«, sagte sie in Wirklichkeit, »ich bin tot«, und zwängte sich, wie ein Geist es tun mochte, durch die gespenstisch-blassen Buchen und ruderte sich so tief hinein in die Einsamkeit, als wäre das kleine Flackern von Lärm und Gewimmel vorüber und sie nun frei, ihren Weg zu gehen – was der Leser alles in ihrer Stimme hören sollte, wenn sie »Bonthrop« sagte; und dem noch, um das Wort besser auszuleuchten, hinzufügen sollte, daß dasselbe Wort auch für ihn geheimnisvollerweise Trennung und Isolation bedeutete, und das körperlose Auf- und Abschreiten an Deck seiner Brigg auf unauslotbaren Meeren.

Nach ein paar Stunden des Todes krächzte ein Eichelhäher plötzlich »Shelmerdine«, und sie bückte sich und pflückte eine jener Herbstzeitlosen, die für einige Leute ebendieses Wort bedeuten, und tat sie mit der

Eichelhäherfeder, die blau durch die Buchenwälder getaumelt kam, an ihre Brust. Dann rief sie »Shelmerdine«, und das Wort schoß hierhin und dahin durch die Wälder und traf ihn dort, wo er saß und im Gras Modelle aus Schneckenhäusern machte. Er sah sie und hörte sie zu sich kommen mit der Herbstzeitlosen und der Eichelhäherfeder an ihrer Brust und rief »Orlando«, was (und man darf nicht vergessen, daß, wenn leuchtende Farben wie Blau und Gelb sich in unseren Augen mischen, etwas davon auf unsere Gedanken abfärbt) zunächst das sich Biegen und Schwanken des Farns bedeutete, so als bräche etwas durch ihn hindurch; was sich als ein Schiff unter vollen Segeln herausstellte, das sich ein wenig verträumt hob und senkte und tänzelte, fast so als hätte es ein ganzes Jahr voller Sommertage vor sich, seine Reise zu machen; und so kommt das Schiff näher, neigt sich hierhin und neigt sich dorthin, edel, gelassen, und reitet über den Kamm dieser Welle und sinkt in das Tal jener, und da steht es plötzlich hoch über dir (der du in einer winzigen Muschel von einem Boot sitzt und zu ihm aufsiehst), mit bebenden Segeln, und dann, siehe da, sacken sie alle in einem Haufen auf Deck – wie Orlando nun neben ihm ins Gras sackte.

Acht oder neun Tage waren so vergangen, aber am zehnten, welches der 26. Oktober war, lag Orlando im Farn, während Shelmerdine Shelley rezitierte (dessen Werke er sämtlich auswendig kannte), als ein Blatt, das ganz gemächlich aus einem Baumwipfel zu fallen angefangen hatte, heftig über Orlandos Fuß schnellte. Ein zweites Blatt folgte, und dann ein drittes. Orlando erbebte und wurde blaß. Es war der Wind. Shelmerdine – aber es wäre jetzt angemessener, ihn Bonthrop zu nennen – sprang auf die Füße.

»Der Wind!« rief er.

Zusammen liefen sie durch den Wald, wobei der Wind sie mit Blättern überschüttete, wie sie da liefen, zum großen Hof und durch ihn hindurch und durch die kleinen Höfe, während erschrockene Dienstboten ihre Besen und ihre Töpfe stehenließen, um ihnen zu folgen, bis sie die Kapelle erreichten, und dort wurde ein Kreuz-und-Quer von Lichtern angezündet so schnell es ging, wobei der eine diese Bank umstieß und der andere jene Kerze wieder ausblies. Glocken wurden geläutet. Leute wurden herbeigerufen. Schließlich war Mr Dupper da, hielt die Enden seiner weißen Stola fest und fragte, wo das Gebetbuch sei. Und sie drückten ihm Königin

Marys Gebetbuch in die Hände, und er suchte, die Seiten hastig umblätternd, und sagte, »Marmaduke Bonthrop Shelmerdine und Lady Orlando, kniet nieder«; und sie knieten nieder, und jetzt waren sie hell, und jetzt waren sie dunkel, je nachdem Licht und Schatten abwechselnd durch die bemalten Fenster geflogen kamen; und zum Knallen unzähliger Türen und einem Geräusch, als würden Töpfe aus Messing aneinandergeschlagen, erklang die Orgel, und ihr Grollen kam abwechselnd laut und leise, und Mr Dupper, der ein sehr alter Mann geworden war, versuchte jetzt, seine Stimme über das Getöse zu erheben, und konnte nicht gehört werden, und dann war alles einen Augenblick lang still, und ein einziges Wort – es mochte »der Rachen des Todes« gewesen sein – klang klar hervor, während alle Diener des Anwesens sich durch die Tür zwängten, die Harken und Peitschen noch in der Hand, um zuzuhören, und einige sangen laut, und andere beteten, und jetzt knallte ein Vogel gegen die Scheibe, und jetzt kam ein Donnerschlag, so daß niemand hörte, wie das Wort »gehorchen« gesprochen wurde, oder sah, außer als ein goldenes Blitzen, wie der Ring von einer Hand auf die andere Hand glitt. Alles war Bewegung und Verwirrung. Und sie erhoben sich, während die Orgel donnerte und der Blitz spielte und der Regen schüttete, und Lady Orlando, den Ring an ihrem Finger, ging hinaus auf den Hof in ihrem dünnen Kleid und hielt den schwingenden Steigbügel, denn das Pferd war gezäumt und gezügelt, und der Schaum war noch auf seiner Flanke, damit ihr Gemahl aufsitzen könne, was er mit einem einzigen Satz tat, und das Pferd sprengte davon, und Orlando, die dort stand, rief Marmaduke Bonthrop Shelmerdine! und er antwortete ihr Orlando! und die Worte stiegen und kreisten wie wilde Habichte miteinander zwischen den Zinnen und höher und höher, weiter und weiter, schneller und schneller kreisten sie, bis sie zusammenstießen und in einem Schauer aus Splittern zu Boden stürzten; und sie ging hinein.

Kapitel VI

Orlando ging ins Haus. Es war vollkommen still. Es war sehr ruhig. Da war das Tintenfaß; da war die Feder; da war das Manuskript ihres Gedichts, mitten in einer Huldigung an die Ewigkeit abgebrochen. Sie hatte, als Basket und Bartholomew sie mit dem Teegeschirr unterbrachen, gerade sagen wollen, daß nichts sich ändere. Und dann hatte sich, im Zeitraum von drei Sekunden und einer halben, alles geändert – sie hatte sich den Knöchel gebrochen, sich verliebt, Shelmerdine geheiratet.

Da war der Ehering an ihrem Finger, es zu beweisen. Sicher, sie selbst hatte ihn dorthin gesteckt, bevor sie Shelmerdine traf, aber das hatte sich als schlimmer denn nutzlos erwiesen. Nun drehte sie den Ring um und um, mit abergläubischer Ehrerbietung, sorgfältig darauf achtend, daß er nicht über das Gelenk ihres Fingers rutschte.

»Der Ehering muß an den vierten Finger der linken Hand gesteckt werden«, sagte sie, wie ein Kind, das vorsichtig seine Lektion wiederholt, »wenn er irgendeinen Nutzen haben soll.«

Sie sagte das, laut und etwas pompöser als es ihre Gewohnheit war, als wünschte sie, jemand, an dessen guter Meinung ihr lag, möge sie hören. Tatsächlich hatte sie jetzt, da sie endlich in der Lage war, ihre Gedanken zu sammeln, die Wirkung im Sinn, die ihr Verhalten auf den Geist der Zeit gehabt haben mochte. Sie war über die Maßen bestrebt zu erfahren, ob die Schritte, die sie in der Angelegenheit der Verlobung mit Shelmerdine und der Heirat mit ihm unternommen hatte, seine Zustimmung fanden. Auf jeden Fall fühlte sie sich mehr sie selbst. Ihr Finger hatte, seit jener Nacht im Moor, kein einziges Mal oder wenigstens nicht nennenswert gekribbelt. Dennoch konnte sie nicht leugnen, daß sie ihre Zweifel hatte. Sie war verheiratet, gewiß; aber wenn der Gemahl ständig ums Kap Hoorn segelte, war das eine Ehe? Wenn man ihn gern hatte, war das eine Ehe? Wenn man andere Leute gern hatte, war das eine Ehe? Und schließlich, wenn man immer noch wünschte, mehr als alles auf der Welt, Gedichte zu schreiben, war das eine Ehe? Sie hatte ihre Zweifel.

Aber sie würde die Probe machen. Sie sah auf den Ring. Sie sah auf das Tintenfaß. Wagte sie es? Nein, sie wagte es nicht. Aber sie mußte. Nein, sie konnte nicht. Was also sollte sie tun? Ohnmächtig werden, wenn möglich. Aber sie hatte sich nie im Leben besser gefühlt.

»Zum Teufel damit!« rief sie, mit einem Anflug ihres alten Temperaments. »Also los!«

Und sie tauchte ihre Feder bis zum Hals in die Tinte. Zu ihrer gewaltigen Überraschung gab es keine Explosion. Sie zog die Spitze heraus. Sie war naß, tropfte jedoch nicht. Sie schrieb. Es dauerte ein Weilchen, bis die Worte kamen, aber sie kamen tatsächlich. Ah! aber ergaben sie einen Sinn? fragte sie sich, und Panik überfiel sie, die Feder könnte wieder ihre unfreiwilligen Kapriolen gemacht haben. Sie las,

> And then I came to a field where the springing grass
> Was dulled by the hanging cups of fritillaries,
> Sullen and foreign-looking, the snaky flower,
> Scarfed in dull purple, like Egyptian girls —[30]

Während sie schrieb, fühlte sie, daß eine Macht (man denke daran, daß wir es mit den dunkelsten Manifestationen des menschlichen Geistes zu tun haben) ihr über die Schulter blickte, und als sie »ägyptische Mädchen« geschrieben hatte, hieß die Macht sie innehalten. Gras, schien die Macht zu sagen und ging mit einem Lineal, wie Gouvernanten es benutzen, an den Anfang des Textes zurück, ist in Ordnung; die hängenden Blüten der Schachbrettblume – bewundernswert; das schlangengleiche Gewächs – aus der Feder einer Dame ein etwas starker Gedanke, vielleicht, doch Wordsworth hätte ihn ohne Zweifel sanktioniert; aber – Mädchen? Sind Mädchen notwendig? Du hast einen Gemahl am Kap, sagst du? Ach so, dann ist es gut.

Und damit ging der Geist weiter.

Orlando machte nun im Geiste (denn all dies fand im Geiste statt) eine tiefe Verbeugung vor dem Geist ihrer Zeit, so wie – um große Dinge mit kleinen zu vergleichen – ein Reisender, im Bewußtsein, daß er ein Bündel Zigarren in der Ecke seines Koffers hat, sie vor dem Zollbeamten macht, der zuvorkommenderweise seinen Kringel aus weißer Kreide auf den Deckel gemalt hat. Denn sie zweifelte sehr daran, ob der Geist, hätte er den

Inhalt ihres Kopfes sorgfältig untersucht, nicht etwas hochgradig Verbotenes gefunden hätte, wofür sie die volle Strafe hätte zahlen müssen. Sie war nur mit knapper Not davongekommen. Es war ihr gerade noch gelungen, durch eine geschickte Unterwerfung unter den Geist der Zeit, indem sie sich einen Ring angesteckt und einen Mann auf dem Moor gefunden hatte, indem sie die Natur liebte und weder Satirikerin, Zynikerin noch Psychologin war – welche Schmuggelwaren allesamt unverzüglich entdeckt worden wären –, seine Prüfung erfolgreich zu bestehen. Und sie stieß einen tiefen Seufzer der Erleichterung aus, wozu sie wahrhaftig allen Grund hatte, denn die Transaktion zwischen einem Schriftsteller und dem Geist der Zeit ist eine unendlich heikle, und von einer günstigen Übereinkunft zwischen den beiden hängt aller Erfolg seiner Werke ab. Orlando hatte alles so eingerichtet, daß sie sich in einer ungemein glücklichen Lage befand; sie brauchte weder gegen ihre Zeit anzukämpfen noch sich ihr zu fügen; sie war Teil von ihr und blieb doch sie selbst. Daher konnte sie jetzt schreiben, und sie schrieb tatsächlich. Sie schrieb. Sie schrieb. Sie schrieb.

Es war jetzt November. Nach dem November kommt der Dezember. Dann Januar, Februar, März und April. Nach dem April kommt der Mai. Juni, Juli, August folgen. Als nächstes kommt der September. Dann der Oktober, und so, siehe da, sind wir wieder beim November und haben ein ganzes Jahr vollendet.

Diese Methode, Biographien zu schreiben, ist, auch wenn sie ihre Vorzüge hat, vielleicht ein wenig dürftig, und der Leser könnte sich, wenn wir damit fortfahren würden, darüber beklagen, daß er sich den Kalender auch alleine aufsagen und seiner Tasche auf diese Weise die wie auch immer geartete Summe ersparen könnte, die für dieses Buch zu verlangen die Hogarth Press für angemessen hält. Aber was kann der Biograph tun, wenn sein Gegenstand ihn in die mißliche Lage bringt, in die Orlando uns jetzt gebracht hat? Das Leben, darin sind sich alle einig, deren Meinung es wert ist, eingeholt zu werden, ist der einzig taugliche Gegenstand für den Romanschreiber oder den Biographen; das Leben, so haben dieselben Autoritäten entschieden, hat nicht das geringste damit zu tun, still auf einem Stuhl zu sitzen und zu denken. Denken und Leben sind wie die Pole soweit

Marmaduke Bonthrop Shelmerdine, Esquire

voneinander entfernt. Daher – da auf einem Stuhl zu sitzen und zu denken genau das ist, was Orlando jetzt tut – bleibt uns nichts anderes übrig, als den Kalender aufzusagen, den Rosenkranz zu beten, die Nase zu putzen, das Feuer zu schüren, aus dem Fenster zu sehen, bis sie damit fertig ist. Orlando saß so still, daß man eine Stecknadel hätte fallen hören können. Wenn wenigstens eine Stecknadel gefallen wäre! Das wäre eine Art von Leben gewesen. Oder wenn ein Schmetterling durchs Fenster geflattert wäre und sich auf ihrem Stuhl niedergelassen hätte, könnte man darüber schreiben. Oder angenommen, sie wäre aufgestanden und hätte eine Wespe totgeschlagen. Dann könnten wir auf der Stelle unsere Federn zükken und schreiben. Denn es wäre Blut geflossen, wenn auch nur das Blut einer Wespe. Wo Blut ist, ist auch Leben. Und wenn das Totschlagen einer Wespe auch nur eine Lappalie ist im Vergleich zum Totschlagen eines Menschen, so ist es doch ein tauglicherer Gegenstand für den Romanschreiber oder den Biographen als dieses bloße vor sich hin Grübeln; dieses Denken; dieses auf einem Stuhl Sitzen, tagein, tagaus mit einer Zigarette und einem Blatt Papier und einer Feder und einem Tintenfaß. Wenn die Gegenstände, so könnten wir uns beklagen (denn unsere Geduld hat langsam ein Ende), doch nur mehr Rücksicht auf ihre Biographen nehmen würden! Was ist irritierender, als zu sehen, wie der eigene Gegenstand, auf den man so viel Zeit und Mühe verwandt hat, einem ganz und gar aus den Fingern gleitet und sich gehenläßt – als Zeuge seien ihr Seufzen und Ächzen genannt, ihr Erröten und Erblassen, ihre Augen, die jetzt hell sind wie Lampen, jetzt gespenstisch-irr wie Morgendämmerungen –, was ist erniedrigender, als zu sehen, wie diese Pantomime der Gefühle und Erregungen vor unseren eigenen Augen aufgeführt wird, wo wir wissen, daß das, was sie verursacht – Gedanken und Phantasien –, von keinerlei Bedeutung ist?

Aber Orlando war eine Frau – Lord Palmerston hatte es soeben bestätigt. Und wenn wir die Lebensgeschichte einer Frau schreiben, dürfen wir, darüber herrscht Einigkeit, auf unsere Forderung nach Taten verzichten und sie durch die Liebe ersetzen. Die Liebe, hat der Dichter gesagt, ist das, woraus eine Frau einzig lebt. Und wenn wir Orlando, die an ihrem Tisch schreibt, einen Augenblick lang ansehen, müssen wir zugeben, daß es niemals eine Frau gegeben hat, die für diese Berufung besser geeignet gewesen wäre. Gewiß wird sie, da sie eine Frau ist, und eine schöne Frau, und eine Frau in der Blüte der Jahre, diesen Anspruch des Schreibens und Denkens bald aufgeben und wenigstens an einen Wildhüter zu denken beginnen (und solange eine Frau an einen Mann denkt, hat keiner etwas dagegen, daß sie denkt). Und dann wird sie ihm ein kleines Billett schreiben (und solange eine Frau kleine Billetts schreibt, hat keiner etwas dagegen, daß sie schreibt) und eine Verabredung für die Sonntagabenddämmerung treffen, und die Sonntagabenddämmerung wird kommen; und der Wildhüter wird unter dem Fenster pfeifen – was natürlich genau der Stoff ist, aus dem das Leben gemacht ist, und der einzig mögliche Gegenstand eines Romans. Gewiß muß Orlando etwas dergleichen getan haben? Aber ach – eintausendmal, ach, Orlando tat nichts dergleichen. Muß also eingestanden werden, daß Orlando eines jener Ungeheuer an Schändlichkeit war, die nicht lieben? Sie war gut zu Hunden, treu zu Freunden, die Großzügigkeit in Person für ein Dutzend halbverhungerter Dichter, hatte eine Leidenschaft für die Poesie. Aber die Liebe – wie die männlichen Romanschreiber sie definieren – und wer spricht, schließlich und endlich, mit größerer Autorität? – hat nicht das geringste mit Güte, Treue, Großzügigkeit oder Poesie zu tun. Liebe ist aus den Unterröcken schlüpfen und – Aber wir alle wissen, was Liebe ist. Hat Orlando das getan? Die Wahrheit zwingt uns zu sagen, nein, sie hat nicht. Wenn also der Gegenstand einer Biographie weder lieben noch töten, sondern nur denken und Phantasien nachgehen will, dürfen wir daraus schließen, daß er oder sie nicht besser ist als ein Leichnam, und sie somit verlassen.

Die einzige Zuflucht, die uns jetzt bleibt, ist, aus dem Fenster zu sehen. Da gab es Spatzen; da gab es Stare; da gab es ein paar Tauben und ein oder zwei Krähen, alle auf ihre Weise beschäftigt. Der eine Vogel findet einen Wurm, ein anderer eine Schnecke. Einer flattert auf einen Zweig, ein anderer läuft ein Stückchen über den Rasen. Dann überquert ein Diener in einer grünen Flanellschürze den Hof. Vermutlich ist er in einen Liebeshandel mit einem der Küchenmädchen verstrickt, aber da uns im Hof kein sichtbarer Beweis geboten wird, können wir nur das Beste hoffen und es damit gut sein lassen. Wolken ziehen vorüber, dünne oder dicke, verbunden mit einer gewissen Störung der Farbe des Grases hier unten. Die Sonnenuhr verzeichnet die Stunde auf ihre übliche geheimnisvolle Weise. Der eigene Geist fängt an, die eine oder andere Frage aufzuwerfen, müßig, vergeblich, über ebendieses Leben. Leben, singt er oder summt er vielmehr, wie ein Kessel auf dem Feuer, Leben, Leben, was bist du? Licht oder Dunkelheit, die Flanellschürze des untergeordneten Lakeien oder der Schatten des Stars auf dem Gras?

Gehen wir also und erforschen diesen Sommermorgen, wenn alle die Pflaumenblüte und die Biene bewundern. Und stockend und stammelnd wollen wir den Star fragen (der ein geselligerer Vogel ist als die Lerche), was er auf dem Rand der Abfalltonne denken mag, wo er zwischen den Stöcken ausgekämmte Haare einer Scheuermagd herauspickt. Was ist das Leben, fragen wir, über das Gatter des Wirtschaftshofes gelehnt; Leben, Leben, Leben! ruft der Vogel, als hätte er uns gehört und wüßte genau, was wir meinten mit dieser unserer lästigen, neugierigen Angewohnheit, drinnen und draußen Fragen zu stellen und zu spähen und an Gänseblümchen zu zupfen, wie es die Art von Schriftstellern ist, wenn sie nicht wissen, was sie als nächstes sagen sollen. Dann kommen sie her, sagt der Vogel, und fragen mich, was das Leben ist; Leben, Leben, Leben!

Wir stapfen also weiter über den Moorpfad, zum hohen Rücken des weinblauen, purpurdunklen Hügels, und werfen uns dort nieder und träumen dort und sehen dort einen Grashüpfer, der einen Strohhalm zu seinem Heim in der Senke karrt. Und er sagt (wenn man einem Gesäge wie dem seinen einen so heiligen und zarten Namen geben kann), Leben ist Mühsal, oder so jedenfalls interpretieren wir das Schwirren seiner stauberstickten Gurgel. Und die Ameise stimmt zu, und die Bienen, aber wenn wir lange genug hier liegenbleiben, um die Falter zu fragen, wenn sie am Abend kommen und sich zwischen die blasseren Heideglocken stehlen, werden sie in unsere Ohren solch wilden Unsinn hauchen, wie man ihn von Telegraphendrähten in Schneestürmen hört; Hihi, Haha. Gelächter, Gelächter! sagen die Falter.

Nachdem wir unsere Frage also an Mensch und Vogel und Insekten gerichtet haben, denn Fische, so sagen uns Menschen, die in grünen Grotten gelebt haben, einsam, für Jahre, um sie sprechen zu hören, sagen es nie, nie, und wissen daher vielleicht, was das Leben ist – nachdem wir sie alle befragt haben und nicht klüger geworden sind, sondern nur älter und kälter (denn haben wir nicht einst in gewisser Weise darum gebetet, in einem Buch etwas so Festes, so Seltenes einfangen zu können, daß man schwören könnte, es sei der Sinn des Lebens?), müssen wir zurückgehen und dem Leser, der auf Zehenspitzen darauf wartet, zu hören, was das Leben ist, geradeheraus sagen – ach, wir wissen es nicht.

In diesem Augenblick, aber nur gerade noch rechtzeitig, um das Buch vor dem Erlöschen zu retten, schob Orlando ihren Stuhl zurück, reckte die Arme, ließ die Feder fallen, kam ans Fenster und rief aus, »Fertig!«

Sie wurde fast zu Boden geschmettert von dem außergewöhnlichen Anblick, der sich ihren Augen jetzt bot. Da waren der Garten und ein paar Vögel. Die Welt ging wie gewöhnlich weiter. Die ganze Zeit, die sie geschrieben hatte, war die Welt weitergegangen.

»Und wenn ich tot wäre, wäre es genau dasselbe!« rief sie aus.

Derart war die Intensität ihrer Gefühle, daß sie sich sogar vorstellen konnte, sie hätte sich aufgelöst, und vielleicht wurde sie tatsächlich von einer Schwäche ergriffen. Einen Augenblick lang stand sie und betrachtete das schöne, teilnahmslose Schauspiel mit starren Augen. Schließlich kam sie auf einzigartige Weise wieder zu Bewußtsein. Das Manuskript, das an ihrem Herzen ruhte, fing an zu scharren und zu klopfen, als wäre es etwas Lebendiges, und, was noch merkwürdiger war und zeigte, was für ein wunderbares Einverständnis zwischen ihnen herrschte, Orlando konnte, indem sie den Kopf neigte, verstehen, was es sagte. Es wollte gelesen werden. Es mußte gelesen werden. Es würde an ihrem Herzen sterben, wenn es nicht gelesen wurde. Zum ersten Mal in ihrem Leben wandte sie sich voller Ungestüm gegen die Natur. Elchhunde und Rosensträucher waren im Überfluß um sie herum. Aber Elchhunde und Rosensträucher können nicht lesen. Es ist dies ein beklagenswertes Versäumnis seitens der Vorsehung, das ihr nie zuvor aufgefallen war. Nur Menschen sind derart begabt. Menschen waren notwendig geworden. Sie läutete die Glocke. Sie befahl die Kutsche, damit sie sie unverzüglich nach London bringe.

»Es ist gerade noch Zeit, den elf Uhr fünfundvierzig zu erwischen, Mylady«, sagte Basket. Orlando hatte die Erfindung der Dampfmaschine noch nicht wahrgenommen, aber sie war derart von den Leiden eines Wesens in Anspruch genommen, das, wenn auch nicht sie selbst, so doch völlig von ihr abhängig war, daß sie zum ersten Mal einen Eisenbahnzug sah, ihren Platz in einem Eisenbahnabteil einnahm und sich die Decke über die Knie legen ließ, ohne auch nur einen einzigen Gedanken zu verwenden an »jene erstaunliche Erfindung, die (so sagen die Historiker) das Gesicht Europas in den letzten zwanzig Jahren vollständig verändert hatte« (was in der Tat bedeutend häufiger geschieht, als die Historiker vermuten). Sie bemerkte nur, daß er äußerst schmutzig war; entsetzlich ratterte und die Fenster klemmten. In Gedanken verloren wurde sie in etwas weniger als einer Stunde nach London gewirbelt und stand auf dem Bahnsteig von Charing Cross, ohne zu wissen, wohin sie gehen sollte.

Das alte Haus in Blackfriars, in dem sie im achtzehnten Jahrhundert so viele angenehme Tage verbracht hatte, war jetzt verkauft, teils an die Heilsarmee, teils an eine Regenschirmfabrik. Sie hatte ein anderes in Mayfair gekauft, das hygienisch, bequem und im Herzen der eleganten Welt gelegen war, aber würde ihr Gedicht in Mayfair von seiner Sehnsucht erlöst werden? Beten wir zu Gott, dachte sie, sich an den Glanz der Augen Ihrer Ladyschaften und die Ebenmäßigkeit der Beine Ihrer Lordschaften erinnernd, daß sie sich dort das Lesen nicht angewöhnt haben. Denn das wäre eine tausendfache Schande. Dann gab es Lady R. Dort fanden zweifellos noch immer dieselben Unterhaltungen statt. Die Gicht mochte sich, vielleicht, vom linken Bein des Generals in das rechte verlagert haben. Mr L. mochte zehn Tage bei R. statt bei T. verbracht haben. Dann würde Mr Pope hereinkommen. Oh! aber Mr Pope war tot. Wer waren jetzt die witzigen Köpfe, fragte sie sich – aber das war keine Frage, die man einem Gepäckträger stellen konnte, und so ging sie weiter. Ihre Ohren wurden jetzt vom Klingeln unzähliger Glöckchen auf den Köpfen unzähliger Pferde abgelenkt. Geschwader der seltsamsten kleinen Schachteln auf Rädern standen am Rand des Trottoirs. Sie ging in die Strand. Dort war das Getöse sogar noch schlimmer. Fahrzeuge aller Größen, von Vollblütern und Lastgäulen gezogen, eine einzelne Witwe von Stande befördernd oder bis obenhin vollgestopft mit backenbärtigen Männern in Seidenhüten, waren unentwirrbar miteinander verschmolzen. Kutschen, Fuhrwerke und Omnibusse schienen in ihren Augen, die solange nur an den Anblick eines einfachen Folioblattes gewöhnt gewesen waren, gefährlich in Widerstreit zu sein; und in ihren Ohren, die auf das Kratzen einer Feder eingestimmt waren, klang das Getöse der Straße wild und gräßlich mißtönend. Jeder Zoll des Trottoirs war voll. Ströme von Menschen, die sich mit unglaublicher Behendigkeit zwischen den Leibern von ihresgleichen und dem holpernden und polternden Verkehr hindurchfädelten, wälzten sich unaufhörlich nach Osten und Westen. Am Rand des Trottoirs standen Männer, Bretter mit Spielzeug vor sich haltend, und brüllten. An den Ecken saßen Frauen neben großen Körben mit Frühlingsblumen und brüllten. Jungen, die vor den Nasen der Pferde hin und her rannten und bedruckte Bögen an ihre Leiber preßten, brüllten ebenfalls: Katastrophe! Katastrophe! Zunächst vermutete Orlando, sie sei im Augenblick einer nationalen Krise eingetroffen; aber ob die nun glücklich oder tragisch war, konnte sie nicht sagen. Sie blickte forschend in die Gesichter der Menschen. Aber das verwirrte sie nur noch mehr. Hier kam zum Beispiel ein Mann vorbei, der in Verzweiflung versunken war und vor sich hin murmelte, als wüßte er um einen schrecklichen Kummer. An ihm vorbei drängelte sich ein dicker Kerl mit fröhlichem Gesicht, schulterte sich seinen Weg frei, als feierte die ganze Welt ein Fest. In der Tat kam sie zu dem Schluß, daß nichts von alledem Sinn oder Verstand hatte. Jeder Mann und jede Frau war mit den eigenen Angelegenheiten beschäftigt. Und wohin sollte sie gehen?

Sie ging ohne nachzudenken weiter, eine Straße hinauf, eine andere hinunter, vorbei an riesigen Fenstern voller Handtaschen und Spiegeln und Morgenröcken und Blumen und Angelruten, und Picknickkörben; während Stoffe aller Schattierungen und Muster, aller Dicke oder Dünne, über und über gebauscht und gewunden und geschlungen waren. Manchmal kam sie durch Straßen mit gesetzten Bürgerhäusern, die nüchtern und sachlich mit »eins«, »zwei«, »drei« numeriert waren, und so weiter, bis hinauf in die zwei- oder dreihunderter, jedes eine Kopie des anderen, mit zwei Säulen und sechs Stufen und einem Paar ordentlich zurückgezogener Vorhänge und dem Mittagessen für die Familie auf dem Tisch und einem Papagei, der aus einem Fenster, und einem Bedienten, der aus einem anderen sah, bis ihr der Kopf schwindelte vor lauter Monotonie. Dann kam sie an große, offene Plätze mit schwarzen, schimmernden, bis obenhin zugeknöpften Statuen von dicken Männern in der Mitte und sich bäumenden Schlachtrossen und aufsteigenden Säulen und fallenden Fontänen und flatternden Tauben. So ging und ging sie über Trottoirs zwischen Häusern, bis sie sehr hungrig war und etwas, das über ihrem Herzen flatterte, ihr den Vorwurf machte, es völlig vergessen zu haben. Es war ihr Manuskript, »Der Eich-Baum«.

Sie war bestürzt über ihre Nachlässigkeit. Sie blieb, wo sie ging und stand, wie angewurzelt stehen. Keine Kutsche war in Sicht. Die Straße, die breit und schön war, war ungewöhnlich leer. Nur ein einzelner älterer Herr näherte sich. Sein Gang kam ihr vage bekannt vor. Als er näher kam, war sie sicher, ihm zu dieser oder jener Zeit schon einmal begegnet zu sein. Aber wo? Konnte es sein, daß dieser Herr, so elegant, so stattlich, so wohlhabend, mit einem Stock in der Hand und einer Blume im Knopfloch, mit einem rosigen, rundlichen Gesicht und einem gestriegelten weißen Schnurrbart, konnte es sein, Ja, beim Zeus, er war es! – ihr alter, ihr sehr alter Freund, Nick Greene!

Im gleichen Augenblick sah er sie an; erinnerte sich an sie; erkannte sie. »Die Lady Orlando!« rief er, seinen Zylinder fast bis in den Staub schwenkend.

»Sir Nicholas!« rief sie aus. Denn sie wurde durch etwas in seiner Haltung intuitiv gewahr, daß der ungehobelte Zeilenschinder, der sie und viele andere zu Zeiten Königin Elizabeths geschmäht hatte, seinen Weg in der Welt gemacht hatte und bestimmt in den Ritterstand erhoben und obendrein zweifellos noch ein Dutzend anderer feiner Dinge geworden war.

Mit einer weiteren Verneigung bestätigte er ihr, daß ihre Folgerung korrekt war; er war in den Ritterstand erhoben; er war Doktor der Literatur; er war Professor. Er war der Verfasser einer Unzahl von Büchern. Er war, kurz gesagt, der einflußreichste Kritiker der viktorianischen Ära.

Ein heftiger Sturm der Gefühle bedrängte sie bei der Begegnung mit dem Mann, der ihr, vor Jahren, soviel Schmerzen zugefügt hatte. Konnte dies der widerwärtige, ruhelose Kerl sein, der Löcher in ihre Teppiche gebrannt und Käse im italienischen Kamin geröstet und so lustige Geschichten über Marlowe und die anderen erzählt hatte, daß sie in neun von zehn Nächten die Sonne hatte aufgehen sehen? Er war nun schmuck in einen grauen Cutaway gekleidet, trug eine rosa Blume im Knopfloch, und passend dazu graue Wildlederhandschuhe. Aber während sie noch staunte, machte er eine weitere tiefe Verbeugung und fragte sie, ob sie ihm die Ehre erweisen wolle, mit ihm zu Mittag zu essen? Die Verbeugung war vielleicht eine Spur übertrieben, aber die Nachahmung guter Erziehung war anerkennenswert. Sie folgte ihm, sich immer noch wundernd, in ein vornehmes Restaurant, alles roter Plüsch, weiße Tischdecken und silberne Menagen, den alten Tavernen oder Kaffeehäusern mit ihren sandbestreuten Dielen, hölzernen Bänken, Terrinen mit Punsch und Schokolade und ihren Pamphleten und Spucknäpfen so unähnlich wie nur möglich. Er legte seine Handschuhe ordentlich neben sich auf den Tisch. Sie konnte immer noch kaum glauben, daß er derselbe Mann war. Seine Fingernägel waren sauber; wo sie vorher einen Zoll lang gewesen waren. Sein Kinn war rasiert; wo früher ein schwarzer Bart gesprossen war. Er trug goldene Manschettenknöpfe; wo sein ausgefranstes Leinen in die Brühe zu hängen pflegte. Erst als er den Wein bestellt hatte, was er mit einer Sorgfalt tat, die sie an seinen Geschmack am Malvasier vor langer Zeit erinnerte, war sie davon überzeugt, daß er derselbe war. »Ah!« sagte er, einen kleinen Seufzer ausstoßend, der jedoch ganz behaglich klang, »ah! meine liebe Lady, die großen Tage der Literatur sind vorbei. Marlowe, Shakespeare, Ben Jonson – das waren die Giganten. Dryden, Pope, Addison – das waren die Heroen. Alle, alle sind jetzt tot. Und wen haben sie uns hinterlassen? Tennyson, Browning, Carlyle!«[31] – er legte ein immenses Maß an Verachtung in seine Stimme. »Die Wahrheit ist«, sagte er, sich ein Glas Wein einschenkend, »daß unsere jungen Schriftsteller allesamt im Sold der Buchhändler stehen. Sie produzieren jeden Schund, der dazu dient, ihre Schneiderrechnungen zu bezahlen. Es ist eine Zeit«, sagte er, sich Horsd'œuvres aufladend, »die von preziösen Concetti und wilden Experimenten gekennzeichnet ist – wovon die Elisabethaner nichts auch nur einen Augenblick lang geduldet hätten.«

»Nein, meine liebe Lady«, fuhr er fort, den Steinbutt au gratin, den der Kellner ihm zur Billigung präsentierte, mit Zustimmung akzeptierend, »die großen Tage sind vorbei. Wir leben in entarteten Zeiten. Wir müssen die Vergangenheit hochhalten; jene Schriftsteller ehren – es sind ja noch ein paar von ihnen da –, die sich die Antike zum Vorbild nehmen und nicht um Sold schreiben, sondern für –« Hier hätte Orlando fast »Glor!« geschrien. In der Tat hätte sie schwören können, daß sie ihn genau dieselben Dinge vor dreihundert Jahren hatte sagen hören. Die Namen waren natürlich andere, aber der Geist war der gleiche. Nick Greene hatte sich nicht verändert, trotz all seiner Ritterwürde. Und doch war da eine Veränderung. Denn während er weiter davon redete, man müsse sich Addison zum Vorbild nehmen (früher einmal war es Cicero gewesen, dachte sie) und morgens im Bett liegen (was zu tun, wie sie voller Stolz dachte, ihre vierteljährlich gezahlte Rente ihm ermöglichte) und die besten Arbeiten der besten Schriftsteller wenigstens eine Stunde lang auf der Zunge hin und her rollen, bevor man die Feder zu Papier brachte, damit das Gewöhnliche der Gegenwart und der beklagenswerte Zustand unserer Muttersprache (er hatte lange in Amerika gelebt, glaubte sie) gereinigt würden – während er ziemlich genauso redete, wie Greene vor dreihundert Jahren geredet hatte, hatte sie Zeit, sich zu fragen, wie er sich denn nun verändert habe? Er war füllig geworden; aber er war ein Mann, der auf die Siebzig zuging. Er war glatt geworden; die Literatur war, offensichtlich, ein einträgliches Geschäft gewesen; aber irgendwie war die alte rastlose, ungemütliche Lebendigkeit verschwunden. Seine Geschichten, so brillant sie waren, waren nicht mehr ganz so frei und ungezwungen. Sicher, alle paar Sekunden erwähnte er »meinen lieben Freund Pope« oder »meinen illustren Freund Addison«, aber ihn umgab eine Aura der Respektabilität, die deprimierend war, und er zog es vor, so schien es, sie über die Taten und Aussprüche ihrer eigenen Blutsverwandten aufzuklären, statt ihr, wie er es früher getan hatte, Skandalgeschichten über die Dichter zu erzählen.

Orlando war unerklärlich enttäuscht. Sie hatte all die Jahre an die Literatur (ihre Abgeschiedenheit, ihr Stand, ihr Geschlecht müssen ihre Entschuldigung sein) als an etwas gedacht, was wild ist wie der Wind, heiß wie Feuer, schnell wie der Blitz; etwas Herumirrendes, Unberechenbares, Jähes, und siehe da, die Literatur war ein älterer Herr im grauen Anzug, der über Herzoginnen redete. Die Heftigkeit ihrer Desillusionierung war so groß, daß ein Haken oder Knopf aufplatzte, der das Oberteil ihres Kleides geschlossen hielt, und heraus und auf den Tisch fiel – »Der Eich-Baum«, ein Poem.

»Ein Manuskript!« sagte Sir Nicholas, sein goldenes Pincenez aufsetzend. »Wie interessant, wie außerordentlich interessant! Erlauben Sie mir, einen Blick hinein zu werfen.« Und wieder, nach einer Pause von etwa dreihundert Jahren, nahm Nicholas Greene Orlandos Poem, legte es zwischen die Kaffeetassen und die Likörgläser und fing an, es zu lesen. Aber nun war sein Urteil sehr verschieden von dem, wie es damals gewesen war. Es erinnere ihn, sagte er, während er die Seiten umblätterte, an Addisons *Cato*. Es lasse sich auf eine Stufe stellen mit Thomsons *Seasons*[32]. Es finde sich keine Spur, wie er dankbar war sagen zu dürfen, vom modernen Geist darin. Es sei verfaßt mit einer Achtung vor der Wahrheit, vor der Natur, vor den Diktaten des menschlichen Herzens, die in der Tat selten sei in diesen Tagen der skrupellosen Exzentrizität. Es müsse selbstverständlich unverzüglich veröffentlicht werden.

Orlando wußte wahrhaftig nicht, was er meinte. Sie habe das Manuskript immer im Busen ihres Kleides mit sich herumgetragen. Der Gedanke belustigte Sir Nicholas beträchtlich.

»Aber was ist mit den Honoraren?« fragte er.

Orlandos Gedanken flogen zum Buckingham Palace und irgendwelchen nebulösen Honoratioren, die dort zu Besuch weilten.

Sir Nicholas war höchlich amüsiert. Er erklärte, er habe damit auf die Tatsache angespielt, daß das Haus —— (hier nannte er ein allseits bekanntes Verlagshaus), wenn er ihm eine Zeile zukommen ließe, entzückt wäre, das Buch in sein Programm aufzunehmen. Wahrscheinlich könnte er ein Honorar von zehn Prozent auf alle Exemplare bis zweitausend durchsetzen; darüber hinaus würden es fünfzehn sein. Und was die Rezensenten angehe, so würde er persönlich eine Zeile an Mr —— schreiben, der der einflußreichste sei; dann könne ein Kompliment – sagen wir, ein wenig Reklame für ihre eigenen Gedichte – an die Frau des Herausgebers der —— auch nicht schaden. Er würde —— anrufen. So redete er weiter. Orlando verstand kein Wort von alldem und traute seinem Wohlwollen aus alter Erfahrung nicht so ganz, aber es blieb ihr nichts anderes übrig, als sich dem zu beugen, was offensichtlich sein Wunsch und die brennende Sehnsucht des Poems selbst war. So faltete Sir Nicholas den blutbesudelten Packen zu einem ordentlichen Päckchen; steckte es flach in seine Brusttasche, damit es den Sitz seines Cutaways nicht störe; und unter vielen beiderseitigen Komplimenten trennten sie sich.

Orlando ging die Straße entlang. Nun das Poem weg war – und sie spürte eine nackte Stelle an ihrer Brust, wo sie gewohnt gewesen war es zu tragen –, hatte sie nichts zu tun, als über was immer sie wollte nachzudenken – es mochten die ungewöhnlichen Wechselfälle des menschlichen Schicksals sein. Hier war sie in der St. James's Street; eine verheiratete Frau; mit einem Ring am Finger; wo einst ein Kaffeehaus gewesen war, war jetzt ein Restaurant; es war gegen halb vier Uhr nachmittags; die Sonne schien; dort waren drei Tauben; eine Promenadenmischung von Terrier; zwei Hansoms und ein Landauer. Was also war das Leben? Der Gedanke kam ihr mit Ungestüm, völlig zusammenhanglos (wenn nicht der alte Greene irgendwie der Grund dafür war) in den Sinn. Und es mag als Kommentar, sei er nun negativer oder positiver Art, wie immer der Leser ihn anzusehen wünscht, über die Beziehungen zu ihrem Gemahl (der am Hoorn weilte) verstanden werden, daß sie, wann immer irgend etwas ihr mit Ungestüm in den Sinn kam, geradewegs zum nächsten Telegraphenamt ging und ihm drahtete. Wie der Zufall es wollte, war eines ganz in der Nähe. »Mein Gott, Shel«, drahtete sie; »Leben Literatur Greene schmeichlerisch –«, hier verfiel sie in eine Geheimsprache, die sie gemeinsam erfunden hatten, so daß ein ganzer Seelenzustand von höchster Komplexität in ein oder zwei Wörtern übermittelt werden konnte, ohne daß der Telegraphenbeamte daraus klug wurde, und fügte die Worte »Rattigan Glumphoboo« hinzu, die das Ganze exakt zusammenfaßten. Denn nicht nur hatten die Ereignisse des Vormittags einen tiefen Eindruck auf sie gemacht, sondern es kann der Aufmerksamkeit des Lesers auch nicht entgangen sein, daß Orlando erwachsen wurde – was nicht notwendigerweise bedeutet, daß man auch besser wird –, und »Rattigan Glumphoboo« beschrieb einen sehr komplizierten Seelenzustand – den der Leser, wenn er seine ganze Intelligenz in unseren Dienst stellt, vielleicht selbst aufzuspüren vermag.

Mehrere Stunden lang konnte es keine Antwort auf ihr Telegramm geben; in der Tat war es wahrscheinlich, dachte sie, einen Blick zum Himmel hinauf werfend, wo die oberen Wolken sehr schnell vorbeijagten, daß es am Kap Hoorn Sturm gab, so daß ihr Gemahl aller Wahrscheinlichkeit nach im Mastkorb wäre, oder dabei, ein gesplittertes Rundholz loszuhakken, oder sogar allein mit seinem Schiffszwieback in einem Boot. Und so verließ sie das Postamt und begab sich, um sich die Zeit zu vertreiben, in das nächste Geschäft, das ein für unsere Zeit so gewöhnliches Geschäft war, daß es keiner Beschreibung bedarf, in ihren Augen jedoch über die Maßen wundersam erschien; ein Geschäft, in dem Bücher verkauft wurden. Ihr ganzes Leben war Orlando mit Manuskripten vertraut gewesen; sie hatte die groben, braunen Bögen in der Hand gehalten, auf die Spenser in seiner kleinen, gedrängten Schrift geschrieben hatte; sie hatte Shakespeares und Miltons Schrift gesehen. Sie besaß in der Tat eine ganze Anzahl von Quartos und Folios, oftmals mit einem Sonett ihr zu Ehren darin, und manchmal einer Haarlocke. Doch diese unzähligen kleinen Bändchen, bunt, identisch, vergänglich, denn sie schienen in Pappe gebunden und auf Seidenpapier gedruckt, überraschten sie unendlich. Shakespeares gesammelte Werke kosteten eine halbe Krone und ließen sich in die Tasche stecken. Allerdings konnte man sie kaum lesen, so klein war die Schrift, aber nichtsdestoweniger war es ein Wunder. »Gesammelte Werke« – die Werke jedes Schriftstellers, den sie gekannt oder von dem sie gehört hatte, und viele andere mehr, erstreckten sich vom einen zum anderen Ende der langen Regale. Auf Tischen und Stühlen waren weitere »Werke« gestapelt oder lagen kreuz und quer durcheinander, und bei diesen, sah sie, die eine oder andere Seite umblätternd, handelte es sich oft um Werke über andere Werke, von Sir Nicholas und vielen anderen, in denen sie, in ihrer Unwissenheit und da sie gebunden und gedruckt waren, ebenfalls sehr große Schriftsteller vermutete. So gab sie dem Buchhändler eine erstaunliche Bestellung auf, ihr alles von Bedeutung im ganzen Laden zu schicken, und ging.

Sie betrat den Hyde Park, den sie von alters her kannte (unter diesem gespaltenen Baum, erinnerte sie sich, war der Herzog von Hamilton gefallen, durchbohrt von Lord Mohun), und ihre Lippen, denen man bei derlei oft die Schuld geben kann, begannen, die Worte ihres Telegramms in einen sinnlosen Singsang zu fassen; Leben Literatur Greene schmeichlerisch Rattigan Glumphoboo; so daß mehrere Parkwächter sie mißtrauisch ansahen und nur durch das Perlenhalsband, das sie trug, zu einer günstigen Meinung über ihren Geisteszustand gelangten. Sie hatte einen Stapel Zeitungen und literaturkritischer Journale aus dem Buchladen mitgebracht, und schließlich warf sie sich unter einem Baum auf die Erde, stützte sich auf die Ellbogen, breitete diese Seiten um sich herum und tat ihr Bestes, die edle Kunst der Prosaschriftstellerei zu ergründen, wie diese Meister sie praktizierten. Denn immer noch war die alte Leichtgläubigkeit in ihr lebendig; selbst die verschwommene Schrift einer Wochenzeitung besaß in ihren Augen etwas Heiliges. Und so las sie, auf die Ellbogen gestützt, einen Artikel von Sir Nicholas über die gesammelten Werke eines Mannes, den sie einst gekannt hatte – John Donne. Aber sie hatte sich, ohne es zu wissen, nicht weit vom Serpentinenteich niedergelassen. Das Bellen von tausend Hunden klang in ihren Ohren. Kutschenräder rollten unaufhörlich im Kreis. Blätter seufzten über ihrem Kopf. Hin und wieder überquerten ein bortenbesetzter Rock und ein Paar enger scharlachroter Hosen nur wenige Schritte von ihr entfernt das Gras. Einmal hüpfte ein riesiger Gummiball auf die Zeitung. Violett-, Orange-, Rot- und Blautöne brachen durch die Zwischenräume der Blätter und funkelten im Smaragd an ihrem Finger. Sie las einen Satz und sah zum Himmel hinauf; sie sah zum Himmel hinauf und sah hinunter auf die Zeitung. Das Leben? Die Literatur? Das eine ins andere verwandeln? Aber wie ungeheuer schwierig! Denn – hier kam ein Paar enger, scharlachroter Hosen vorbei – wie hätte Addison dies ausgedrückt? Hier kamen zwei auf den Hinterbeinen tänzelnde Hunde. Wie hätte Lamb[33] das beschrieben? Denn wenn sie Sir Nicholas und seine Freunde las (wie sie es in den Pausen ihres Umherblikkens tat), erhielt sie irgendwie den Eindruck – hier stand sie auf und ging ein paar Schritte –, sie gäben einem das Gefühl – es war ein extrem unbehagliches Gefühl –, daß man nie, nie sagen dürfte, was man denkt. (Sie stand am Ufer des Serpentinenteichs. Er war bronzefarben; spinnendünne Boote glitten von einer Seite zur anderen.) Sie gaben einem das Gefühl, fuhr sie fort, daß man immer, immer wie jemand anderes schreiben müsse. (Die Tränen stiegen ihr in die Augen.) Denn wirklich, dachte sie, ein kleines Boot mit dem Zeh fortstoßend, ich glaube nicht, daß ich (hier tauchte der ganze Artikel von Sir Nicholas vor ihren Augen auf, wie Artikel es tun, zehn Minuten nachdem sie gelesen sind, und als Beigabe auch der Anblick seines Zimmers, seines Kopfes, seiner Katze, seines Schreibtischs, und die Tageszeit kam noch dazu), ich glaube nicht, daß ich, fuhr sie fort, den Artikel von diesem Gesichtspunkt aus betrachtend, den ganzen Tag in einem Arbeitszimmer sitzen könnte, nein, es ist kein Arbeitszimmer, es ist eine muffige Art von Salon, und mit hübschen jungen Männern reden, und ihnen kleine Anekdoten erzählen, die sie aber bloß nicht weitererzählen dürfen, über das, was Tupper über Smiles gesagt hat; und dann, fuhr sie fort, bitterlich weinend, sind sie alle so männlich; und dann verabscheue ich Herzoginnen; und ich mag keinen Kuchen; und obwohl ich einigermaßen gehässig bin, könnte ich nie lernen, dermaßen gehässig zu sein, wie also könnte ich Kritiker sein und die beste englische Prosa meiner Zeit schreiben? Verdammt noch mal! rief sie aus, einen Pennydampfer so heftig vom Stapel lassend, daß das arme kleine Boot in den bronzefarbenen Wellen fast versank.

Nun ist die Wahrheit jedoch die, daß, wenn man in einem bestimmten Zustand gewesen ist (wie Krankenschwestern es nennen) – und die Tränen standen immer noch in Orlandos Augen –, der Gegenstand, den man ansieht, nicht er selbst bleibt, sondern zu etwas anderem wird, das größer und viel wichtiger ist und dennoch derselbe Gegenstand ist. Wenn man in diesem Zustand den Serpentinenteich ansieht, werden die Wellen bald so groß wie die Wellen des Atlantik; die Spielzeugboote lassen sich nicht mehr von Ozeandampfern unterscheiden. So verwechselte Orlando das Spielzeugboot mit der Brigg ihres Gemahls; und die Welle, die sie mit ihrem Zeh gemacht hatte, mit einen Berg aus Wasser vor Kap Hoorn; und als sie das Spielzeugboot dabei beobachtete, wie es den kleinen Kräusel erklomm, dachte sie, sie sähe Bonthrops Schiff eine glasige Wand hinauf und hinauf klimmen; hinauf und hinauf stieg es, und eine weiße Krone mit tausend Toden darin wölbte sich darüber; und durch die tausend Tode hindurch fuhr es und verschwand – »Es ist gesunken!« rief sie in Todesangst –, und dann, siehe da, da war es wieder, segelte heil und unversehrt zwischen den Enten dahin, auf der anderen Seite des Atlantik.

»Ekstase!« rief sie. »Ekstase! Wo ist das Postamt?« fragte sie sich. »Denn ich muß Shel sofort drahten und ihm sagen . . .« Und abwechselnd »Ein Spielzeugboot auf dem Serpentinenteich« und »Ekstase« wiederholend, denn die Gedanken waren austauschbar und bedeuteten exakt dasselbe, eilte sie zur Park Lane.

»Ein Spielzeugboot, ein Spielzeugboot, ein Spielzeugboot«, wiederholte sie und schärfte sich so die Tatsache ein, daß es nicht Artikel von Nick Greene über John Donne sind, noch Gesetzesvorlagen zum Achtstundentag, noch Verträge, noch Arbeiterschutzgesetze, worauf es ankommt; sondern etwas Unnützes, Jähes, Heftiges; etwas, das ein Leben kostet; rot, blau, purpurn; ein Spritzer; ein Plätschern; wie diese Hyazinthen (sie passierte gerade ein wunderschönes Beet davon); frei von Makel, Abhängigkeit, Beschmutzung durch die Menschheit oder Sorge um seinesgleichen; etwas Unbesonnenes, Lächerliches, wie meine Hyazinthe, meinen Mann, wollte ich natürlich sagen, Bonthrop: das ist es – ein Spielzeugboot auf dem Serpentinenteich, Ekstase –, es ist die Ekstase, worauf es ankommt. So sprach sie laut, während sie darauf wartete, daß die Kutschen Stanhope Gate passierten, denn die Folge davon, nicht mit seinem Gemahl zusammenzuleben, außer wenn der Wind sich gelegt hat, ist, daß man auf der Park Lane Unsinn vor sich hinredet. Es wäre zweifellos anders gewesen, hätte sie das ganze Jahr über mit ihm zusammengelebt, wie Königin Victoria es empfahl. So jedoch traf sie der Gedanke an ihn wie ein Blitz. Es war für sie dann absolut notwendig, unverzüglich mit ihm zu sprechen. Es war ihr völlig gleich, was für einen Unsinn das ergeben oder was für eine Abschweifung es für die Erzählung bedeuten mochte. Nick Greenes Artikel hatte sie in die Tiefen der Verzweiflung gestürzt; das Spielzeugboot hatte sie auf die Höhen des Entzückens gehoben. So wiederholte sie: »Ekstase, Ekstase«, während sie darauf wartete, die Straße überqueren zu können.

Aber der Verkehr war an jenem Frühlingsnachmittag dicht und zwang sie, stehenzubleiben und Ekstase, Ekstase zu wiederholen, oder ein Spielzeugboot auf dem Serpentinenteich, während der Reichtum und die Macht Englands wie gemeißelt in Hut und Mantel in Vierspänner, Viktoria und Landauer saß. Es war, als wäre ein goldener Strom geronnen und habe sich in goldenen Klumpen in der Park Lane gestaut. Die Damen hielten Kartenetuis in den Händen; die Herren balancierten Spazierstöcke mit goldenem Knauf zwischen den Knien. Sie stand dort schauend, bewundernd, voller Ehrfurcht. Nur ein Gedanke beunruhigte sie, ein Gedanke, der allen vertraut ist, die riesige Elefanten sehen, oder Wale von unglaublicher Größe, und der ist, wie pflanzen diese Leviathane, denen Anstrengung, Veränderung und Betätigung offensichtlich zuwider sind, ihre Art fort? Vielleicht, dachte Orlando, in die würdevollen, starren Gesichter blickend, ist ihre Zeit der Fortpflanzung vorbei; dies ist die Frucht; dies ist die Vollendung. Was sie jetzt erblickte, war der Triumph eines Zeitalters. Stattlich und prachtvoll saßen sie da. Aber jetzt ließ der Polizist seine Hand sinken; der Strom verflüssigte sich; die massive Zusammenballung prachtvoller Objekte bewegte sich, zerstreute sich und verschwand in die Piccadilly hinein.

So überquerte sie die Park Lane und ging zu ihrem Haus in der Curzon Street, wo sie sich, als das Mädesüß dort blühte, an den Ruf des Brachvogels erinnern konnte, und an einen sehr alten Mann mit einem Gewehr.

Sie konnte sich erinnern, dachte sie, als sie über die Schwelle ihres Hauses trat, wie Lord Chesterfield gesagt hatte – aber ihrer Erinnerung wurde Einhalt geboten. Ihre stille Eingangshalle aus dem achtzehnten Jahrhundert, in der sie sehen konnte, wie Lord Chesterfield mit einer Eleganz der Haltung, die zu beobachten ein Vergnügen war, seinen Hut hierhin und seinen Mantel dorthin legte, war jetzt vollständig von Paketen übersät. Während sie im Hyde Park gesessen hatte, hatte der Buchhändler ihre Bestellung geliefert, und das Haus war vollgestopft – Pakete rutschten sogar die Treppe herunter – mit der gesamten viktorianischen Literatur, eingeschlagen in graues Papier und säuberlich mit Schnur zugebunden. Sie trug so viele dieser Pakete wie sie konnte in ihr Zimmer, hieß die Diener, die anderen zu bringen, schnitt hastig zahllose Schnüre durch und war alsbald von zahllosen Bänden umgeben.

An die schmalen Literaturen des sechzehnten, siebzehnten und achtzehnten Jahrhunderts gewöhnt, war Orlando entsetzt über die Folgen ihrer Bestellung. Denn für die Viktorianer selbst bedeutete die viktorianische Literatur selbstverständlich nicht nur vier große, losgelöste und deutlich hervorgehobene Namen, sondern vier große Namen eingelassen und eingebettet in eine Masse von Alexander Smiths, Dixons, Blacks, Milmans, Buckles, Taines, Paynes, Tuppers, Jamesons[34] – alle lautstark, lärmend, exponiert und ebensoviel Aufmerksamkeit heischend wie alle anderen. Orlandos Ehrerbietung vor allem Gedruckten sah sich vor eine schwere Aufgabe gestellt, aber sie zog ihren Stuhl ans Fenster, um das wenige Licht zu nutzen, das zwischen den hohen Häusern von Mayfair hindurchsickern mochte, und versuchte, zu einem Urteil zu gelangen.

Nun ist klar, daß es nur zwei Möglichkeiten gibt, zu einem Urteil über die viktorianische Literatur zu gelangen – die eine ist, es in sechzig Oktavbänden niederzuschreiben, die andere, es in sechs Zeilen von der Länge dieser hier zu zwängen. Von den beiden Möglichkeiten veranlaßt uns die

Ökonomie, da die Zeit knapp wird, die zweite zu wählen; und so fahren wir fort. Orlando kam zu dem Urteil (ein halbes Dutzend Bücher aufschlagend), es sei sehr merkwürdig, daß sich keine einzige Widmung an einen Edelmann darunter finde; als nächstes (einen hohen Stapel Memoiren umblätternd), daß mehrere dieser Schriftsteller Familienstammbäume hatten, die halb so hoch waren wie ihr eigener; als nächstes, daß es über die Maßen unklug wäre, eine Zehnpfundnote um die Zuckerzange zu wickeln, wenn Miss Christina Rossetti[35] zum Tee käme; als nächstes (hier waren ein halbes Dutzend Einladungen, Hundertjahrfeiern durch Galadiners zu begehen), daß die Literatur, da sie all diese Galadiners esse, sehr korpulent sein müsse; als nächstes (sie wurde zu einer Unzahl von Vorträgen über den Einfluß von diesem auf jenes eingeladen; die Wiederkehr der Klassik; das Fortleben der Romantik und andere Titel derselben fesselnden Art), daß die Literatur, da sie sich all diese Vorträge anhöre, sehr trocken sein müsse; als nächstes (hier nahm sie an einem Empfang teil, der von einer Dame von Adel gegeben wurde), daß die Literatur, da sie all diese Pelzstolen trug, sehr respektabel sein müsse; als nächstes (hier besichtigte sie Carlyles schalldichtes Zimmer in Chelsea), daß Genialität, da sie all dieses Verhätscheln brauche, sehr schwächlich sein müsse; und kam so endlich zu ihrem abschließenden Urteil, das von höchster Bedeutung war, das wir jedoch, da wir die Obergrenze von sechs Zeilen bereits weit überschritten haben, auslassen müssen.

Nachdem Orlando zu diesem Urteil gelangt war, stand sie geraume Zeit am Fenster und sah hinaus. Denn wenn jemand zu einem Urteil gelangt, ist es, als hätte er den Ball über das Netz geschlagen und müßte nun darauf warten, daß der ungesehene Gegenspieler ihn zurückgibt. Was würde der farblose Himmel über Chesterfield House ihr als nächstes schicken, fragte sie sich? Und mit gefalteten, verschränkten Händen stand sie geraume Zeit und fragte sich. Plötzlich zuckte sie zusammen – und hier könnten wir nur wünschen, daß, wie bei einer früheren Gelegenheit, die Reinheit, die Keuschheit und die Sittsamkeit die Tür aufstoßen und uns wenigstens eine Atempause verschaffen würden, in der wir darüber nachdenken könnten, wie wir das in Worte fassen sollen, was nun taktvoll, wie ein Biograph es tun sollte, erzählt werden muß. Aber nein! Nachdem sie der nackten Orlando ihr weißes Gewand zugeworfen und gesehen hatten, wie es mehrere

Zoll vor ihr zu Boden fiel, hatten diese Damen all die vielen Jahre hindurch jeden Verkehr mit ihr aufgegeben und waren jetzt anderweitig beschäftigt. Will denn an diesem bleichen Märzmorgen gar nichts geschehen, um dieses unleugbare Ereignis, was immer es sein mag, zu mildern, zu verschleiern, zu bedecken, zu verbergen, zu verhüllen? Denn nachdem Orlando so plötzlich und heftig zusammengezuckt war – aber dem Himmel sei Dank, genau in diesem Augenblick begann draußen eine jener zerbrechlichen, kratzigen, piepsigen, stockenden, altmodischen Drehorgeln zu spielen, die immer noch manchmal von italienischen Leierkastenmännern in Seitenstraßen gespielt werden. Wollen wir die Unterbrechung, so bescheiden sie auch ist, hinnehmen, als wäre sie die Musik der Sphären, und ihr mit all ihrem Ächzen und Stöhnen erlauben, diese Seite mit Geräusch zu füllen, bis der Augenblick kommt, dessen Kommen zu leugnen unmöglich ist; den der Diener hat kommen sehen, und das Hausmädchen; und den der Leser auch wird sehen müssen; denn Orlando selbst ist sichtlich unfähig, ihn länger zu ignorieren – lassen wir die Drehorgel tönen und uns hinwegtragen auf Gedanken, die nicht mehr sind als ein kleines Boot, wenn die Musik erklingt, das auf den Wellen hüpft; auf Gedanken, die, von allen Trägern, die unbeholfensten sind, die sprunghaftesten, über die Hausdächer und die Hintergärten, in denen Wäsche hängt, bis nach – was ist das für ein Ort? Erkennen Sie das Grün und in der Mitte den Kirchturm und das Tor mit einem schlafenden Löwen auf jeder Seite? O ja, es ist Kew! Nun ja, Kew soll uns recht sein. Hier sind wir also in Kew, und ich will Ihnen heute (am zweiten März) unter dem Pflaumenbaum eine Traubenhyazinthe zeigen, und einen Krokus, und auch eine Knospe am Mandelbaum; so daß dort spazierengehen heißt, an Knollen zu denken, haarig und rot, im Oktober in die Erde gesteckt; die jetzt blühen; und von mehr zu träumen, als man von Rechts wegen sagen kann, und aus dem Etui eine Zigarette oder sogar eine Zigarre zu nehmen und einen Mantelsaum unter (wie der Reim es fordert) den Eichenbaum zu breiten und da zu sitzen und auf den Eisvogel zu warten, der, wie es heißt, einmal gesichtet wurde, wie er am Abend von Ufer zu Ufer flog.

Warte! Warte! Der Eisvogel kommt; der Eisvogel kommt nicht.

Sehen Sie unterdessen die Fabrikschornsteine und ihren Rauch; sehen Sie die Kontoristen aus der City, die in ihrem Auslegerboot vorbeihuschen.

Sehen Sie die alte Dame, die ihren Hund spazierenführt, und das Dienstmädchen, das seinen neuen Hut zum ersten Mal, aber nicht im richtigen schrägen Winkel, trägt. Sehen Sie sie alle. Obwohl der Himmel gnädigerweise bestimmt hat, daß die Geheimnisse aller Herzen verborgen sind, so daß wir für immer und ewig verlockt werden, etwas zu vermuten, was, vielleicht, gar nicht existiert; sehen wir doch, durch den Rauch unserer Zigarette hindurch, die wundervolle Erfüllung natürlicher Sehnsüchte nach einem Hut, einem Boot, einer Ratte im Graben aufflammen und grüßen sie; wie man einst – so dumme Hüpfer und Sprünge unternimmt der Geist, wenn er wie jetzt über die ganze Untertasse schwappt und die Drehorgel spielt – ein Feuer auf einem Feld von Minaretten in der Nähe von Konstantinopel aufflammen sah.

Sei gegrüßt! natürliche Sehnsucht! Sei gegrüßt! Glück! göttliches Glück! und Freuden aller Arten, Blumen und Wein, wenn auch die einen verblühen und der andere berauscht; und Fahrkarten zu einer halben Krone hinaus aus London am Sonntag, und in einer dunklen Kapelle Hymnen singen vom Tod, und alles, alles, was das Klappern der Schreibmaschinen und das Abheften von Briefen und das Schmieden von Gliedern und Ketten, die das Empire zusammenhalten, durchbricht und zur Hölle schickt. Gegrüßt seien sogar die schreienden, roten Bögen auf den Lippen der Ladenmädchen (als hätte Cupido, sehr ungeschickt, seinen Daumen in rote Tinte getaucht und im Vorbeigehen ein Zeichen hingeschmiert). Sei gegrüßt, Glück! Eisvogel, der von Ufer zu Ufer zuckt, und alle Erfüllung natürlicher Sehnsüchte, ob sie nun das sind, was der männliche Romanschreiber sagt, das sie seien; oder Gebet oder Entsagung; gegrüßt sei es! in welcher Form auch immer es kommt, und möge es mehr Formen davon geben, und seltsamere. Dann fließt der Strom – wenn es doch nur wahr wäre, wie der Reim andeutet, »wie ein Traum davon« –, aber dumpfer und schlimmer als dies ist unser gewöhnliches Los; ohne Träume, aber lebendig, selbstgefällig, fließend, gewohnheitsmäßig, unter Bäumen, deren Schatten von Olivgrün das Blau der Schwingen des schwindenden Vogels ertränkt, wenn er urplötzlich von Ufer zu Ufer stürzt.

Sei also gegrüßt, Glück, und nach dem Glück seien nicht gegrüßt jene Träume, die das scharfe Bild aufgedunsen machen wie fleckige Spiegel das Gesicht im Salon eines Landgasthofes; Träume, die das Ganze zersplittern und uns zerreißen und uns verwunden und uns zerspalten in der Nacht, wenn wir schlafen wollen; doch schlaf, schlaf, so tief, daß alle Formen zu Staub von unendlicher Sanftheit zermahlen werden, zu Wasser von unerforschlicher Dunkelheit, und da, zusammengekrümmt, umhüllt wie eine Mumie, wie ein Falter, laß uns reglos liegen auf dem Sand am Grund des Schlafes.

Aber warte! aber warte! wir gehen nicht, nicht dieses Mal, das blinde Land zu besuchen. Blau, wie ein Streichholz, das mitten im Apfel des innersten Auges angerissen wird, fliegt er, brennt er, sprengt er das Siegel des Schlafes; der Eisvogel; so daß jetzt, zurücklaufend wie die Flut, der rote, dicke Strom des Lebens wieder zurückfließt; blubbernd, triefend; und wir uns erheben; beben (denn wie gelegen kommt doch ein Reim, um uns sicher über den beschwerlichen Übergang vom Tod zum Leben zu helfen), denn unser Blick fällt auf – (hier hört die Drehorgel abrupt auf zu spielen).

»Es ist ein prachtvoller Junge, Mylady«, sagte Mrs Banting, die Hebamme, Orlando ihr erstgeborenes Kind in die Arme legend. Mit anderen Worten, Orlando wurde am Donnerstag, dem 20. März, um drei Uhr morgens, glücklich eines Sohnes entbunden.

Und wieder stand Orlando am Fenster, aber der Leser möge Mut fassen; nichts dergleichen wird am heutigen Tag geschehen, welcher nicht, in gar keiner Weise, derselbe Tag ist. Nein – denn wenn wir aus dem Fenster blicken, wie Orlando es in jenem Augenblick tat, werden wir sehen, daß die Park Lane selbst sich beträchtlich verändert hat. Tatsächlich könnte man zehn Minuten oder länger dort stehen, wie Orlando jetzt stand, ohne einen einzigen Landauer zu sehen. »Seht euch das an!« rief sie, einige Tage später, als eine absurd verstümmelte Kutsche ohne auch nur ein einziges Pferd anfing von ganz allein zu rollen. Eine Kutsche ohne Pferde, weiß Gott! Sie wurde fortgerufen, gerade als sie das sagte, kam jedoch nach einer Weile zurück und sah noch einmal aus dem Fenster. Es war komisches Wetter heutzutage. Der Himmel selbst, so konnte sie nicht umhin zu denken, hatte sich verändert. Er war nicht mehr so dicht, so wäßrig, so prismatisch, jetzt, da König Edward – seht, da war er, stieg aus seinem schmucken Coupé, um eine gewisse Dame gegenüber zu besuchen – die Nachfolge Königin Victorias angetreten hatte. Die Wolken waren zu dünner Gaze geschrumpft; der Himmel schien aus Metall gemacht, das sich bei heißem Wetter grünspanig fleckte, kupferfarben oder orange, wie Metall es bei Nebel tut. Es war ein bißchen alarmierend – dieses Schrumpfen. Alles schien geschrumpft zu sein. Als sie letzte Nacht am Buckingham Palace vorbeigefahren war, war keine Spur mehr dagewesen von jenem gewaltigen Gebilde, das sie für immerwährend gehalten hatte; Zylinder, Witwenschleier, Trompeten, Teleskope, Kränze, alle waren verschwunden und hatten keinen Fleck, nicht einmal eine Pfütze, auf dem Pflaster hinterlassen. Aber es war jetzt eben – nach einer weiteren Unterbrechung war sie wieder an ihren Lieblingsplatz am Fenster zurückgekehrt –, jetzt, am Abend, daß die Veränderung am bemerkenswertesten war. Seht nur die Lichter in den Häusern! Auf eine Berührung hin war ein ganzes Zimmer erleuchtet; waren Hunderte von Zimmern erleuchtet; und eines war genau wie das andere. Man konnte alles in den kleinen, viereckigen Schachteln sehen; es gab keine Abgeschiedenheit; keine jener verharrenden Schatten und sonderbaren Winkel, die es früher gegeben hatte; keine jener Frauen in Schürzen, die wackelige Lampen trugen, die sie vorsichtig auf diesen Tisch stellten und auf jenen. Auf eine Berührung hin war das ganze Zimmer hell. Und der Himmel war die ganze Nacht über hell; und die Trottoirs waren hell; alles war hell. Sie kam gegen Mittag wieder her. Wie schmal die Frauen in letzter Zeit geworden waren! Sie sahen aus wie Getreidehalme, gerade, glänzend, identisch. Und die Gesichter der Männer waren so nackt wie eine Handfläche. Die Trockenheit der Atmosphäre ließ alle Farben stärker hervortreten und schien die Muskeln der Wangen steif zu machen. Es war jetzt schwieriger zu weinen. Wasser war in zwei Sekunden heiß. Efeu war eingegangen oder von den Häusern gekratzt worden. Pflanzliches war weniger fruchtbar; Familien waren viel kleiner. Vorhänge und Bezüge waren entkräuselt, und die Wände waren kahl, so daß neue Bilder in leuchtenden Farben von wirklichen Dingen wie Straßen, Schirmen, Äpfeln, in Rahmen aufgehängt oder auf das Holz gemalt wurden. Es war etwas Bestimmtes und Entschiedenes an diesem Zeitalter, das sie an das achtzehnte Jahrhundert erinnerte, außer daß es da jetzt eine Zerstreutheit gab, eine Verzweiflung – während sie dies dachte, weitete sich der unendlich lange Tunnel, in dem sie seit Hunderten von Jahren gereist zu sein schien; das Licht fiel herein; ihre Gedanken wurden auf geheimnisvolle Weise gestrafft und gespannt, als hätte ein Klavierstimmer seinen Schlüssel in ihren Rücken gesteckt und ihre Nerven sehr straff angezogen; gleichzeitig wurde ihr Gehör schärfer; sie konnte jedes Flüstern und Knakken im Raum hören, so daß die tickende Uhr auf dem Kaminsims wie ein Hammer schlug. Und so fuhr das Licht einige Sekunden lang fort, heller und heller zu werden, und sie sah alles klarer und klarer, und die Uhr tickte lauter und lauter, bis mitten in ihrem Ohr eine gewaltige Explosion erfolgte. Orlando machte einen Satz, als hätte sie einen heftigen Schlag auf den Kopf erhalten. Zehnmal erhielt sie einen solchen Schlag. Es war in der Tat zehn Uhr morgens. Es war der elfte Oktober. Es war 1928. Es war der Augenblick der Gegenwart.

Niemand braucht sich zu wundern, daß Orlando zusammenfuhr, die Hand auf das Herz legte und blaß wurde. Denn welch schrecklichere Offenbarung kann es geben als die, daß es der Augenblick der Gegenwart ist? Daß wir den Schock überhaupt überleben, ist nur möglich, weil die Vergangenheit uns auf der einen Seite abschirmt und die Zukunft auf der anderen. Aber wir haben jetzt keine Zeit für Überlegungen; Orlando war ohnehin schrecklich spät. Sie lief nach unten, sie sprang in ihr Automobil, sie drückte den Anlasser und fuhr los. Gewaltige blaue Blöcke von Gebäuden erhoben sich in die Luft; die roten Kappen der Schornsteine waren unregelmäßig über den Himmel getüpfelt; die Straße glänzte wie silberköpfige Nägel; Omnibusse mit gemeißelten, weißgesichtigen Fahrern rasten auf sie zu; sie bemerkte Schwämme, Vogelkäfige, Schachteln aus grünem Wachstuch. Aber sie erlaubte diesen Bildern nicht, auch nur um den Bruchteil eines Zolls in ihren Geist einzusinken, als sie die schmale Planke der Gegenwart überquerte, aus Angst, sie könne in die tosenden Fluten darunter stürzen. »Warum paßt du nicht auf, wo du hingehst?... Kannst du nicht wenigstens mit der Hand ein Zeichen geben?« – das war alles, was sie in scharfem Ton sagte, als würden die Worte aus ihr herausgeschleudert. Denn die Straßen waren unglaublich voll; Leute überquerten sie, ohne zu schauen, wo sie hingingen. Leute summten und sirrten um die Schaufensterscheiben herum, hinter denen man ein rotes Glühen sehen konnte, ein gelbes Flammen, als wären sie Bienen, dachte Orlando – aber ihr Gedanke, daß sie Bienen seien, wurde brutal abgeknipst, und mit einem Lidschlag die Perspektive zurückgewinnend, sah sie, daß es Menschenkörper waren. »Warum paßt du nicht auf, wo du hingehst«, schnauzte sie.

Endlich hielt sie jedoch vor Marshall & Snelgrove an und ging in das Geschäft hinein. Schatten und Duft hüllten sie ein. Die Gegenwart fiel von ihr ab wie Tropfen kochendheißen Wassers. Licht schwankte auf und nieder wie dünne Stoffe, gebläht von einer Sommerbrise. Sie zog eine Liste aus ihrer Tasche und fing an zu lesen, zunächst mit einer seltsam tonlosen Stimme, als halte sie die Wörter – Jungenstiefel, Badesalz, Sardinen – unter einen Hahn vielfarbigen Wassers. Sie beobachtete, wie sie sich veränderten, als das Licht auf sie fiel. Bad und Stiefel wurden stumpf, matt; Sardinen zackte sich wie eine Säge. So stand sie im Erdgeschoß von Marshall & Snelgrove; sah hierhin und dorthin; sog diesen Duft ein und jenen und vergeudete auf diese Weise einige Sekunden. Dann stieg sie in den Aufzug, aus dem guten Grund, daß die Tür offenstand; und wurde glatt und zügig nach oben katapultiert. Der Stoff des Lebens schon an sich, dachte sie, während sie sich hob, ist heute magisch. Im achtzehnten Jahrhundert wußten wir, wie alles gemacht wird; aber hier hebe ich mich in die Luft; ich höre Stimmen aus Amerika; ich sehe Menschen fliegen – aber wie das gemacht wird, darüber kann ich nicht einmal anfangen, mich zu wundern. So kehrt mein Glaube an die Magie wieder. Jetzt machte der Aufzug einen kleinen Ruck, als er im ersten Stock anhielt; und sie hatte eine Vision von unzähligen bunten Stoffen, die in einem Lufthauch tänzelten, der ausgeprägte, fremdländische Düfte von sich gab; und jedesmal, wenn der Aufzug anhielt und seine Türen aufstieß, wurde ein anderes Stück der Welt zur Schau gestellt, an dem alle Düfte dieser Welt hafteten. Sie wurde an den Fluß bei Wapping zur Zeit Elizabeths erinnert, wo die Schatzschiffe und die Kauffahrteischiffe ankerten. Wie reich und merkwürdig sie gerochen hatten! Wie gut sie sich an das Gefühl der rohen Rubine erinnerte, die durch ihre Finger rieselten, wenn sie in einem Sack voller Schätze in ihnen wühlte! Und wie sie dann bei Sukey lag – oder wie immer sie hieß –, und sie von Cumberlands Laterne angeleuchtet wurden! Die Cumberlands hatten jetzt ein Haus an Portland Place, und sie war erst neulich zum Essen bei ihnen gewesen und hatte mit dem alten Herrn einen kleinen Scherz über die Armenhäuser in der Sheen Road gewagt. Er hatte gezwinkert. Aber hier, da der Aufzug nicht höher fahren konnte, mußte sie aussteigen – der Himmel allein wußte, in welche »Abteilung«, wie sie das nannten. Sie stand still, um ihre Einkaufsliste zu befragen, aber der Teufel sollte sie holen, wenn sie irgendwo, wie die Liste es ihr auftrug, Badesalz sehen konnte, oder Knabenstiefel. Und tatsächlich wollte sie schon wieder hinunterfahren, ohne etwas zu kaufen, wurde jedoch vor dieser Ungeheuerlichkeit dadurch bewahrt, daß sie automatisch den letzten Gegenstand auf ihrer Liste laut vor sich hinsagte; der zufälligerweise »Laken für ein Doppelbett« lautete.

»Laken für ein Doppelbett«, sagte sie zu einem Mann an einem Ladentisch, und durch eine Fügung der Vorsehung waren es Laken, die der Mann gerade an diesem Ladentisch verkaufte. Denn Grimsditch, nein, Grimsditch war tot; Bartholomew, nein, Bartholomew war tot; Louise also – Louise war neulich in heller Aufregung zu ihr gekommen, denn sie hatte ein Loch am Fußende des Lakens im königlichen Bett entdeckt. Viele Könige und Königinnen hatten darin geschlafen – Elizabeth; James; Charles; George; Victoria; Edward; kein Wunder, daß das Laken ein Loch hatte. Aber Louise war sicher, daß sie wußte, wer es gemacht hatte. Der Prinzgemahl.

»Sale boche!« hatte sie gesagt (denn es hatte wieder einen Krieg gegeben; dieses Mal gegen die Deutschen).

»Laken für ein Doppelbett«, wiederholte Orlando träumerisch, für ein Doppelbett mit einer silbernen Tagesdecke in einem Zimmer, das in einem Geschmack eingerichtet war, den sie jetzt für vielleicht eine Spur vulgär hielt – ganz in Silber; aber sie hatte es eingerichtet, als sie eine Leidenschaft für dieses Metall hatte. Während der Mann ging, um Laken für ein Doppelbett zu holen, zog sie einen kleinen Spiegel und eine Puderquaste hervor. Frauen waren nicht halb so umwegig in ihrem Verhalten, dachte sie, während sie sich mit größter Unbefangenheit puderte, wie sie es gewesen waren, als sie selbst sich in eine Frau verwandelt hatte und an Deck der *Enamoured Lady* lag. Sie gab ihrer Nase mit Bedacht die richtige Tönung. Ihre Wangen jedoch rührte sie nicht an. Wahrhaftig, obwohl sie jetzt sechsunddreißig war, sah sie kaum einen Tag älter aus. Sie sah genauso schmollend, genauso trotzig, genauso schön, genauso rosig aus (wie ein millionenkerziger Weihnachtsbaum, hatte Sascha gesagt) wie an jenem Tag auf dem Eis, als die Themse zugefroren war und sie Schlittschuhe gelaufen waren –

»Das beste irische Leinen, Madam«, sagte der Verkäufer, die Laken über den Ladentisch breitend – und sie eine alte Frau getroffen hatten, die Holz sammelte. Hier, während sie gedankenverloren das Leinen befühlte, öffnete sich eine der Schwingtüren zwischen den Abteilungen und ließ, vielleicht aus der Abteilung für Galanteriewaren, den Hauch eines Duftes herein, wächsern, getönt wie von rosa Kerzen, und der Duft schmiegte sich wie eine Muschel um eine Gestalt – war es die eines Knaben oder die eines Mädchens? – jung, schlank, verführerisch – ein Mädchen, bei Gott! bepelzt, beperlt, in russischen Hosen; aber treulos, treulos!

»Treulose!« rief Orlando (der Mann war gegangen), und das ganze Geschäft schien auf gelben Wassern zu schlingern und zu stampfen, und in der Ferne sah sie die Masten des russischen Schiffs, das in See ging, und dann, wie durch ein Wunder (vielleicht öffnete die Tür sich noch einmal), wurde die Muschel, die der Duft geformt hatte, zu einer Plattform, einem Podium, von dem eine dicke, bepelzte Frau herabstieg, wunderbar erhalten, verführerisch, mit einem Diadem, die Geliebte eines Großherzogs; sie, die über die Ufer der Wolga gelehnt, ein Sandwich essend, zugesehen hatte, wie Männer ertranken; und begann, durch den Laden auf sie zuzukommen.

»O Sascha!« rief Orlando. Sie war wirklich entsetzt, daß es dazu gekommen war; sie war so dick geworden; so lethargisch; und sie neigte den Kopf über das Leinen, damit diese Erscheinung einer grauen Frau in Pelzen, und eines Mädchens in russischen Hosen, mit all diesen Düften nach Wachskerzen, weißen Blumen und alten Schiffen, die sie mit sich brachte, ungesehen hinter ihrem Rücken vorbeiginge.

»Vielleicht noch Servietten, Handtücher, Staubtücher, Madam?« fragte der Verkäufer hartnäckig. Und es spricht enorm für die Einkaufsliste, die Orlando nun zu Rate zog, daß sie in der Lage war, mit allem äußeren Anschein der Gelassenheit zu antworten, daß es auf der ganzen Welt nur eines gab, das sie brauche, und zwar Badesalz; was es in einer anderen Abteilung gab.

Aber als sie im Aufzug wieder hinunterfuhr – so tückisch ist die Wiederholung einer jeden Szene –, wurde sie wieder tief unter den Augenblick der Gegenwart gesenkt; und glaubte, als der Aufzug mit einem Ruck auf dem Boden aufsetzte, einen Topf an einem Flußufer zerbrechen zu hören. Was das Finden der richtigen Abteilung anbelangte, welche es auch immer sein mochte, so stand sie gedankenverloren zwischen den Handtaschen, taub für die Vorschläge all der höflichen, schwarzen, gekämmten, munteren Verkäuferinnen, die gleichermaßen, und manche von ihnen vielleicht gleichermaßen stolz, aus ebensolchen Tiefen der Vergangenheit stammten wie sie selbst und sich doch entschieden hatten, den undurchdringlichen Schutzschirm der Gegenwart herabzulassen, so daß sie heute nichts anderes zu sein schienen als Verkäuferinnen bei Marshall & Snelgrove. Orlando stand zögernd. Durch die großen Glastüren konnte sie den Verkehr auf der Oxford Street sehen. Omnibus schien sich auf Omnibus zu stapeln und sich dann wieder loszureißen. So hatten die Eisschollen an jenem Tag auf der Themse gestampft und geschlingert. Ein alter Edelmann in pelzbesetzten Pantoffeln hatte rittlings auf einem davon gesessen. Dort trieb er – sie konnte ihn vor sich sehen –, Flüche auf die irischen Rebellen herabrufend. Er war dort drüben untergegangen, wo ihr Auto stand.

»Die Zeit ist über mich hinweggegangen«, dachte sie, während sie sich zu fassen versuchte; »es nähern sich die mittleren Jahre. Wie seltsam das ist! Nichts ist mehr eine Sache. Ich nehme eine Handtasche in die Hand und denke an eine alte Bumbootsfrau, die im Eis eingefroren ist. Jemand zündet eine rosa Kerze an, und ich sehe ein Mädchen in russischen Hosen. Wenn ich durch die Tür trete – wie ich es jetzt tue«, hier trat sie auf das Trottoir der Oxford Street hinaus, »was schmecke ich da? Kleine Kräuter. Ich höre Ziegenglöckchen. Ich sehe Berge. Die Türkei? Indien? Persien?« Ihre Augen füllten sich mit Tränen.

Daß Orlando sich ein wenig zu weit vom Augenblick der Gegenwart entfernt hatte, wird vielleicht dem Leser auffallen, der nun sieht, wie sie Anstalten macht, in ihr Automobil einzusteigen, die Augen voller Tränen und Visionen von persischen Bergen. Und in der Tat läßt sich nicht leugnen, daß die erfolgreichsten Betreiber der Kunst des Lebens, übrigens oftmals gänzlich unbekannte Menschen, es irgendwie fertigbringen, die sechzig oder siebzig verschiedenen Zeiten zu synchronisieren, die gleichzeitig in jedem menschlichen Organismus ticken, so daß, wenn es elf schlägt, der ganze Rest einstimmig einfällt und die Gegenwart weder eine gewaltsame

Unterbrechung ist noch vollständig in der Vergangenheit vergessen. Von ihnen können wir mit Fug und Recht sagen, daß sie genau die achtundsechzig oder zweiundsiebzig Jahre leben, die ihnen auf dem Grabstein zugeschrieben werden. Bei den übrigen wissen wir von einigen, daß sie tot sind, obwohl sie unter uns wandeln; einige sind noch nicht geboren, obwohl sie die Formen des Lebens durchlaufen; andere sind Hunderte von Jahren alt, obwohl sie sich als sechsunddreißig bezeichnen. Die wahre Länge eines Menschenlebens ist, ungeachtet dessen, was das *Dictionary of National Biography*[36] sagen mag, immer eine strittige Angelegenheit. Denn es ist ein schwieriges Geschäft – dieses Zeitmessen; nichts bringt es schneller aus der Ordnung als der Kontakt mit einer der Künste; und ihre Liebe zur Poesie mag schuld daran gewesen sein, daß Orlando ihre Einkaufsliste verlor und sich ohne die Sardinen, das Badesalz oder die Stiefel auf den Heimweg machte. Jetzt, als sie mit einer Hand an der Tür ihres Automobils stand, schlug die Gegenwart sie erneut auf den Kopf. Elfmal wurde sie heftig attackiert.

»Verdammt!« rief sie, denn es ist ein großer Schock für das Nervensystem, eine Uhr schlagen zu hören – ein so großer, daß es nun geraume Zeit nichts über sie zu sagen gibt, außer, daß sie die Stirn runzelte, die Gänge bewundernswert schaltete und wie zuvor rief, »Paß doch auf, wo du hingehst!« »Weißt du nicht, was du willst?« »Warum hast du es nicht gleich gesagt?«, während das Automobil flitzte, kurvte, drängelte und sich hindurchschlängelte, denn sie war eine geschickte Fahrerin, die Regent Street hinunter, Haymarket hinunter, die Northumberland Avenue hinunter, über die Westminster Bridge, nach links, geradeaus, nach rechts, wieder geradeaus . . .

Die alte Kent Road war am Donnerstag, dem elften Oktober 1928, sehr belebt. Die Leute quollen von den Trottoirs hinunter. Da waren Frauen mit Einkaufstaschen. Kinder rannten auf die Straße. Es gab Ausverkäufe in Stoffgeschäften. Straßen wurden breiter und enger. Lange Sichtfluchten schrumpften stetig zusammen. Hier war ein Markt. Hier eine Beerdigung. Hier eine Prozession mit Fahnen, auf denen »Ra-Un« geschrieben stand, aber was sonst? Fleisch war sehr rot. Metzger standen in der Tür. Frauen wurden fast die Hacken abgefahren. Amor Vin – das stand über einer Veranda. Eine Frau sah aus einem Schlafzimmerfenster, tiefsinnig nachdenklich und sehr still. Applejohn und Applebed, Beerd-. Nichts konnte ganz gesehen oder von Anfang bis Ende gelesen werden. Was man anfangs sah – wie zwei Freunde, die sich anschickten, sich auf der anderen Straßenseite zu treffen –, sah man nie zu Ende gehen. Nach zwanzig Minuten waren Körper und Geist wie Fetzen zerrissenen Papiers, die aus einem Sack quollen, und tatsächlich ähnelt der Prozeß, London im Automobil zu verlassen, so sehr dem kleingehackt Werden der Identität, das der Bewußtlosigkeit vorausgeht, und vielleicht dem Tod selbst, daß es eine offene Frage ist, in welchem Sinn sich von Orlando sagen läßt, sie habe im Augenblick der Gegenwart existiert. In der Tat hätten wir sie fast als eine vollkommen zerstückelte Person aufgegeben, wenn nicht an dieser Stelle, endlich, ein grüner Schirm zur rechten Seite hochgehalten worden wäre, gegen den die kleinen Papierfetzen langsamer fielen; und dann wurde ein anderer links hochgehalten, so daß man sehen konnte, wie die kleinen Fetzen sich nun einzeln in der Luft drehten; und dann wurden die grünen Schirme ohne Unterbrechung auf beiden Seiten hochgehalten, so daß ihr Geist die Illusion zurückgewann, in sich die Dinge zu fassen, und sie sah ein Cottage, einen Bauernhof und vier Kühe, alle genau lebensgroß.

Als dies geschah, stieß Orlando einen Seufzer der Erleichterung aus, zündete sich eine Zigarette an und rauchte ein oder zwei Minuten lang schweigend. Dann rief sie zögernd, als wäre die Person, die sie wünschte, vielleicht nicht da, »Orlando?« Denn wenn es (bei grober Schätzung) sechsundsiebzig verschiedene Zeiten gibt, die alle gleichzeitig im Gemüt ticken, wie viele verschiedene Personen gibt es dann erst – Himmel hilf –, die alle zur einen oder anderen Zeit im Menschengeist hausen? Manche sagen, zweitausendundzweiundfünfzig. So daß es das Normalste von der Welt ist, wenn ein Mensch, sobald er allein ist, Orlando? ruft (wenn das sein Name ist), womit gemeint ist, Komm, komm! Ich habe dieses besondere Ich so sterbenssatt. Ich will ein anderes. Daher die erstaunlichen Veränderungen, die wir an unseren Freunden sehen. Aber ganz so einfach ist es nun auch wieder nicht, denn obwohl man rufen mag, wie Orlando es tat (die nun draußen auf dem Land war und vermutlich ein anderes Ich brauchte), Orlando?, ist es gut möglich, daß die Orlando, die sie braucht, nicht kommt; diese Ichs, aus denen wir aufgebaut sind, eins über dem anderen, die wie Teller auf der Hand eines Kellners aufgestapelt sind, haben anderswo Bindungen, Sympathien, kleine eigene Verfassungen und Rechte, oder wie man sie nennen will (und für viele dieser Dinge gibt es keinen Namen), so daß das eine nur kommt, wenn es regnet, ein anderes nur in einem Zimmer mit grünen Vorhängen, ein anderes, wenn Mrs Jones nicht da ist, ein anderes, wenn man ihm ein Glas Wein verspricht – und so weiter; denn jeder kann aus seiner eigenen Erfahrung die verschiedenen Bedingungen multiplizieren, die seine verschiedenen Ichs mit ihm ausgehandelt haben – und manche sind zu phantastisch lächerlich, um im Druck überhaupt erwähnt zu werden.

So rief Orlando in der Kurve bei der Scheune »Orlando?«, mit einem fragenden Unterton in der Stimme, und wartete. Orlando kam nicht.

»Also gut«, sagte Orlando mit der wohlgemuten Gelassenheit, die die Menschen bei derartigen Gelegenheiten an den Tag legen; und versuchte es mit einem anderen. Denn sie hatte eine große Vielzahl von Ichs, die sie rufen konnte, weit mehr, als wir haben unterbringen können, da eine Biographie schon als vollständig gilt, wenn sie nur sechs oder sieben Ichs berücksichtigt, wohingegen ein Mensch gut und gerne ebenso viele Tausend haben mag. Also nur unter jenen Ichs wählend, für die wir Platz gefunden haben, hätte Orlando nun den Knaben rufen können, der den Kopf des Niggers abschlug; den Knaben, der ihn wieder aufhing; den Knaben, der auf dem Hügel saß, den Knaben, der den Dichter sah, den Knaben, der der Königin die Schale Rosenwasser reichte; oder sie hätte den jungen Mann rufen können, der sich in Sascha verliebte; oder den Höfling; oder den Gesandten; oder den Soldaten; oder den Reisenden; oder vielleicht wollte sie, daß die Frau zu ihr käme; die Zigeunerin; die feine Dame, die Einsiedlerin; das Mädchen, das in das Leben verliebt war; die Patronin der Literatur; die Frau, die Mar rief (womit sie heiße Bäder und Abendfeuer meinte) oder Shelmerdine (womit sie Krokusse in Herbstwäldern meinte) oder Bonthrop (womit sie den Tod meinte, den wir täglich sterben) oder alle drei zusammen – womit mehr Dinge gemeint waren, als wir aufzuschreiben Platz haben –, alle waren verschieden, und sie hätte jeden einzelnen von ihnen rufen können.

Vielleicht; aber es schien sicher (denn wir befinden uns nun in der Sphäre der »vielleichts« und der »scheints«), daß das Ich, das sie am dringendsten brauchte, sich fernhielt, denn sie wechselte, wenn man sie so reden hörte, ihre Ichs so schnell, wie sie fuhr – an jeder Ecke war ein neues –, wie es geschieht, wenn aus irgendeinem unerfindlichen Grund das bewußte Ich, welches das oberste ist und die Macht hat, sich zu sehnen, nichts zu sein wünscht als es selbst. Dieses ist, was manche Menschen das wahre Ich nennen, und es ist, sagen sie, die Zusammenfassung aller Ichs, die zu sein wir in uns haben; befehligt und eingeschlossen vom Ober-Ich, vom Schlüssel-Ich, das sie alle verschmilzt und kontrolliert. Orlando suchte gewiß dieses Ich, wie der Leser selbst urteilen mag nach dem, was er sie beim Fahren reden hört (und wenn es weitschweifiges Gerede ist, zusammenhanglos, trivial, langweilig und manchmal unverständlich, so ist es die Schuld des Lesers, denn was belauscht er eine Dame, die Selbstgespräche führt; wir kopieren nur ihre Worte, wie sie sie sprach, und fügen in Klammern hinzu, welches Ich unserer Meinung nach spricht, aber diesbezüglich können wir uns durchaus irren).

»Was denn? Wer denn?« sagte sie. »Sechsunddreißig; in einem Automobil; eine Frau. Ja, aber eine Million anderer Dinge zugleich. Ein Snob bin ich? Der Hosenbandorden in der Halle? Die Leoparden? Meine Vorfahren? Stolz auf sie? Ja! Habgierig, an Luxus gewöhnt, boshaft? Bin ich das? (hier kam ein neues Ich hinzu). Ist mir doch egal, ob ich es bin. Ehrlich? Ich denke schon. Großzügig? Oh, aber das zählt nicht (hier kam ein neues Ich hinzu). Morgens im Bett zu liegen, zwischen feinstem Leinen, und den Tauben zuzuhören; Silbergeschirr; Wein; Zofen; Lakaien. Verwöhnt? Vielleicht. Zu viele Dinge umsonst. Daher meine Bücher (hier erwähnte sie fünfzig klassische Titel; die, so glauben wir, die frühen, romantischen Werke verkörperten, die sie zerriß). Umgänglich, gewandt, romantisch. Aber (hier kam ein anderes Ich hinzu) eine Stümperin, eine Närrin. Ungeschickter könnte ich nicht sein. Und – und – (hier zögerte sie auf der Suche nach einem Wort, und wenn wir »Liebe« vorschlagen, könnten wir uns irren, auf jeden Fall aber lachte sie und errötete und rief dann aus –) Eine in Smaragde gefaßte Kröte! Harry der Erzherzog! Schmeißfliegen an der Decke! (Hier kam ein anderes Ich hinzu.) Aber Nell, Kit, Sascha? (sie versank in Schwermut: tatsächlich bildeten sich Tränen, dabei hatte sie das Weinen längst aufgegeben). Bäume, sagte sie. (Hier kam ein anderes Ich hinzu.) Ich liebe Bäume (sie kam an einer Gruppe vorbei), die dort seit tausend Jahren wachsen. Und Scheunen (sie kam an einer baufälligen Scheune am Rand der Straße vorbei). Und Schäferhunde (hier kam einer über die Straße getrottet. Sie wich ihm sorgsam aus). Und die Nacht. Aber Menschen (hier kam ein anderes Ich hinzu). Menschen? (Sie wiederholte es als Frage.) Ich weiß nicht. Schwatzhaft, gehässig, verlogen. (Hier bog sie in die High Street ihres Heimatstädtchens ein, auf der es wimmelte, denn es war Markttag, von Bauern und Schäfern und alten Frauen mit Hühnern in Körben.) Ich liebe Bauern. Ich verstehe etwas von Landwirtschaft. Aber (hier kam ein anderes Ich über den Gipfel ihres Geistes gehüpft wie der Lichtstrahl eines Leuchtturms). Ruhm! (Sie lachte.) Ruhm! Sieben Auflagen. Ein Preis. Photographien in den Abendzeitungen (hier spielte sie auf den »Eich-Baum« an und auf den »Burdett Coutts' Gedächtnis-Preis«, der ihr verliehen worden war; und wir müssen uns den Platz stehlen, um zu bemerken, wie zersetzend es für ihren Biographen ist, daß dieser Höhepunkt, auf den das ganze Buch sich zubewegte, diese Peroratio, mit der das Buch enden sollte, uns derart beiläufig mit einem Lachen entrissen wird; aber die Wahrheit ist, daß, wenn wir über eine Frau schreiben, alles fehl am Platz ist – Höhepunkte und Perorationen; der Nachdruck fällt nie dahin, wohin er bei einem Mann fällt). Ruhm! wiederholte sie. Ein Dichter – ein Scharlatan; beides jeden Morgen, so regelmäßig, wie die Post kommt. Essen, sich verabreden; sich verabreden, essen; Ruhm – Ruhm! (Hier mußte sie mit dem Tempo heruntergehen, um durch die Menge der Marktbesucher zu kommen. Aber niemand nahm Notiz von ihr. Ein Tümmler in einem Fischstand erregte weit mehr Aufmerksamkeit als eine Dame, die einen Preis gewonnen hatte und die, wenn sie es gewollt hätte, drei Kronen, eine über der anderen, auf dem Kopf hätte tragen können.) Sehr langsam fahrend, summte sie jetzt, als wäre es Teil eines alten Lieds, »Mit meinen Guineen kauf ich blühende Bäume, blühende Bäume, blühende Bäume, und geh unter meinen blühenden Bäumen und sag meinen Söhnen, was Ruhm ist.« So summte sie, und jetzt fingen all ihre Worte an, hier und dort nach unten zu sacken wie ein primitives Halsband aus schweren Perlen. »Und geh unter meinen blühenden Bäumen«, sang sie, die Worte stark betonend, »und seh den Mond langsam aufgehn, die Erntewagen fahrn...« Hier hielt sie inne und sah mit gespannter Aufmerksamkeit und in tiefem Nachdenken vor sich auf die Kühlerhaube ihres Automobils.

»Er saß an Twitchetts Tisch«, sann sie, »mit einer schmutzigen Halskrause . . . War es der alte Mr Baker, der gekommen war, das Bauholz zu messen? Oder war es Sh–p–re? (denn wenn wir Namen vor uns hinsprechen, die wir tief verehren, dann sprechen wir sie nie ganz aus). Sie sah zehn Minuten lang vor sich hin und ließ das Automobil fast zum Stillstand kommen.

»Von Geistern verfolgt!« rief sie, plötzlich auf das Gaspedal tretend. »Von Geistern verfolgt! Seit ich ein Kind war. Dort fliegt die Wildgans. Sie fliegt am Fenster vorbei aufs Meer hinaus. Auf sprang ich (sie packte das Steuerrad fester) und reckte mich nach ihr. Aber die Gans fliegt zu schnell. Ich habe sie gesehen, hier – da – da – England, Persien, Italien. Immer fliegt sie schnell aufs Meer hinaus, und immer schleudere ich ihr Worte hinterher wie Netze (hier schleuderte sie ihre Hand von sich), die schrumpfen, wie ich Netze habe schrumpfen sehen, die mit nichts als Seetang darin an Deck gezogen wurden; und manchmal ist ein Zoll Silber – sechs Worte – am Grund des Netzes. Aber nie der große Fisch, der in den Korallengrotten wohnt.« Hier senkte sie den Kopf und dachte angestrengt nach.

Und es war in diesem Augenblick, als sie aufgehört hatte, »Orlando« zu rufen, und tief in Gedanken an etwas anderes versunken war, daß der oder die Orlando, die sie gerufen hatte, von ganz alleine kam; wie durch die Veränderung bewiesen wurde, die nun über sie kam (sie hatte das Pförtnerhaus am Tor passiert und fuhr in den Park ein).

Ihr ganzes Wesen verdunkelte und beruhigte sich, wie wenn eine Folie, deren Hinzukommen die Rundung und Festigkeit einer Oberfläche ausmacht, hinzugefügt wird und das Seichte tief wird und das Nahe fern; und alles eingefaßt ist, wie Wasser von den Seiten eines Brunnens eingefaßt ist. So war sie nun verdunkelt, gestillt, und war, durch die Hinzufügung dieser Orlando, zu dem geworden, was, ob richtig oder falsch, ein einziges Ich, ein wahres Ich, genannt wird. Und sie verstummte. Denn es ist wahrscheinlich, daß, wenn Menschen laut vor sich hinreden, die Ichs (von denen es mehr als zweitausend geben mag) sich einer Spaltung bewußt sind und versuchen, Verbindung aufzunehmen, aber wenn die Verbindung hergestellt ist, verstummen sie.

Meisterlich, schnell, fuhr sie über die geschwungene Auffahrt zwischen den Ulmen und Eichen durch die leise abfallenden Rasenflächen des Parks, deren Fall so sanft war, daß sie, wären sie Wasser gewesen, den Strand mit einer glatten, grünen Flut überzogen hätten. Hier gepflanzt und in feierlichen Gruppen waren Buchen und Eichen. Die Hirsche schritten zwischen ihnen, einer weiß wie Schnee, der andere den Kopf zur Seite geneigt; denn ein Stück Drahtzaun hatte sich in seinem Geweih verfangen. All dies, Bäume, Hirsche und Rasen, sah sie mit größter Befriedigung, als wäre ihr Geist etwas Flüssiges geworden, das um die Dinge herumfloß und sie völlig umschloß. Im nächsten Augenblick hielt sie auf dem Hof, wo sie, so viele hundert Jahre lang, angekommen war, zu Pferde oder in einer sechsspännigen Kutsche, mit vor ihr herreitenden oder ihr nachfolgenden Männern; wo Federbüsche genickt hatten, Fackeln geflackert, und dieselben blühenden Bäume, die nun ihre Blätter fallen ließen, ihre Blüten abgeschüttelt hatten. Jetzt war sie allein. Die Herbstblätter fielen. Der Pförtner öffnete die großen Tore. »Morgen, James«, sagte sie, »im Wagen sind ein paar Sachen. Würden Sie sie hereinbringen?« Worte, die an sich weder Schönheit, Interesse noch Bedeutsamkeit besaßen, wie man zugeben wird, jetzt jedoch so prall gefüllt waren mit Bedeutung, daß sie wie reife Nüsse von einem Baum fielen und bewiesen, daß, wenn die geschrumpfte Hülle des Alltäglichen mit Bedeutung gefüllt wird, diese Hülle die Sinne auf erstaunliche Weise befriedigt. Dies traf jetzt in der Tat auf jede Bewegung und jede Handlung zu, so gewöhnlich sie auch waren; so daß Orlando dabei zu sehen, wie sie ihre Röcke gegen eine Whipcordhose und eine Lederjacke tauschte, was sie in weniger als drei Minuten tat, bedeutete, hingerissen zu sein von der Schönheit der Bewegung, als führte Madame Lopokowa[37] ihre höchste Kunst vor. Dann ging sie mit langen Schritten in den Speisesaal, wo ihre alten Freunde Dryden, Pope, Swift, Addison sie zunächst bedenklich betrachteten, als wollten sie sagen, Hier kommt die Preisträgerin! aber als sie daran dachten, daß zweihundert Guineen zur Debatte standen, nickten sie zustimmend mit den Köpfen. Zweihundert Guineen, schienen sie zu sagen; zweihundert Guineen sind nicht zu verachten. Sie schnitt sich eine Scheibe Brot und Schinken ab, klappte beides zusammen und fing an zu essen, im Zimmer auf und ab gehend und auf diese Weise ihre gesellschaftlichen Gewohnheiten, ohne nachzudenken, in einer Sekunde über Bord werfend. Nachdem sie fünf- oder sechsmal die Runde gemacht hatte, stürzte sie ein Glas spanischen Rotwein herunter, füllte ein neues, das sie in der Hand behielt, und ging durch die lange Galerie und durch ein Dutzend Salons und begann so eine Wanderung durch das Haus, begleitet von denjenigen Elchhunden und Spaniels, die ihr zu folgen geruhten.

Auch dies gehörte zur täglichen Routine. Genausowenig wäre sie nach Hause gekommen und hätte ihre eigene Großmutter ohne einen Kuß gelassen, wie beim nach Hause Kommen das Haus unbesucht zu lassen. Sie glaubte, daß die Zimmer heller wurden, wenn sie hereinkam; sich regten, ihre Augen öffneten, als hätten sie in ihrer Abwesenheit vor sich hingedöst. Sie glaubte auch, daß sie, obwohl sie sie Hunderte und Tausende von Malen gesehen hatte, nie zweimal gleich aussahen, als hätte ein Leben so lang wie das ihre in ihnen eine Myriade von Stimmungen aufbewahrt, die sich mit dem Winter und dem Sommer änderten, mit schönem Wetter und dunklem und ihrem eigenen Geschick und den Charakteren der Menschen, die sie besuchten. Höflich waren sie immer zu Fremden, aber ein wenig müde; bei ihr waren sie absolut offen und unbefangen. Und wieso auch nicht? Sie kannten einander jetzt fast vier Jahrhunderte. Sie hatten nichts voreinander zu verbergen. Sie kannte ihre Sorgen und Freuden. Sie wußte, wie alt jeder einzelne Teil von ihnen war und was für kleine Geheimnisse sie hatten – eine verborgene Schublade, einen versteckten Schrank, oder vielleicht einen Makel, wie zum Beispiel ein ergänztes oder erst später hinzugefügtes Stück. Auch sie kannten sie in all ihren Stimmungen und Veränderungen. Sie hatte nichts vor ihnen verheimlicht; war zu ihnen gekommen als Knabe und als Frau, weinend und tanzend, nachdenklich und ausgelassen. Auf diesem Fenstersitz hatte sie ihre ersten Verse geschrieben; in jener Kapelle hatte sie geheiratet. Und sie würde hier begraben werden, überlegte sie, in der langen Galerie auf der Fensterbank kniend und von ihrem spanischen Wein nippend. Obwohl sie es sich kaum vorstellen konnte, würde der heraldische Leopard gelbe Lachen auf den Boden malen an dem Tag, an dem man sie hinabsenken würde, um bei ihren Ahnen zu liegen. Sie, die an keine Unsterblichkeit glaubte, konnte nicht umhin, zu fühlen, daß ihre Seele auf immer und ewig mit dem Rot der Holzverkleidung und dem Grün des Sofas kommen und gehen würde. Denn das Zimmer – sie war in das

Schlafzimmer des Gesandten geschlendert – schimmerte wie eine Muschel, die Jahrhunderte auf dem Grund des Meeres gelegen hat und vom Wasser überkrustet und mit einer Million von Schattierungen bemalt worden ist; es war rosa und gelb, grün und sandfarben. Es war zerbrechlich wie eine Muschel, ebenso schillernd und ebenso leer. Kein Gesandter würde je wieder in ihm schlafen. Ah, aber sie wußte, wo das Herz des Hauses noch immer schlug. Sacht eine Tür öffnend, blieb sie auf der Schwelle stehen, so daß (wie sie sich vorstellte) das Zimmer sie nicht sehen konnte, und beobachtete, wie der Wandteppich sich in dem ewigen, schwachen Lufthauch, der nie aufhörte, ihn zu bewegen, hob und senkte. Noch immer ritt der Jäger; noch immer floh Daphne. Das Herz schlug noch, dachte sie, wie schwach auch immer, wie weit in sich zurückgezogen auch immer; das zerbrechliche, unbezähmbare Herz des gewaltigen Bauwerks.

Ihre Hundetruppe zu sich rufend, ging sie durch die Galerie, deren Boden mit ganzen, in der Mitte durchgesägten Eichenstämmen ausgelegt war. Reihen von Sesseln mit all ihrem verblaßten Samt standen an der Wand aufgereiht und streckten ihre Arme aus nach Elizabeth, nach James, nach Shakespeare vielleicht, nach Cecil, die niemals mehr kämen. Der Anblick machte sie schwermütig. Sie hakte das Seil los, das sie abteilte. Sie saß im Sessel der Königin; sie öffnete ein Manuskript, das auf Lady Bettys Tisch lag; sie bewegte ihre Finger in den uralten Rosenblättern; sie bürstete ihr kurzes Haar mit König James' silbernen Bürsten; sie hüpfte auf seinem Bett auf und ab (aber kein König würde je wieder dort schlafen, trotz Louises neuer Laken) und drückte ihre Wange an den fadenscheinigen silbernen Überwurf, der darauf lag. Aber überall waren kleine Lavendelsäckchen, um die Motten fernzuhalten, und gedruckte Täfelchen, »Bitte nicht berühren«, die sie, obwohl sie selbst sie dort angebracht hatte, zurückzuweisen schienen. Das Haus gehörte nicht mehr ganz ihr, seufzte sie. Es gehörte jetzt der Zeit; der Geschichte; war jenseits der Berührung und Kontrolle durch die Lebenden. Nie würde hier mehr Bier verschüttet werden, dachte sie (sie war in dem Schlafzimmer, das dem alten Nick Greene gehört hatte), oder Löcher in den Teppich gebrannt. Nie mehr würden zweihundert Diener lärmend durch die Korridore gelaufen kommen, mit Wärmpfannen und großen Ästen für die großen Kamine. Nie wieder würde in den Werkstätten beim Haus Bier gebraut werden und Kerzen gezogen und Sättel gepolstert und Steine behauen. Hämmer und Schlegel waren jetzt still. Stühle und Betten waren leer; Krüge aus Silber und Gold waren in Vitrinen verschlossen. Die großen Schwingen der Stille schlugen in dem leeren Haus auf und nieder.

So saß sie, umlagert von ihren Hunden, am Ende der Galerie, in Königin Elizabeths hartem Armsessel. Die Galerie erstreckte sich weit weg zu einem Punkt, an dem das Licht fast schwand. Sie war wie ein Tunnel, tief in die Vergangenheit hineingebohrt. Wie ihre Augen ihn entlang spähten, konnte sie Menschen lachen und reden sehen; die großen Männer, die sie gekannt hatte; Dryden, Swift und Pope; und Staatsmänner in ernsthafter Unterhaltung; und Liebende, die in den Fenstersitzen tändelten; und Menschen, die an den langen Tischen aßen und tranken; und den Holzrauch, der sich um ihre Köpfe kräuselte und sie niesen und husten machte. Noch weiter unten sah sie Gruppen glanzvoller Tänzer, die sich zur Quadrille formierten. Eine flötige, zarte, aber nichtsdestoweniger majestätische Musik begann zu spielen. Eine Orgel dröhnte. Ein Sarg wurde in die Kapelle getragen. Ein Hochzeitszug kam heraus. Bewaffnete Männer mit Helmen zogen in Kriege. Sie brachten Banner zurück aus Flodden und Poitiers und hängten sie an die Wände. Die lange Galerie füllte sich auf diese Weise, und noch weiter spähend, glaubte sie, sie könne ganz am Ende, hinter den Elisabethanern und den Tudors, eine noch ältere, fernere, dunklere Gestalt in einer Kapuze ausmachen, klösterlich, streng, einen Mönch, der mit gefalteten Händen, und einem Buch in ihnen, da ging und murmelte –

Wie Donner schlug die Stalluhr vier. Nie hatte irgendein Erdbeben eine ganze Stadt je so zerstört. Die Galerie und all ihre Bewohner zerfielen zu Staub. Ihr eigenes Gesicht, das dunkel und ernst gewesen war, als sie schaute, wurde wie von einer Explosion von Schießpulver erhellt. In diesem selben Licht zeigte alles in ihrer Nähe sich in äußerster Deutlichkeit. Sie sah zwei Fliegen kreisen und bemerkte den blauen Schimmer auf ihren Leibern; sie sah einen Knoten im Holz, wo ihr Fuß war, und das Ohr ihres Hundes zucken. Gleichzeitig hörte sie einen Zweig im Garten knacken, ein Schaf im Park husten, eine Mauerschwalbe am Fenster vorbeikreischen. Ihr eigener Körper bebte und prickelte, als stünde

Orlando in der Gegenwart

sie plötzlich nackt in einem bitteren Frost. Und doch bewahrte sie, wie sie es nicht getan hatte, als die Uhr in London zehn schlug, völlige Gelassenheit (denn sie war jetzt eins und ganz und bot, so mag es sein, dem Schock der Zeit eine größere Oberfläche dar). Sie erhob sich, aber ohne Hast, rief ihre Hunde und ging entschlossen, aber mit großer Lebhaftigkeit der Bewegung, die Treppe hinunter und hinaus in den Garten. Hier traten die Schatten der Pflanzen auf wunderbare Weise hervor. Sie sah die einzelnen Krumen der Erde in den Blumenbeeten, als hätte sie ein Mikroskop vor den Augen. Sie sah die Verwobenheit der Zweige jedes einzelnen Baumes. Jeder Grashalm war ausgeprägt, und die Markierungen von Adern und Blütenblättern. Sie sah Stubbs, den Gärtner, über den Pfad kommen, und jeder Knopf an seinen Gamaschen war sichtbar; sie sah Betty und Prince, die Zugpferde, und nie hatte sie den weißen Stern auf Bettys Stirn so deutlich wahrgenommen; und die drei langen Haare, die aus Princes Schweif tiefer hinabhingen als der Rest. Draußen im Hofgeviert wirkten die alten grauen Mauern des Hauses wie eine zerkratzte neue Photographie; sie hörte den Lautsprecher auf der Terrasse eine Tanzmelodie kondensieren, der Menschen im rotsamtenen Wiener Opernhaus zuhörten. Straff gespannt und aufgezogen vom Augenblick der Gegenwart, empfand sie auch eine merkwürdige Angst, als ob, wann immer der Abgrund der Zeit aufklaffte und eine Sekunde hindurchließ, eine unbekannte Gefahr mit ihr kommen könnte. Die Spannung war zu gnadenlos und zu unerbittlich, um lange ohne Unbehagen ertragen zu werden. Sie ging schneller, als ihr lieb war, als würden ihre Beine für sie bewegt, durch den Garten und hinaus in den Park. Hier zwang sie sich, mit großer Anstrengung, vor der Schreinerwerkstatt haltzumachen und stockstill zu stehen und zuzusehen, wie Joe Stubbs ein Wagenrad zimmerte. Sie stand mit starr auf seine Hände gerichteten Augen, als die Viertelstunde schlug. Das raste durch sie hindurch wie ein Meteor, so heiß, daß kein Finger ihn halten kann. Sie sah mit ekelerregender Deutlichkeit, daß der Daumen an Joes rechter Hand ohne Fingernagel war und daß eine wulstige Untertasse von rosigem Fleisch an der Stelle war, an der der Nagel hätte sein sollen. Der Anblick war so abstoßend, daß sie sich einen Augenblick lang schwindlig fühlte, aber in der Dunkelheit jenes Augenblicks, als ihre Augenlider flackerten, wurde sie vom Druck der Gegenwart erlöst. Es war etwas Merkwürdiges in dem Schatten, den das Flackern ihrer Augen warf, etwas, das (wie jeder selbst ausprobieren kann, indem er jetzt in den Himmel blickt) der Gegenwart immer fehlt – daher ihr Schrecken, ihr schwer zu beschreibender Charakter –, etwas, dessen Leib mit einem Namen zu durchbohren und Schönheit zu nennen man sich scheut, denn es hat keinen Leib, ist wie ein Schatten ohne Substanz oder eigene Qualität und hat doch die Macht, alles, dem es sich hinzugesellt, zu verändern. Dieser Schatten stahl sich jetzt, während sie in ihrer Schwäche in der Schreinerwerkstatt mit den Augenlidern flackerten, hinaus, heftete sich an die unzähligen Bilder, die sie empfangen hatte, und dichtete aus ihnen etwas Annehmbares, Verständliches. Ihr Geist fing an wie das Meer zu rollen. Ja, dachte sie, einen tiefen Seufzer der Erleichterung ausstoßend, als sie sich von der Schreinerwerkstatt abwandte, um den Hügel zu ersteigen, ich kann wieder anfangen zu leben. Ich bin am Serpentinenteich, dachte sie, das kleine Boot klettert durch den weißen Bogen von tausend Toden. Ich werde gleich verstehen...

Dies waren ihre Worte, ganz deutlich gesprochen, aber wir können die Tatsache nicht verbergen, daß sie jetzt eine sehr indifferente Zeugin der Wahrheit dessen war, was vor ihr lag, und leicht ein Schaf für eine Kuh hätte halten können oder einen alten Mann namens Smith für einen, der Jones hieß und in keiner Weise mit diesem verwandt war. Denn der Schatten der Schwäche, den der Daumen ohne Nagel geworfen hatte, vertiefte sich jetzt, im Hintergrund ihres Gehirns (welches der Teil ist, der am weitesten vom Gesichtssinn entfernt ist), zu einem Teich, in dem die Dinge in einer so tiefen Dunkelheit wohnen, daß wir kaum wissen, was sie sind. Sie sah jetzt hinab in diesen Teich oder diesen See, darin alles widergespiegelt ist – und tatsächlich sagen manche, daß all unsere heftigsten Leidenschaften, und Kunst und Religion, die Spiegelungen sind, die wir in der dunklen Höhlung im Hintergrund unseres Kopfes sehen, wenn die sichtbare Welt für den Augenblick verdunkelt ist. Sie sah jetzt dorthin, lange, tief, gründlich, und sofort war der farnige Pfad den Hügel hinauf, auf dem sie ging, nicht ausschließlich ein Pfad, sondern Teil des Serpentinenteichs; die Schlehensträucher waren zum Teil Damen und Herren, die mit Kartenetuis und goldknaufigen Spazierstöcken dasaßen; die Schafe waren zum Teil hohe Häuser in Mayfair; alles war zum Teil etwas anderes, als wäre ihr Geist ein Wald geworden, von dem hier und dort Lichtungen abzweigten; Dinge kamen näher, wurden ferner und mischten und trennten sich und formten die merkwürdigsten Allianzen und Verbindungen in einem unaufhörlichen Karo von Licht und Schatten. Außer als Canut, der Elchhund, ein Kaninchen jagte und sie so daran erinnerte, daß es ungefähr halb fünf sein mußte – in Wahrheit war es dreiundzwanzig Minuten vor sechs –, vergaß sie die Zeit.

Der farnige Pfad führte, mit vielen Biegungen und Windungen, höher und höher zur Eiche, die auf der Kuppe stand. Der Baum war größer geworden, stämmiger und knorriger, seit sie ihn kennengelernt hatte, irgendwann um das Jahr 1588 herum, aber er stand immer noch in der Blüte seiner Jahre. Die kleinen, scharfgezackten Blätter flatterten immer noch dicht an seinen Zweigen. Sich auf die Erde werfend, fühlte sie die Knochen des Baumes unter sich wie Rippen von einem Rückgrat hierhin und dorthin verlaufen. Sie stellte sich gerne vor, sie ritte auf dem Rücken der Welt. Sie heftete sich gerne an etwas Hartes. Als sie sich auf die Erde warf, fiel ein kleines quadratisches, in rotes Leinen gebundenes Buch aus der Brusttasche ihrer Lederjacke – ihr Poem Der Eich-Baum. »Ich hätte ein Schäufelchen mitbringen sollen«, überlegte sie. Die Erde über den Wurzeln war so flach, daß es zweifelhaft war, ob sie tun konnte, was sie wollte, nämlich das Buch hier zu begraben. Außerdem würden die Hunde es wieder ausgraben. Kein Glück begleitet je diese symbolischen Zeremonien, dachte sie. Vielleicht war es also ebenso gut, ohne sie auszukommen. Sie hatte eine kleine Rede auf der Zunge, die sie über dem Buch hatte halten wollen, während sie es begrub. (Es war ein Exemplar der Erstausgabe, von Autorin und Künstler signiert.) »Ich begrabe dies als einen Tribut«, hatte sie sagen wollen, »als Gegengabe an das Land für das, was das Land mir gegeben hat«, aber, gütiger Gott, sobald man anfing, Worte laut auszusprechen, wie töricht sie dann klangen! Sie wurde an den alten Greene erinnert, wie er neulich auf ein Podium gestiegen war und sie mit Milton verglichen hatte (mit Ausnahme seiner Blindheit) und ihr einen Scheck über zweihundert Guineen überreicht hatte. Sie hatte dabei an die Eiche hier auf ihrem Hügel gedacht, und was hat das eine mit dem anderen zu tun, hatte sie sich gefragt. Was haben Ruhm und Ehre mit Poesie zu tun? Was haben sieben Auflagen (das Buch hatte bereits nicht weniger erreicht) mit seinem Wert zu tun? War das Schreiben von Poesie nicht eine geheime Transaktion, eine Stimme, die einer Stimme antwortete? So daß all dieses Gerede und Lob und Tadel und Leute Treffen, die einen bewunderten, und Leute Treffen, die einen nicht bewunderten, der Sache selbst so unangemessen wie nur möglich war – nämlich dieser Stimme, die einer Stimme antwortete. Was hätte heimlicher sein können, dachte sie, langsamer und wie der Austausch Liebender, als die stammelnde Antwort, die sie all die Jahre auf das alte, säuselnde Lied der Wälder gegeben hatte, und der Gehöfte und der braunen Pferde, die am Tor standen, Hals an Hals, und der Schmiede und der Küche und der Felder, die so mühsam Weizen, Rüben, Gras trugen, und des Gartens, in dem Iris und Schachbrettblumen blühten?

So ließ sie ihr Buch unbegraben und zerfleddert auf der Erde liegen und betrachtete die gewaltige Aussicht, verschiedenartig wie ein Meeresboden an diesem Abend, an dem die Sonne sie erhellte und die Schatten sie verdunkelten. Da war ein Dorf mit einem Kirchturm zwischen Ulmen; ein graukuppeliges Herrenhaus in einem Park; ein Funke von Licht, der auf einem Treibhaus brannte; ein Gehöft mit gelben Getreidemieten. Die Felder waren gezeichnet von schwarzen Baumgruppen, und hinter den Feldern erstreckten sich lange Wälder, und da war das Schimmern eines Flusses, und dann wieder Hügel. In der weiten Ferne brachen die Felsspitzen des Snowdon weiß durch die Wolken; sie sah die fernen schottischen Berge und die wilden Gezeiten, die um die Hebriden strudeln. Sie lauschte auf das Geräusch von Geschützfeuer draußen auf See. Nein – nur der Wind wehte. Heute war kein Krieg. Drake war nicht mehr; Nelson war nicht mehr. »Und das da«, dachte sie und ließ ihre Augen, die auf diese weiten Fernen gerichtet gewesen waren, sich wieder auf das Land senken, das unter ihr lag, »war einst mein Land; jenes Schloß in den Downs war mein; und das ganze Moor, das sich fast bis zum Meer erstreckte, war mein.« Hier schüttelte sich die Landschaft (es muß ein Trick des schwindenden Lichts gewesen sein), bäumte sich auf, ließ die ganze Last von Häusern, Schlössern und Wäldern von ihren zeltartigen Flanken gleiten. Die kahlen Berge der Türkei lagen vor ihr. Es war gleißender Mittag. Sie sah geradewegs auf die sonnenverbrannte Hügelflanke. Ziegen fraßen die sandigen Grasbüschel zu ihren Füßen.

Ein Adler schwebte hoch über ihr. Die rauhe Stimme des alten Rustum, des Zigeuners, krächzte in ihren Ohren, »Was sind deine Herkunft und deine Familie und deine Besitztümer im Vergleich mit dem hier? Was willst du mit vierhundert Schlafzimmern und silbernen Deckeln auf all deinen Schüsseln und staubwischenden Hausmädchen?«

In diesem Augenblick läutete im Tal eine Kirchturmuhr. Die zeltähnliche Landschaft zerbrach und fiel in sich zusammen. Die Gegenwart ergoß sich noch einmal über Orlandos Kopf, aber jetzt, da das Licht schwand, sanfter als zuvor, rief es nichts Vereinzeltes in Sicht, nichts Kleines, sondern nur diesige Felder, Katen mit Lampen darin, die schlummernde Masse eines Waldes und ein fächerförmiges Licht, das auf irgendeinem Sträßchen die Dunkelheit vor sich herschob. Ob es neun, zehn oder elf geschlagen hatte, konnte sie nicht sagen. Die Nacht war gekommen – die Nacht, die sie von allen Zeiten am meisten liebte, die Nacht, in der die Widerspiegelungen im dunklen Teich des Geistes klarer leuchten als bei Tag. Es war jetzt nicht notwendig, schwindlig zu werden, um tief in das Dunkel zu blicken, in dem die Dinge sich formen, und im Teich des Geistes jetzt Shakespeare zu sehen, jetzt ein Mädchen in russischen Hosen, jetzt ein Spielzeugboot auf dem Serpentinenteich, und dann den Atlantik selbst, wo er in großen Wellen um Kap Hoorn stürmt. Sie sah ins Dunkel. Da war die Brigg ihres Mannes, hob sich auf den Berg einer Welle! Hinauf lief sie, und hinauf und hinauf. Der weiße Bogen von tausend Toden erhob sich vor ihr. O unbesonnener, o lächerlicher Mann, der du immer, so sinnlos, im Angesicht eines Sturms rund um Kap Hoorn segelst! Aber die Brigg war durch den Bogen hindurch und kam auf der anderen Seite hinaus; sie war endlich in Sicherheit!

»Ekstase!« rief sie, »Ekstase!« Und dann legte sich der Wind, die Wasser wurden ruhig; und sie sah die Wellen sich friedlich im Mondlicht kräuseln.

»Marmaduke Bonthrop Shelmerdine!« rief sie, neben der Eiche stehend.

Der schöne, glitzernde Name fiel aus dem Himmel wie eine stahlblaue Feder. Sie sah ihn fallen, sich drehend und kreiselnd wie ein langsam fallender Pfeil, der die tiefe Luft wunderschön durchteilt. Er kam, wie er immer kam, in Augenblicken absoluter Stille; wenn die Welle sich kräuselte und die gefleckten Blätter in den Herbstwäldern langsam über ihre Füße fielen; wenn der Leopard still war; der Mond auf den Wassern war und sich nichts zwischen Himmel und See bewegte. Dann kam er.

Alles war jetzt still. Es war fast Mitternacht. Der Mond ging langsam über der Niederung auf. Sein Licht errichtete ein Phantomschloß auf der Erde. Dort stand das große Haus mit all seinen Fenstern in Silber gehüllt. An Mauern oder Festem gab es nichts. Alles war Phantom. Alles war still. Alles war erleuchtet wie für die Ankunft einer toten Königin. Den Blick senkend, sah Orlando dunkle Federbüsche im Hof nicken und Fackeln flackern und Schatten knien. Eine Königin entstieg noch einmal ihrer Kutsche.

»Das Haus steht zu Euren Diensten, Madam«, rief sie mit einem tiefen Knicks. »Nichts wurde verändert. Der tote Lord, mein Vater, wird Euch hineingeleiten.«

Als sie sprach, erklang der erste Schlag der Mitternacht. Der kalte Atem der Gegenwart streifte ihr Gesicht mit seinem kleinen Hauch aus Angst. Sie sah besorgt zum Himmel auf. Er war jetzt dunkel vor Wolken. Der Wind dröhnte in ihren Ohren. Aber im Dröhnen des Windes hörte sie das Dröhnen eines Flugzeugs, das näher und näher kam.

»Hier! Shel, hier!« rief sie, entblößte ihre Brust dem Mond (der sich nun hell zeigte), so daß ihre Perlen wie die Eier einer riesigen Mondspinne schimmerten. Das Flugzeug brauste aus den Wolken und stand über ihrem Kopf. Es hing über ihr. Ihre Perlen brannten wie ein phosphoreszierendes Flackern im Dunkel.

Und als Shelmerdine, aus dem jetzt ein prachtvoller Kapitän zur See geworden war, heil, mit gesunder Gesichtsfarbe, munter, auf die Erde sprang, stob über seinem Kopf ein einzelner wilder Vogel auf.

»Es ist die Gans!« rief Orlando. »Die Wildgans . . .«

Und der zwölfte Schlag der Mitternacht erklang; der zwölfte Schlag der Mitternacht, Donnerstag, elfter Oktober, Neunzehnhundertundachtundzwanzig.

Register

A., Lord 138
Abbey, Westminster 37
Addison, Joseph 120, 140, 149, 201
Alexandra, Königin 55
Anne, Königin 138
Arlington House 139

Bartholomew, Witwe 164 f., 171
Bartolus, Kapitän Nicholas Benedict 110, 116, 140
Basket, Butler 167
Boswell, James 157
Brigge, John Fenner 92, 95
Browne, Sir Thomas 51, 53, 62
Browning, Robert 196

C., Marquis von 137, 172
Canut, der Elchhund 173
Carlyle, Thomas 196, 205
Carpenter, Kinderfrau 49
Charles der Zweite, König 87
Chesterfield, Lady 136
Chesterfield, Lord 151, 204
Chubb, Eusebius 162
Cicero 72
Clorinda 21
Cumberland, Earl von 20, 211

Deffand, Madame du 142
Donne, John 62, 201, 202
Drake 229
Dryden, John 120, 140, 221, 224
Dupper, Mr 49, 53, 58, 121, 122, 184

Eich-Baum, Der 54, 192, 195, 197, 219, 228
Eisenbahnzug, der 193
Elizabeth, Königin 14—19, 70
Erzherzogin Harriet von Finster-Aarhorn (*siehe* Erzherzog Harry) 80, 127, 130
Erzherzog Harry, der 172
Euphrosyne 21

Favilla 21
Field, Mrs 49
Frost, der Große 23

Gladstone, Mrs 180
Greene, Nicholas (später Sir) 59—67, 72, 195, 202, 203, 228
Greenwich 60
Grimsditch, Mrs 49, 51, 53, 75, 121, 122, 212
Gulliver's Travels 148
Gwynn, Nell 83

Hall, der Falkner 53
Hartopp, Miss Penelope 92
Herkules, Tod des, Stück von Orlando 66

Isham, Mr 59

James der Erste, König 21, 46, 70
Johnson, Samuel 157
Jonson, Ben 62

Kew Gardens 206
Keynes, Mrs J. M. (*siehe* Lopokowa, Madame)

Lamb, Charles 201
Leicester Square 153
Lock, Rape of the 148
Lopokowa, Madame 221
Louise 212

M., Mr 138, 172
Marlowe 62, 63
Marshall & Snelgrove 211
Mary, Königin der Schotten 123
Melbourne, Lord 170
Moray, der Earl of 27

Nell 154
Nelson 229

Orlando, äußere Erscheinung als Knabe 10; schreibt sein erstes Drama 11; macht der Königin in Whitehall seine Aufwartung 16; zum Schatz- und Haushofmeister ernannt 17; seine Liebesabenteuer 17; und russische Prinzessin 27–45; seine erste Trance 48; zieht sich in die Einsamkeit zurück 48; Liebe zu Büchern 51; seine romantischen Dramen, literarischen Ambitionen 53, 54, 57, 59, 71, 73, 74; und Greene 59, 65, 66; seine Großmutter Moll 60; kauft Elchhunde 67; und sein Poem *Der Eich-Baum* 68, 79, 104, 126, 166; und sein Haus 74–78; und die Erzherzogin Harriet 79–83; Gesandter in Konstantinopel 83–100; zum Herzog gemacht 93; zweite Trance 94 f.; Ehe mit Rosina Pepita, einer Zigeunerin 95; wird eine Frau 98; bei den Zigeunern 101–108; Rückkehr nach England 101–108; Gerichtsverfahren 120; und Erzherzog Harry 128; in der Londoner Gesellschaft 137; bewirtet die witzigen Köpfe 148; und Mr Pope 150 und Nell 154; verwechselt mit ihrem Cousin 156; Rückkehr auf ihren Landsitz 164; bricht ihren Knöchel 174; für weiblich erklärt 179; Verlobung 176; Hochzeit 184; Geburt ihres ersten Sohnes 208
Othello 40

Palmerston, Lord 189
Pippin, der Spaniel 173
Pope, Alexander 120, 140, 143, 144, 150, 151, 221
Prinzessin, die russische 27–28, 32, 37, 50, 116, 125, 213
Prinzgemahl, der 212

R., Gräfin von 140
R., Lady 143, 193
Robinson, Grace 49
Rossetti, Miss Christina 205
Rustum el Sadi 103, 105, 124, 229

St. Paul's 34, 37
Salisbury, Lady 136
Scrope, Sir Adrian 91, 93, 94
Shakespeare, William 14, 56, 219
Shelmerdine, Marmaduke Bonthrop 176, 203, 230
Smiles 201

Spectator 148
Spenser 200
Stewkley, Mrs 14, 49
Stubbs, Joe 226
Suffolk, Lady 136
Swift, Jonathan 224

Tavistock, Lady 136
Tennyson, der verewigte Lord 148, 196

Tupper 201
Tyrconnel, The Lady Margaret 29

Vere, Lord Francis 27
Victoria, Königin 165, 170, 172

Williams, Mrs 157
Wren, Christopher 118

Anhang

Anmerkungen

1 Hafengebiet am Tower, verrufene Gegend. Hier wurden bis ins 17. Jahrhundert an der Niederwassermarke die Piraten gehenkt, die dort so lange zu hängen hatten, bis die Flut sie dreimal unter Wasser gesetzt hatte.
2 Shakespeare, *Othello*, V.ii.100 ff.: »Nun, dächt ich, müßt ein groß Verfinstern sein / An Sonn und Mond und die erschreckte Erde / Sich auftun vor Entsetzen.« (Wolf Graf Baudissin)
3 Sir Francis Drake (?1540–96), Weltumsegler, Pirat im Auftrag der Königin, Vize-Admiral im Kampf gegen die spanische Armada (1588), Admiral, Held vieler Legenden. Nahm teil an einigen Expeditionen von Sir John Hawkins (1532–95), der Westafrika und die lateinamerikanischen Küsten zum Zweck des Sklavenhandels aufsuchte. Sir Richard Grenville (1541–91) kommandierte als Admiral Sir Walter Raleighs Expedition nach Virginia (1585–6) und starb auf einem feindlichen Flaggschiff im Kampf gegen die Spanier bei den Azoren.
4 Sir Thomas Browne (1605–82), großer »barocker« Stilist (siehe vor allem *Religio Medici*, 1642, und *Urn Burial*, 1658), auf den VW viele Male hinweist. Siehe den Essay ›Die elisabethanische Rumpelkammer‹, in *Der gewöhnliche Leser. Band 1*, bes. S. 58 ff.
5 Flodden oder Flodden Field in Northumberland, wo am 9. September 1513 der Earl of Surrey im Namen von Henry VIII den Schottenkönig James IV vernichtend schlug; Balladenthema. – Azincourt oder engl. Agincourt, Ort in Nordfrankreich, wo Henry V am 25. Oktober 1415 die überlegenen Heere der Franzosen vernichtend schlug.
6 Christopher Marlowe (1564–93), bedeutendster Vorläufer Shakespeares auf dem Londoner Theater (*Dr Faustus*, 1593), wurde bei einem Wirtshausstreit erstochen. – Ben Jonson (1572/3–1637), Freund und Konkurrent Shakespeares und neben diesem der wichtigste Dramatiker des elisabethanisch-jakobäischen Theaters (*Volpone*, 1605), kollaborierte auch mit dem Architekten und Bühnenbildner Inigo Jones (1573–1652) im neuen Genre der »Masque«. – John Donne (1573–1631), sog. »metaphysischer« Dichter, d. h. Autor höchst komplizierter, erfindungs- und geistreicher Gedichte, auch bedeutender Prosaist in seinen Predigten. Siehe den Essay von VW, ›Donne nach drei Jahrhunderten‹, in *Der gewöhnliche Leser. Band 2*.
7 Nell Gwyn (1650–87), Orangenverkäuferin, Mätresse von Charles II, berühmteste Schauspielerin ihrer Zeit.

8 Pantiles: Name der Promenade in Tunbridge Wells, wegen der flachen holländischen Hohlziegel (*pantiles*), mit denen sie gepflastert war.
9 Die katholische Verschwörung, am 5. November 1605 die Londoner Parlamentsgebäude in die Luft zu sprengen, sollte von Guy Fawkes ausgeführt werden. Zur Erinnerung an die gescheiterte Verschwörung wird alljährlich am 5. November, dem sog. Guy Fawkes Day, von den Kindern ein Popanz gebaut und mit ihm um Geld für ein Feuerwerk gebettelt.
10 Sir Christopher Wren (1631–1723), der Architekt, der nach dem großen Brand von London 1666 die Stadt, besonders deren Kirchen (52 an der Zahl), in einem klassizistischen, an Palladio geschulten Stil wieder aufbaute. An der St. Paul's Kathedrale arbeitete er seit 1668; der Chor wurde 1697 geweiht. Auch die ein paar Zeilen tiefer erwähnte Erinnerungssäule an den Brand, »The Monument«, wurde 1671–7 von Wren errichtet.
11 Coco Tree, seit Beginn des 18. Jahrhunderts »Schokoladen«-Haus und Treffpunkt der Literaten und der Mitglieder der Tory-Partei in der St. James's Street; seit Mitte des Jahrhunderts ein modischer (Spiel-)Klub. – Joseph Addison (1672–1719) war vor allem als Kritiker, Essayist und Zeitschriftenherausgeber (*The Tatler*, 1709–11, *The Spectator*, 1711–2) bekannt. Siehe den Essay von VW, ›Addison‹, in *Der gewöhnliche Leser. Band 1*, S. 119 ff. – John Dryden (1631–1700), Lyriker, Satiriker, Dramatiker klassizistischer Prägung, auch Übersetzer (Lucian) und Kritiker (›Essay of Dramatic Poesy‹). – Alexander Pope (1688–1744), klassizistischer Dichter, Übersetzer (Homer), Herausgeber (Shakespeare), vor allem Satiriker. Siehe die Monographie von Edith Sitwell, 1928.
12 1702–14.
13 Marie, Marquise du Deffand (1697–1780) unterhielt einen der berühmtesten Salons in Paris, in dem sowohl die Spitzen der Gesellschaft wie die Intellektuellen (etwa der Philosoph d'Alembert) verkehrten. Enge Vertraute von Horace Walpole (1717–97; *The Castle of Otranto*, 1764), mit dem sie wegen ihrer stilistischen Geschliffenheit bedeutsame Briefe wechselte und dem sie ihre Papiere und ihren Hund hinterließ.
14 Jonathan Swift (1667–1745), der irische Satiriker, Pamphletist und Poet, Freund Popes, dessen *Gullivers Travels* 1726 erschienen.
15 Popes *The Rape of the Lock*, ein komisches Heldenepos (»mock-heroic poem«), erschien 1712 in zwei Gesängen, 1714 auf fünf Gesänge erweitert, und begründete Popes Ruhm. Es hat einen tatsächlichen Lockenraub – ein gewisser Lord Petre schnitt Miss Arabella Fermor eine Haarlocke ab – zum Anlaß, der zur Feindschaft zwischen zwei Familien der Gesellschaft führte. Von Pope wird die Locke unter die Sterne versetzt.
16 *The Rape of the Lock*, Canto II, Vers 105 ff., aus der Rede Amors. In der Übersetzung Rudolf Alexander Schröders: »Sei's, daß die Maid *Dianens* Sat-

zung bricht,/ Sei's eine *China-Vas*, – ich weiß es nicht./ Ob sie die Ehre, ob ihr Kleid befleckt,/ Nicht betet oder tanzt, ward nicht entdeckt;/ Ob sie ihr Herz, ob ihr Kollier verliert, . . . «

17 *The Tatler* (also nicht *Spectator*), No. 116 (Thursday, 5 January 1709). Hier zitiert nach der Übersetzung in *Der gewöhnliche Leser. Band 1*, S. 125.

18 Im vierten Buch von *Gullivers Reisen* entwirft Swift den Idealstaat der Pferde, die er Houyhnhnms nennt. Das Zitat stammt aus Kapitel 10.

19 Philip Dormer Stanhope, fourth Earl of Chesterfield (1694–1773), Staatsmann und Diplomat, berühmt wegen seiner seit 1737 fast täglich an seinen Sohn geschriebenen Briefe, die seit ihrer Publikation (1774) zu einem beliebten Handbuch »über den Umgang mit Menschen« wurden, wegen ihres Zynismus aber zunehmend kritisch betrachtet. Siehe VWs Essay ›Lord Chesterfields Briefe an seinen Sohn‹, in *Der gewöhnliche Leser, Band 2*.

20 *Moral Essays*, Epistle II, ›To a Lady [nämlich an Martha Blount]: Of the Characters of Women‹. Es handelt sich um eine Serie pointierter Satiren auf Damen der Gesellschaft, die nur dünn unter mythologischen Namen versteckt werden. An vielen Stellen ließe sich ein Hinweis auf Orlando finden.

21 Dr. Samuel Johnson (1709–84), Lexikograph, Zeitschriftenherausgeber, Dichter, Dramatiker, Biograph, wichtigster Kritiker seiner Zeit. Die blinde Mrs Anna Williams lebte, gewissermaßen als Hinterlassenschaft seiner verstorbenen Frau, seit 1752 in seinem Haushalt. James Boswell (1740–95) war ihm seit 1762 verbunden, hat seine brillante Konversation aufgezeichnet, ist mit ihm gereist (*Journal of a Tour to the Hebrides*, 1785) und hat seine Biographie geschrieben: *The Life of Samuel Johnson*, 1791.

22 Robert Adam (1728–92) und seine Brüder John, James und William, an der Antike (besonders an Pompeji und dem Diocletianpalast in Spalato) orientierte Architekten, die die Häusergruppe am Adelphi, das Marineministerium sowie verschiedene Landsitze (Kenwood, Kedleston) bauten. Robert Adam beeinflußte ferner den Möbelstil und war berühmt für seine schlicht-dekorativen Decken und Kamine.

23 Ich selbst bin nur ein niedrig' Glied / In des Lebens müdem Band / Doch sprach ich manch ein heilig' Wort / Oh, sag nicht, es war Tand! // Die Tränen einer jungen Maid,/ In des Mondlichts feuchtem Glanz,/ Tränen für den, der fern und weit,/ Sie murmeln –

24 So anders war sie nun! Die Nelkenwolke zart,/ Die einst gestreichelt hatte ihre Wange,/ Wie die des Abends,/ Die den Himmel tönt mit rosenrotem Schein,/ War blaß geworden, und durchbrochen nur / Von hellem, grellem Rot, des Grabes Fackeln –

25 William Lamb, second Viscount Melbourne (1779–1848), 1834 unter König William IV Premierminister. Seit der Thronbesteigung Victorias 1837

war es seine Aufgabe, die junge Königin in ihre Pflichten einzuführen. Er wurde als Premier 1841 von Sir Robert Peele abgelöst.

26 Laut Malory haben mit König Artus nur Sir Bedivere oder Bedevere und sein Bruder Lucan den letzten Kampf gegen Modred überlebt. Auf Artus' Geheiß schleuderte Bedivere Excalibur in den See und trug den verwundeten König zu dem Boot, das ihn nach Avalon führte.

27 Henry John Temple, third Viscount Palmerston (1784–1865), als Außenminister und später viele Male Premier einer der wichtigsten Baumeister des britischen Imperiums; großer Redner.

28 Die Frau von William Ewart Gladstone (1809–98), dem großen liberalen Premier Victorias.

29 George Berkeley (1685–1753), Begründer einer bewußtseinsorientierten Philosophie: »esse est percipi«, Sein ist gleichbedeutend mit Wahrnehmen; der »Geist« ist die einzige »wahre« Ursache und Kraft. *An Essay towards a New Theory of Vision*, 1709, *A Treatise Concerning the Principles of Human Knowledge*, 1710; großer Stilist.

30 Und ich kam an ein Feld, dessen federndes Gras / Dämmrig war von den hängenden Blüten der Schachbrettblume,/ Trotzig und fremdländisch, das schlangengleiche Gewächs, / Umschleiert von dumpfem Purpur wie ägyptische Mädchen –

31 Alfred Lord Tennyson (1809–92), mächtigster viktorianischer Lyriker; Robert Browning (1812–89), Dichter an der Schwelle zur Moderne, besonders durch seine lyrischen Monologe; Thomas Carlyle (1795–1881), Historiker, Gesellschaftskritiker, Sozialphilosoph, Goethe-Übersetzer.

32 Addisons Tragödie *Cato* erschien 1713 und hielt sich lange auf der Bühne. James Thomson (1700–48), Freund Popes, veröffentlichte sein Blankverspoem in vier Büchern, *The Seasons*, 1726–30. Es wurde eine der populärsten Dichtungen des 18. Jahrhunderts und war die Vorlage für Haydns Oratorium *Die Jahreszeiten* (1801).

33 Charles Lamb (1775–1834), einer der großen Essayisten der englischen Literatur (*Essays of Elia*, 1823 und 1833).

34 Alexander Smith (1830–67), oft parodierter, viel gelesener Poet; Richard Watson Dixon (1833–1900), den Präraffaeliten verbundener Lyriker und Kirchenhistoriker; William Black (1841–98), fruchtbarer schottischer Romanautor; Henry Hart Milman (1791–1868), Verfasser von Versdramen und einer Geschichte der Juden; Henry Thomas Buckle (1821–62), Verfasser einer bedeutenden *History of Civilization in England* (1857 und 1861), in der erstmals Geschichte von Institutionen, ökonomischen Bedingungen, Populationen etc. aus, also nicht von Ereignissen her, geschrieben ist; Hippolyte Taine (1828–93), französischer Philosoph, Historiker und Kritiker auf der Grundlage naturwissenschaftlicher Methoden, unter dessen zahlreichen Reise-

büchern sich *Notes sur l'Angleterre* (1872) finden; entweder John Howard Payne (1791–1852), amerikanischer Stückeschreiber und Liederdichter (›Home, Sweet Home‹), oder James Payn (1830–98), Herausgeber populärer Zeitschriften (etwa *The Cornhill Magazine*), Autor von über hundert Romanen und von Essays, unter denen ein Band (*The Backwater of Life*, 1899) mit einer Einleitung von Sir Leslie Stephen erschien; Martin Farquhar Tupper (1810–89), fruchtbarer, millionenfach verkaufter Poet von Lebensmaximen; Anna Brownell Jameson (1794–1860), fruchtbare, an Fragen der Erziehung und der Stellung der Frau interessierte Essayistin, Kritikerin und Historikerin, deren wichtigstes Werk die immer noch gelesenen *Shakespeare's Heroines* (1832) sind.

35 Christina Rossetti (1830–94), von VW hochgeschätzte präraffaelitische Lyrikerin (*Goblin Market and Other Poems*, 1862). Siehe VWs Essay ›»Ich bin Christina Rossetti«‹, in *Frauen und Literatur*, S. 170 ff., sowie in *Der gewöhnliche Leser. Band 2*.

36 *The Dictionary of National Biography* wurde 1882 von VWs Vater Sir Leslie Stephen begründet, der sich ab 1890 mit Sir Sidney Lee in die Herausgeberschaft teilte.

37 Die russische Tänzerin Lydia Wassiljewna Lopokowa (1892–1981) gehörte zur Ballettkompagnie Diaghilews, mit der sie seit 1918 auch in England auftrat. John Maynard Keynes (1883–1946), der Ökonom und Freund VWs, führte sie 1922 in den Bloomsbury-Kreis ein und heiratete sie 1925.

Eine unveröffentlichte Passage aus Kapitel VI

Hier brachte der Bedienstete ein Billett von Miss Christina Rossetti, darin sie schrieb, es tue ihr leid, aber sie sei bereits anderweitig verabredet. Das Briefpapier war von vortrefflicher Qualität; der Stil unverbrämt; Anfang und Ende so schlicht wie irgend möglich. »Sehr geehrte Lady Orlando... Hochachtungsvoll Christina Rossetti.« Konnte sie nun keine Banknoten mehr unter die Teller legen? Und sie saßen nicht mehr in Vorzimmern herum? Sie hatten, wie es schien, eigene Häuser. Miss Rossetti erwähnte mit keinem Wort (wie sie es zu tun pflegten) die große Gönnerhaftigkeit und Güte ihrer Ladyschaft, noch ließ sie durchklingen, es gebe da einen kleinen Posten, im Bureau des königlichen Ober-Zeremomienmeisters, der zweihundert im Jahr einbringen würde, und den ihr Bruder, etc., (wie sie es zu tun pflegten). Nein: Miss Rossetti schien keinerlei Erwartungen zu hegen, und wenn es sich so traf, daß sie nächsten Mittwoch aus war, war sie eben aus. Orlando mochte einen anderen Tag vorbeikommen. Zusätzlich zu dieser Unabhängigkeit hatten sie oft einen eigenen kleinen Familienstammbaum. Viele hatten seit den Zeiten Elizabeths auf bescheidene Weise zum niederen Adel gehört. Aber welche Auswirkungen hatte dies auf jenen großen Gegenstand der Verehrung Orlandos – auf den sie viele Tausende in Form von Gratifikationen und Pensionen verwandt, dem sie Schutz und Beistand gewährt hatte, den selbst zu praktizieren die Passion ihres Lebens war –, die Literatur? Diesbezüglich fiel es ihr sehr lange Zeit schwer, eine Meinung zu äußern; denn sobald sie ein Buch fertig hatte, lagen ein Dutzend weitere auf ihrem Tisch. Außerdem waren die Hälfte von ihnen nicht schlicht und einfach Bücher, sondern Bücher über Bücher. So daß sie, lange bevor sie zu einer eigenen Meinung gelangt war, schon wußte, daß zwanzig verschiedene Leute es für das großartigste und das schlechteste Buch der Welt hielten; daß es möglich war, zwanzig verschiedene Meinungen über andere Leute zu haben: und da diese gedruckt und signiert und mutmaßlich bezahlt worden waren, sah sie sich genötigt, sie höher zu schätzen als ihre eigene. Und so änderte sie allmählich ihre Sicht der Literatur als einer wilden und lebendigen Flamme, jetzt die schroffen Felsen Schottlands, jetzt ein stilles englisches Pfarrhaus; flackernd, unterschiedslos; ein Geist, der unberechenbar und schön und verehrungswürdig war; und sah sie statt dessen als behäbigen und ehrbaren Herrn, der niemals dumm war, den Leuten ständig sagte, was sie zu denken hatten; und schrieb und redete und Vorträge hielt und feierlich gedachte, so daß kein Tag verging ohne ein Diner oder eine Feier oder ein Jubiläum. So ehrbar, so geschäftig, so opulent wie ein wohlhabender und schwatzhafter Gentleman in mittleren Jahren mit einer Blume im Knopfloch. Er schrieb, er redete, er hielt Vorträge. Er feierte Gedenktage. Er gedachte großer Ereignisse. Er präsidierte bei Diners. Er verlieh Preise. Er war stets und ständig damit beschäftigt – manchmal nahm sie eine Eintrittskarte und ging um drei Uhr nachmittags in einen Saal –, eine Vortragsreihe zu halten, über die Stellung Byrons in der englischen Lyrik, und über Shelley, Wordsworth oder das Fortleben der Romantik und ähnliche Themen, vor Reihen von alten Leute, die mit den Köpfen nickten, und Reihen von ganz jungen, die den Mund nicht mehr zubekamen; und mochte der Himmel wissen wieso – denn war es nicht durchweg sehr hübsch und flüssig und interessant, was er über Shelley und Wordworth und Byron und das Fortleben der Romantik sagte –, und sie trat hinaus auf die Straße wie eine, die in den Falten aus schmutzigem Plüsch fast erstickt wäre, und sogar der Wind schien mehr über die Literatur zu wissen als er, oder die alte Bettlerin, oder die Anschlagzettel der Zeitungen an den Laternenpfählen. »Mein Gott«, drahtete sie an Marmaduke, »Mein Gott!« Und ging nach Hause und schenkte sich einen großen Becher roten spanischen Weins ein – denn dinierte sie nicht in diesem oder jenem literarischen Club; wo der achtbare Leib sich erfrischte, nachdem er den Toten auf diese Weise die Ehre erwiesen hatte, und, nein, keine Banknote erwartete, die unter seinen Teller geschoben wurde, sondern ein Kompliment, frisch und saftig, das man ihm in den Mund steckte? Das also war die Literatur, schlußfolgerte sie, ein Leib, eine Körperschaft. Dann, denn es war jetzt der Tag nach dem Diner, verkündete der Bedienstete, Lady A. sei gekommen, ihre Ladyschaft abzuholen.

Die beiden Damen fuhren in einem großen gelben Landauer, der an Federn aufgehängt war, durch ganz Kensington und den Marktgarten nach Chelsea, wo Lady A., die eine verwegene fidele Frau war, behäbig und drall und vom besten Blut Englands, einen Eid schwor, sie würde Orlando – da Orlando diese Burschen nun einmal schätzte – ihren lieben Carlyle zeigen. Der Bedienstete stieg ab und pochte an die alte kleine schäbige Tür. Ein einziges gewaltiges Pochen reichte aus. Herausgeschossen kam eine erstaunliche Erscheinung: – eine Frau, die nur aus Augen und Wangenknochen bestand und ». . . Scher dich fort, Idiot!« schrie. »Ich werde dich lehren, daß mein Thomas schläft!«

Selbst Lady A. war vor den Kopf gestoßen. Vor sich hinmurmelnd sank sie in ihre Kutsche zurück und wies den Kutscher an, Tennysons Adresse ausfindig zu machen. Sie lautete Faringford, Freshwater, Isle of Wight. Sie trafen an einem Frühlingsabend ein, an dem der Flieder in Blüte stand. Auf halbem Weg die Auffahrt hinauf stießen sie auf ein Hindernis – eine Dame in einem Rollstuhl. Der Mann war dafür, an ihr vorbeizufahren. Aber die Kranke richtete sich auf. Sie hielt eine gebrechliche weiße Hand vor die Nüstern der Pferde.

»Nicht weiter«, sagte sie, und selbst die Pferde erbebten.

»Mein Mann schreibt ein Gedicht!« Derart gebieterisch war ihr Auftreten, daß nichts zu tun blieb, als nach London zurückzukehren; und als Lady A. den Vorschlag machte, Browning in Florenz zu besuchen, Swinburne in Putney oder Meredith in Box Hill, lehnte Orlando ab; da es keinen Zweifel daran geben konnte, daß ein Genie, je größer es war, desto mehr abgeschirmt wurde. Es konnte nur schreiben, wenn es von einem schalldichten Zimmer umschlossen und von einer Ehefrau geschützt wurde. Auch das war eine Veränderung, dachte Orlando, die Dryden mit Tennyson verglich; aber da Genialität unerreichbar war, war sie gezwungen, mit den Schriftstellern zu verkehren, denen es gelang, ohne eine Spur davon zu schreiben; den Smiles, den Tuppers, den Smiths, den Hemans, den Prossers, ihre Namen sind Legion und alle inzwischen vergessen, obwohl sie einst Unsterblichkeit beanspruchten. Smith sagte, daß Tupper unsterblich sei, und einmal sagte Smiles, Smith sei es, und einmal gerieten sie darüber in einen verbitterten Streit; alle sind inzwischen vergessen, und nur wenn das Regal ein wenig knarrt, erinnern wir uns an ihre Namen.

Nachbemerkung

Über die Entstehung des *Orlando* hat VW recht ausführlich in ihren Tagebüchern und Briefen berichtet. Der Gedanke zu dem Buch kam ihr im März 1927, nachdem *To the Lighthouse* abgeschlossen, aber noch nicht erschienen war. Das neue Buch sollte eine Art Befreiung sein: »Denn ich spüre wirklich das Bedürfnis nach einer Eskapade nach diesen ernsthaften, poetischen, experimentellen Büchern, deren Form immer so genau durchdacht ist. [...] Ich glaube, es wird großen Spaß machen, es zu schreiben; und es wird meinem Kopf eine Ruhepause verschaffen, bevor ich das sehr ernsthafte, mystische, poetische Werk in Angriff nehme, das als nächstes für mich ansteht [nämlich *The Waves*].« (Tagebuch, 14. März 1927) Spätestens im September stand fest, daß das Buch *Orlando* heißen und eine fiktive Biographie der Schriftstellerin Vita Sackville-West sein sollte. Im Oktober heißt es im Tagebuch: »eine Biographie, die im Jahr 1500 beginnt & bis zum heutigen Tage führt, Orlando genannt: Vita; nur mit einer Umwandlung aus einem Geschlecht in ein anderes«.

In jenen Jahren hatte VW eine leidenschaftliche Liebesbeziehung zu Vita, die sie mit diesem Buch auf immer festzuhalten gedachte. VW war nicht zuletzt fasziniert von der hochadeligen Herkunft Vitas – sie stammte aus dem alten Geschlecht der Sackvilles und hatte über deren Familiensitz in Kent, Knole House, 1922 ein detailreiches, gründlich recherchiertes, an atmosphärischen Beschreibungen üppiges, zudem illustriertes Buch veröffentlicht – *Knole and the Sackvilles* –, das für VW in mancher Hinsicht zur Inspirationsquelle wurde, von den Beschreibungen des Herrensitzes und der Landschaft, über Namen – »Mrs Grimsditch«, »Mr Dupper« – bis hin zu einigen in die Erstausgabe übernommenen Illustrationen. VW benutzte zugleich die Biographie der Freundin als Material: so steckt etwa hinter der russischen Prinzessin eine Jugendgeliebte Vitas, Violet Trefusis, oder hinter der Erzherzogin Harriet Vitas Freund Henry, Viscount Lascelles, der ihr Avancen gemacht hatte, bevor sie sich 1913 mit Harold Nicolson verlobte. Die Doppeldeutigkeit der Geschlechterrollen war also auch vom »Material« her vorgegeben.

In einem Brief an ihren amerikanischen Verleger Donald Brace schreibt VW am 30. Oktober 1927: »Orlando, der Held, wird von den Tagen Elizabeths bis zur Gegenwart leben und auf halbem Wege eine Frau werden. Es wird völlig phantastisch und sehr einfach geschrieben sein, eher in der Art verschiedener Autoren wie Defoe und Lord Macaulay. Ich hoffe, acht Illustrationen zu haben, die nach den Porträts von Zeitgenossen hergestellt sind. Es wird ein Vorwort, Anmerkungen und einen Anhang geben, und das Buch wird in der Ausstattung und Anordnung die übliche Biographie imitieren.« Und am 20. Dezember heißt es im Tagebuch: »Wie extrem ungeplant meinerseits, aber potent & völlig eigenständig übrigens *Orlando* war! als hätte er alles beiseite geschoben, um ins Leben zu treten. Dennoch sehe ich, wenn ich jetzt zum März zurückblättere, daß es fast genau das Buch ist – jedenfalls den Geist, wenn auch nicht die Fakten betreffend –, das ich damals als Eskapade plante; der Geist sollte satirisch sein, die Struktur wild. Genau so. Ja, ich wiederhole es, ein sehr glücklicher, ein einmalig glücklicher Herbst.« Am 17. März 1928, »um 5 Minuten vor eins«, ist das Buch fertig: »Jedenfalls, die Leinwand ist bedeckt. Drei Monate intensiver Arbeit werden nötig sein, unweigerlich, bevor es gedruckt werden kann; denn ich habe herumgerührt & -gespritzt, & an tausend Stellen scheint die Leinwand durch. Aber es ist ein friedliches, erfülltes Gefühl, wenn man, auch nur provisorisch, Ende hinschreibt... Ich habe dieses Buch schneller als irgendein anderes geschrieben: & es ist ein einziger Witz; & doch heiter & schnell lesbar, glaube ich; Ferien eines Schriftstellers. Ich fühle mit zunehmender Sicherheit, daß ich nie wieder einen Roman schreiben werde.« (Tagebuch, 18. März 1928) Zwei Tage später heißt es in einem Brief an Vita: »Ich habe alle diese Monate in Dir gelebt – wenn ich herauskomme, wie bist Du wirklich? Existierst Du? Habe ich Dich erfunden?«

Orlando. A Biography erscheint offiziell am 11. Oktober 1928 bei der Hogarth Press in einer Auflage von 5080 Exemplaren; im selben Monat noch werden 3000 Exemplare nachgedruckt; die gleichzeitige amerikanische Ausgabe erscheint in einer Auflage von 6350 Exemplaren. Das Buch wird VWs erster finanzieller Erfolg.

Den Erstausgaben waren 8 Illustrationen beigegeben, an deren Wichtigkeit für VW, wie aus den Briefen hervorgeht, nicht zu zweifeln ist, die aber weder in den englischen Ausgaben nachgedruckt noch in die Übersetzungen aufgenommen wurden, obwohl sogar eine Textstelle sich ausdrücklich auf eine Illustration bezieht (siehe S. 133). Auch die deutschen Übersetzer scheinen über die Stelle nicht gestolpert zu sein (Karl Lerbs, Insel-Verlag Leipzig, 1929; Herberth E. und Marlys Herlitschka, S. Fischer, 1961).

Über die Herkunft der Illustrationen hat sich nach *Knole and the Sackvilles*, den freundlichen Auskünften von Hugh Sackville-West und Nigel Nicolson sowie den Anmerkungen in Band 3 der *Letters* (1923—1928) Folgendes eruieren lassen:

1. Orlando als Knabe: rechte Hälfte eines Doppelporträts des Künstlers Cornelius Nuie aus dem frühen 17. Jahrhundert, die Söhne von Edwards Sackville, 4th Earl of Dorset, darstellend; der hier Abgebildete ist The Honourable Edward Sackville. Das Bild befindet sich in Knole.

2. Die russische Prinzessin als Kind: VWs Nichte Angelica Bell, photographiert von ihrer Mutter Vanessa Bell.

3. Erzherzogin Harriet: Porträt von Mary Curzon, spätere Countess of Dorset, aus der Malerschule von Marcus Gheerhaerdts, Knole.

4. Orlando als Gesandter: Porträt des 3rd Duke of Dorset (ein Geliebter Marie Antoinettes) in Knole (vgl. Brief an Vita vom 6. November 1927, Anm. 1).

5. Orlando nach ihrer Rückkehr nach England: Vita, photographiert von Vanessa Bell.

6. Orlando um das Jahr 1840: Photographie Vitas, von Vanessa Bell und Duncan Grant aufgenommen.

7. Marmaduke Bonthrop Shelmerdine, Esquire: um 1820 gemaltes Porträt eines jungen Mannes von einem unbekannten Künstler, wahrscheinlich aus der Schule des Sir Thomas Laurence. VW und Vita hatten es 1928 für 10 £ bei einem Londoner Antiquitätenhändler erstanden. Jetzt in Sissinghurst. VW rief, als sie das Gemälde erblickte, aus: »Das ist Shelmerdine!« Eine Bemerkung, die Vita verwunderte, da sie nichts Genaueres über das Manuskript wußte.

8. Orlando in der Gegenwart: Photographie Vitas auf Harold Nicolsons, ihres Ehemannes, Anwesen in Long Barn, Kent, aufgenommen von Leonard Woolf.

Wie es sich für eine »richtige« Biographie gehört, hatte VW ihrem Buch ein Vorwort (mit den üblichen Danksagungen) und ein Register beigegeben – oder vielleicht genauer: die Parodie eines Registers, denn es ist alles andere als vollständig und sagt nur, daß Biographien Register haben. Auch diese wurden in den deutschen Ausgaben weggelassen, weil Übersetzer und Verlage offenbar mit der Idee einer fiktiven Biographie nichts anfangen konnten. *Orlando* erscheint hier somit erstmals in der von der Autorin beabsichtigten Gestalt.

VW schenkte das Manuskript des *Orlando* Vita Sackville-West, die darüber in einem Rundfunkvortrag, abgedruckt in *The Listener*, 27. Januar 1955, berichtete. Bei Durchsicht des Manuskripts entdeckte sie eine Passage, die in den Kontext des VI. Kapitels gehört und sich dort (in unserer Ausgabe Seite 243) nur in stark geraffter Form findet. Diese von Vita Sackville-West mitgeteilte, unveröffentlichte Passage ist in den Anhang dieses Bandes aufgenommen.

K.R.

Inhalt

Vorwort 7
Orlando 9
Register 232

Anhang

Anmerkungen 237
Eine unveröffentlichte Passage aus Kapitel VI 243
Nachbemerkung 246

Virginia Woolf
Gesammelte Werke

Herausgegeben von Klaus Reichert
Umschlaggestaltung von Sarah Schumann

Das erzählerische Werk

Die Fahrt hinaus
Roman

Flush
Eine Biographie

Jacobs Zimmer
Roman

Die Jahre
Roman

Das Mal an der Wand
Gesammelte Kurzprosa

Mrs Dalloway
Roman

Orlando
Eine Biographie

Die Wellen
Roman

Zum Leuchtturm
Roman

Zwischen den Akten
Roman

S. Fischer

Virginia Woolf
Gesammelte Werke

Herausgegeben von Klaus Reichert
Umschlaggestaltung von Sarah Schumann

Essays und Tagebücher

Der Augenblick
Essays

Ein eigenes Zimmer
Drei Guineen
Zwei Essays

Frauen und Literatur
Essays

Der gewöhnliche Leser
Band 1. Essays

Der gewöhnliche Leser
Band 2. Essays

Der Tod des Falters
Essays

Tagebücher 1
1915-1919

Tagebücher 2
1920-1924

Tagebücher 3
1925-1930

S. Fischer

Virginia Woolf
Gesammelte Werke

Herausgegeben von Klaus Reichert
Umschlaggestaltung von Sarah Schumann

Der Augenblick
Essays
Band 14059

Blau & Grün
Erzählungen
Band 10553

Ein eigenes Zimmer
Essay
Band 14939

Die Fahrt hinaus
Roman
Band 10694

Flush
Eine Biographie
Band 12416

Frauen und Literatur
Essays
Band 10920

Der gewöhnliche Leser
Essays. Band 1
Band 13648

Der gewöhnliche Leser
Essays. Band 2
Band 13649

Jacobs Zimmer
Roman
Band 14578

Mrs Dalloway
Roman
Band 14002

Orlando
Eine Biographie
Band 11331

Phyllis und Rosamond
Frühe Erzählungen
Band 10170

Ein verwunschenes Haus
Erzählungen
Band 9464

Die Wellen
Roman
Band 12184

Zum Leuchtturm
Roman
Band 12019

Zwischen den Akten
Roman
Band 14341

Fischer Taschenbuch Verlag

fi 555 006 / 1 / d